田秋平 著

天下潞商

《晋录》：潞泽豪商甲天下，非数十万不称富。

《潞安府志》：绸在昔殷盛时，登一楼者奚啻数千家，彼时物力全盛，海内殷富。

潞州铁货素称：千里铁府，万里荫城，日进斗金。

山西出版集团
三晋出版社

　　田秋平　中国收藏家协会会员、中国钱币学会会员、山西省钱币学会理事、山西省收藏家协会理事、三晋文化研究会理事、长治民间文艺家协会副主席、上党钱币研究会副理事长、长治市钱币学会副秘书长。供职长治市商业银行。

　　长期进行上党地域商业货币文化研究，曾著《晋冀鲁豫边区货币史》、《纸币初始晋东南》；合著《山西潞绸史话》、《物产寻宝》；执行主编《上党钱币研究》、《上党钱币精品集》、《太行根据地纸币》、《上党花钱》等。《晋冀鲁豫边区货币史》获中国钱币学最高奖"金泉奖"；《纸币初始晋东南》出版后，日本东方书店设立日文网页，世界最大搜索引擎 Google 推荐宣传，发行海外。

目　录

绪　言

位于山西东南部的潞州商人,说起他们的经商历程,写出他们的经商业绩,从古至今,不同于其他商人的特点,就是在上党特殊的地理、人文、物产、环境下,缔造出了潞商的产、供、销为一体的商业运作模式。

何谓商贾?东汉班固的《白虎通义·商贾》作了诠释:"商之为言,商其远近,度其有无,通四方之物,故谓之商。贾之为言,固有其用物,以待民来,以求其利者也。行曰商,止曰贾。"从先贤著述中得知,商为流动贩卖,贾为坐而待利,二者相辅相成。商贾们的熙来攘往,使得天下财富莫不可以相通,天下货物莫不可以交易。

在这块古老的地方你会发现,石与煤的结合产生了铁货;火与瓷土结合产生了瓷货,火与粮结合产生了酒货,丝与机的结合产生了绸货,如此等等,还有物华天宝孕育出的潞党参、潞墨、潞麻、潞煤、潞铜、潞琉璃诸多丰富的物产,使得潞商在这得天独厚、人杰地灵的"天地人和"的大空间、大时代背景中,生产者生产、贩运者贩运、买卖者买卖,古往今来,商业生意绵延不断,生生不息。以至在泱泱中国众多商旅中形成了其独特的"潞泽商纲",从名震环宇的晋商队伍中脱颖而出,执商界之牛耳,成商队之先锋,在中国商品经济的发展历程中,商旅足迹遍布天下,经营行当不胜枚举,书写出了一页页的辉煌篇章。

潞州是人类文明的发祥地之一。"下川文化"的发现证明早在两万年前这里就有了人类活动的足迹。古有上党之称,《释名》记载:"党,所也。在于山上,其所最高,与天为党,故曰上党。"《荀子》称:"上党"为"上地"。这里钟灵毓秀,人杰地灵。女娲补天、羿射九日、精卫填海、神农尝草的神话传说均出自上党,折射出上党历史文化的博大精深,积淀着民族优秀文化的无尽内

1

涵。历史上,上党向以潞、泽、沁、辽四州十九县为其所属地域范围。秦统一六国后,置上党郡,此地为全国三十六郡之一。因境内有潞(漳)水,隋开皇三年(583年)始有潞州之称谓。上党郡统领十县,隋初户125057。唐代,上党地区的潞州成为晋东南政治、经济、文化的中心。其辖上党等五县,泽州辖晋城等六县,沁州领沁源等三县,辽州领辽山等四县。宋朝,辖区范围与唐时大致相同,属河东路。另增设威胜军,领铜鞮等四县。宋靖国元年(1101年)至元初,潞州曾一度称为隆德府。四州一军,户52997,约13.3万人口。明朝嘉靖八年(1529年)朝廷升潞州为潞安府,增设长治、平顺两县,长治之称始于此。

在这块古老土地上,炎帝在此活动时代,人类即开始由游牧转到农耕,《白虎通义》记道:"神农氏,因天之时,分地之利,制耒耜,教民耕作。"当部落与部落的生产发展不均衡,物质有了剩余后,便出现了"日中为市,致天下之民,聚天下之货,交易而退,各得其所",古老原始的商品经济活动在此萌发,这得益于活动在上党一带神农炎帝"市井"商业文化的出现。

从远古的天然海贝、人工青铜铸贝到春秋战国时代带有晋东南古地名的"潞"、"襄垣"、"长子"、"高都"、"屯留"、"涅"、"铜鞮"等金属铸币,出土资料丰富,说明了晋东南春秋时,城市已具雏形,冶炼已经诞生,交易日渐繁荣,城与城、国与国之间的商品货币流通已形成较大规模。正如《战国策·赵策》所言:"古者城虽大,无过三百丈,人虽众,无过三千家;今千丈之城,万家之邑相望也。"人口增长,城市扩张,经济发展;这就带动了商业经济突飞猛进的大变化。时光进入唐朝,朝廷在此设有铸币作坊,始铸"开元通宝";万历《潞安府志》就有"汉唐以来,取当地所产,铸铁为钱,公私相杂"的记载,货币的大量铸造刺激商品经济大发展;唐时的上党人还烧造出了让诗仙李白都为之垂青并赋诗赞美的"松烟"潞墨,上贡朝廷达百余载;大将尉迟敬德肇始"纸币"于晋东南;还有让唐玄宗都梦寐以求的潞州白酒,醉倒大唐喝酒人。宋朝庆历年,上党的铁钱铸造,让大文豪欧阳修魂牵梦绕,莅临河东,登上太行,为朝廷运筹货币经济方略;宋熙宁初年政府派官举务,设立了北方最早的纸币发行机构"潞州交子务",发行潞州交子流通于河东路商品贸易市场,金融之光四射河东,使上党成为我国政府最早的纸币发行地之一,推波助澜,刺激了商品经济得以快速繁荣。

距今四五百年前,时间进入明朝。飞速发展的山西潞安府,已是一处很了不起的地方。矿藏的富饶,物产的发达,经济的繁荣,商业的鼎盛,资本的萌芽,让以大明朝万历皇帝为代表的最高统治者们垂青,另眼高看了这处地方的人们。那时的潞安恰似如今的特区,空前发达的物产经济让这里"潞泽豪商甲天下,非数十万不称富"的商业资本家如雨后春笋般崛起。潞商在辛勤劳作、贩运商品的同时,收获着朝廷授予的莫大荣耀。皇帝御赐"资本"就同一笔巨大的无形资产与潞商赚回家的白花花银两形成了一股股强大的经商冲击力,反过来又更进一步刺激、推动了潞安农业、手工业、商业再次大分工,田间地头游离出了一大批经营采矿、挖煤、冶炼、烧瓷、织绸、酿酒、贩运等等行当的商业资本家,他们摒弃了简单的"春种秋收"劳作方式,或者直截了当将"春种秋收"的劳作行业改变成为主营采矿、挖煤、冶炼、烧瓷、织绸、酿酒、贩运等等行当之后的"副业"。

资本市场萌发,商品经济繁盛,生产力和生产关系进一步大变革,这就使得上党地区的潞煤、潞瓷、潞铁、潞铜、潞绸、潞酒、潞麻、琉璃、堆锦等产业品种不断延伸,不断推陈出新,不断在全国纵深发展,以致走向海外诸国。在商界形成的"潞泽之纲"名副其实,辉煌灿烂。

古老的潞州,商业发展的脉搏不停地跳动到清朝、民国时期,衍生的潞商行当"丰富多彩",潞商优质的商品、诚实守信的商训、不辞艰辛的贩运精神,闻名海内外,声震寰宇。

潞商坚忍不拔,勤奋创业;潞商诚信守业,生活俭朴;潞商吃苦耐劳,爱岗敬业;潞商善于经营,精于思考;潞商赚钱有术,聚财有道;潞商紧跟时代,敢于开拓。翻阅当年潞商的历史,追寻昔日潞商的足迹,仿佛仍然能体验到潞商创造开拓商旅奇迹的艰辛与困苦;依稀还能够把握到他们为紫禁城铸铜缸的脉搏;依稀还能见到潞商在京师大酒缸里,一碗一碗地将潞酒卖出的身影。细细品味潞商,或许我们可以感悟到潞商精神和永恒的潞商文化魅力所在。

明代潞商烧制的红绿彩将军罐

4

天下潞商

第一编　物华天宝商贾潞人

一 日中为市古城垣

数千年前,上党地域范围内宜于农桑,男务耕耘,女勤桑织,成为这里人们生存的"衣食"之源。农有余粟,则易布,女有余布,则易粟,交易之始出现了"市"的概念。

有文字记载的"市"发轫于炎帝时代。部落与部落、个体与部落剩余产品诸如"谷物、牲畜、农具"等相互间原始的"以物易物"集中一处,人们之间的交易多以田间的"井"为中心,构成"市井城邑"。那时,"九夫为井,九井为邑"。"市井"成了集中交换买卖的象征,传承下来。在《易·系辞》典籍里就说到当时的商业活动,"神农氏,日中为市,致天下之民,聚天下之货,交易而退,各得其所"。白天交易,熙熙为"需"而来,攘攘为"利"而往。各自得到自己所需后,"市井"一天的任务也就结束了。日复一日,年复一年,沧海变桑田。太行山脊、上党盆地,这里有神农"尝百草、得五谷";"制耒耜、教民耕种"的遗迹"百谷山";长治与高平交界处的"羊头山"、"神农井"、"神农殿"、"巨粟谷"文物的留存。大量的文化迹象,反映出神农炎帝农耕、商贸活动的足迹,就曾经发生在古老的上党大地。那么,"城市"最早先的鼻祖"市井"诞生的头一功要记在神农炎帝身上了。

由"市井"到"城市"是后来的事,漫长的历史演变,形成"城市"规模的样子应该在周代。《周礼》有:"修城郭沟池树渠之固。"它的作用是"造城以守君,筑墙以卫民"。战国时,商业的相对发达,各地陆续出现了人口相对密集的大"城市"。《战国策·赵策》有记,以前"城虽大,无过三百丈;人虽众,无过三千家者",而现在"千丈之城,万家之邑相望也"。《墨子·非攻》则说道:"三里之城,七里之郭。"《战国策·东周策》在谈到城市时也有此说:"城方八里,材士十万,粟支十年。"《战国策·齐策》说:"车毂击,人肩摩,连衽成帷,举袂成幕,挥汗成雨,家敦而富,志高而扬。"这就是周朝到战国时代,各地商业繁荣形成"城市"的写照。同时期的上党，也有了比"市"大得多、而且规模很像样的城市，潞子婴儿国的"潞城"、赵襄子的封地"襄垣"、尧封长子之地的"长子"，还有赤狄留吁居住屯兵留粮之地的"屯留"，以及"高都、涅、泫"等等"城"和"市"都已出现。而且，这些城市中繁盛的商品经济孕育出了为满足商业贸易发展的"等价物"货币。"潞、长子、襄垣、屯留、高都、涅、泫"等等大批量铸造有"城市"地名的青铜方足布币流通于"市"之间。各城市自己的货币

上世纪初潞安老城街景

刺激着买卖交易的繁荣发展。还有一座规模较大的城市，叫"铜鞮"，是晋大夫羊舌氏之邑，羊亡后，乐宵为铜鞮大夫。地域即今天的沁县，同样与"潞、长子、襄垣、屯留"等著名和繁荣，铸造有"铜鞮"货币流通于市邑。所不同的是，这里丰富的水资源和农产品，一直到汉唐时商品经济的发达程度大大超出"屯留、高都、涅、泫"等地，最主要的是，车水马龙的城市四周，象征城市富裕、繁盛的"城垣"不只是出现，简直建造得富丽堂皇，美玉垒砌，还有酒楼上的醉客，深深吸引了当时文人墨客的眼球，优美的唐诗记载下了"铜鞮"城垣

7

里的这一切，"玉垒城边争走马，铜鞮市里共乘舟。鸣环动佩恩无尽，掩袖低巾泪不流。畴昔将歌邀客醉，如今欲舞对君羞。忍怀贱妾平生曲，独上襄阳旧酒楼"。

隋开皇三年（583年）古老的上党开始以"潞州"建城，"钟鼓二楼、上党门"遗存着千年前的风貌，其它具体的规模范围已很难考证。人们能记忆起的潞州城垣，在未拆除之前是明朝的建制。明初，皇帝朱元璋颁诏天下："高筑墙，广积粮，缓称霸。"明城墙就完成于此背景下的明洪武三年（1370年）。明《潞州志》有载："潞州城，历代修筑无考。国朝洪武三年，潞州卫指挥金事张怀，因旧土城加筑以砖，包砌四门，四门外各建小月城。城高三丈五尺，池深一丈二尺，宽三丈，周一十九里有奇。城有四门，东曰景阳，西曰通晋，南曰陵川，北曰拱德。门之上各建楼，四隅各建角楼，沿城敌台五座，窝铺四十七所。"随着时间的推移，到了清朝，全城四面城墙周长的规模到底几何，根据现存的五处城墙遗址测量考证，及乾隆《潞安府志》"计周二十四里，置敌台三十七，窝铺一百二十一"的记载和百姓沿袭之久的说法，可以证实，那时候的潞安是一座"方圆24里的卧牛城"。从地形上看卧牛背靠北城，形高如丘，为今天之分水岭地段，牛脊靠西北城角，有牛岭地名为证，牛头向南，有南头街地名为记，牛尾朝东，四蹄向南。

修建于明洪武三年的潞安城垣远眺

城墙四周建筑由"四门八楼"组成，东西南北四门上惟东门上方有砖砌浮雕"潞阳"两字，书法据传是明朝宰相严嵩特意为潞州藩王所写。据《中国城池史》记载：长治城四门的布局是"城门不相对，道路不直通"，南门与北门道路不直通，东西方向相差距离近 17 丈，东西门同样也不直对，南北方向相差近 3 丈。

城墙上的"八楼"，我们在顺治版《潞安府志》见到了它们的名称：它们是西城墙上的"看花楼"、"梳洗楼"、"长子楼"，南城墙上的"八义楼"，还有东北墙角的"艮楼"、东南墙角"巽楼"、西北墙角"乾楼"、西南墙角的"坤楼"。

城垣只是一道道护城的"墙"，城垣里的繁盛经济则是一首叙不尽的故事。就在清康熙年间，安徽桐城人氏许七云来到了潞州老城，一番的游历，切身的体会，让他写出了《上党竹枝词二十一首》，对老城风俗民情作了真切细致的描绘，将潞州商品经济繁荣景象尽收眼底。这位来自江南的七云先生，在潞州从春住到夏，从夏住到秋，首先是对老城春天的感怀："分外春迎十字街，探春谁可抒春怀。就中说是南方客，一笑魂消拾坠鞋。"他对潞绸的织造考查也颇有收获："年年蚕月茧抽丝，北董村中弄杼儿。一种歌喉长短曲，樱桃树下赛神时。"见到城中的唐玄宗故里，路过沈王府的故宅，老先生同样收不住笔墨，"唐家天子擅风流，曾倅当年古潞州。好似德风亭子外，梳妆楼并看花楼"，"沈王第宅久荒唐，一望离离荆棘场。赢得禅林香火在，至今人尚说官庄"。天际寒冷，白雪飘飘，老许第一次感受到了潞州城里的冰天雪地，见到寒风里的商贩卖煤情景不禁写道："雪窖冰天冻不开，遥闻深巷卖香煤。掀帘一滑阶沿路，已过门前唤却回。"卖煤的小贩走串"深巷"，掀帘召唤回的是"遥闻"，煤买来了，自然解开的是"雪窖冰天"。城东卖水的商贩如何？许先生写道："几辆辚辚卖水车，城东井畔觅生涯。甘泉不是寻常物，十万人家待煮茶。"难怪至今长治城东街有"甜水巷"的存在，原来，数百年前的"十万"城里人早就在此买水"煮茶"了。再看潞州城里铁匠的劳作情形："冶户寒霄罢睡眠，铁花能发在春前。自来夸有炉锤手，销尽人间百万钱。"神妙之笔，描述上党神匠之作，发在春前的"铁花"，"百万钱"的资金都要因为上党的铁货被"人间销尽"。所有这些，慢慢舒展开的恰是一幅明末清初《潞州市井商贾忙》的真实画卷。

潞州城垣有几次再兴土木和变故。它第一次遭受破坏是在清朝初年，

《潞安府志》记载:"国朝顺治九年(1652年),西城门内贮火药,为雷火劈去。王侯功成,复为鼎建,顿还旧观。"这之后,"康熙九年(1670年)淫雨,垣圮,知县姜宣加修。乾隆三十一年(1766年)墙垣垛口倾颓,知府张淑渠重修"。城墙最严重的一次损坏发生在1938年2月,日军第一次攻打长治城,数十门重炮从北郊的关村开火,向潞安北门城墙轰炸,再加上天空日军飞机的狂轰滥炸,古城墙被炮轰豁口多处,致使北城墙遭受重创。

　　1939年7月,日军再次占领上党重镇长治城,一直到1945年六年时间里,日军利用长治四周城墙陆续修建军事堡垒四十多处,"长子楼"、"八义

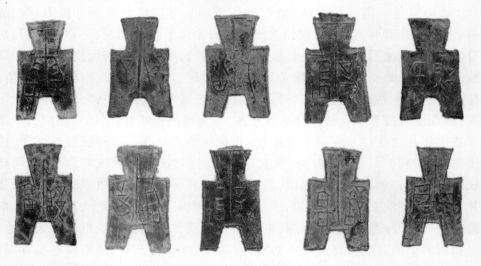

春秋战国时铸造有上党古邑地名"潞、长子、襄垣、铜鞮、高都、涅、屯留、端氏"的方足布币

楼"等也成了日军防御我军进攻的碉堡。这使长治明城墙又一次遭受严重破坏。1945年上党战役期间,由于敌我双方多次使用重炮交火,击战月余,导致长治明城墙千疮百孔,数十处塌陷,惨不忍睹。就在10月8日喜庆长治城胜利解放时,古城呈现在人们面前的却是一座残墙秃垣的破城池。这时候,华北兵工局342工厂三分厂由平顺县百家庄迁到长治,厂区就选在了西门外的城墙根,建厂时,工人们在西城墙外的墙体上打了七八孔窑洞,即可生产、居住,又可防空。由于厂区地势低洼,门前便是护城河,一到雨季,护城河的水常常漫进厂区。就是在这样的恶劣环境中,城墙上的兵工厂当时月生产

82 迫击炮弹弹体毛坯 10000 多发,50 型弹体毛坯 300 多发，有力地支援了全国的解放战争。1945 年冬,长治解放区人民政府决定将敌人破坏成"残墙秃垣"的城墙和日军在城墙上的军事堡垒拆除、兵工厂迁移。号召一下,全市军民齐上阵,用拆下来的明城砖建设新城市、修建新家园。从此之后,长治的城墙断断续续地拆了数十年,直到现在我们仍然可在西关街、西郊公园、市果品市场、东关老干部局、南关护城河北岸等地触摸到一段段没有拆尽的明代城墙的遗迹。

　　城垣,从无到有,又从有到无,历史似乎总是周而复始。古老的长治,古老的方言,"城里头、门外家",将一座城市的人们一分为二,不论人口多寡,不论男女老幼,一分为二最原始的主阵者和形象代言者,便是今天我们早已见不到的"城垣"。还有人们意识形态里的"城垣",是它有形地划了这么一条界线。很久以来,住在城里头者便有了市民之称,城墙四门之外者也就被叫做了农民,游行于两者间进行贸易买卖者,就成为了"商人"。

　　长治的城垣,早已没有了许久许久,但"城里头"熙来攘往忙碌生存者依旧,"门外家"年复一年春种秋收照样。"城里头"的人在城市里住久了,迫不及待地要去"门外家"洗清心肺,吃它一顿农家饭;而"门外家"面朝黄土背朝天,无时不想进"城里头"借点光,换换角色,换换模样。所有这些,看来不是拆掉"城垣"就能合二为一的。城垣,从无到有,又从有到无,从来都不是它的错。决定"城里头、门外家"概念的始终是人本身的意识。

上世纪三十年代的潞安北城门

二　上党读水一首歌

　　山西东南部之地的长治,有两条美丽的水叫浊漳河。源头一西一南,两河千古流畅,形成美丽浑厚的水,古人叫她潞水。涓涓的潞水一路奔流东去,串起了一个个故事,一个个故事中闪耀着迷人的地方就是上党。

　　上党是水带来的生命、水带来的城市,远古的人类依水而生、依水而居、依水繁衍。秦始皇统一六国,上党为其 36 郡之一,由此,美丽的水带来魅力的城市,浑厚的水造就富足的潞州。难怪乎荀子感叹道"上党从来天下脊",更难怪乎明万历朝工部左侍郎沈思孝挥毫疾书,在他的《晋录》中发出"潞、泽豪商甲天下,非数十万不称富"之感叹。

位于沁县漳源镇的漳河庙匾额

虽是土生土长的上党人，但要读懂这潞水并非易事，并非一人之功力能所为。漳河的古远，潞水的深邃，水中文化岂是一人能读明白，读深刻，读透彻，读得有滋有味？即便只是涉足漳河渊源的一点点边缘文化，也有说不完的人、写不完的事、读不完的歌。

来到浊漳河的南源头长子丹朱岭，真正亲吻她翡翠般的躯体时，会发现源头的水并不大，山涧溪水，滴答出了古老的精卫鸟衔石填海的人文典故。丹朱岭山壑里的石头虽让一批批的精卫鸟衔去填入东海不少，但丹朱依然丹朱，山岭依然山岭，且不论尧封长子后的长子，还是西燕王慕容荣选都在长子的长子，总之，先贤是认准了长子赋予维系人类生命的丹朱岭之漳水！水，一切生存之源，这又使我想到美丽漳河水的养育过程。最实惠的倒是精卫鸟精神抚育了这方故土的长子人一代代传承着的"理发"手艺，有了富足生活的资本，有了人前炫耀的话题。长子人擅长理发，在我的脑际印象是深刻的，他们传唱的一首歌谣，听后如同理完头发的一种愉悦和轻松，"剃头挑子不大，挑着满朝别驾，无论皇宫大臣，抓着圪脑说话"。自己给自己梳理头发是自然之事，但在长子的乡村里，我见到过自己给自己理发的手艺人，倒是稀罕。前后两面照脸镜子，手里一支剃头推子，上上下下，不一会功夫头就剃好了，目的直截了当两字"省钱"。古老的手艺、古朴的剃头谣恰似古朴厚道的长子人，推子下的"满头污垢"，经过半个时辰的梳理，再用那几瓢漳河水一洗涮，带给你的总是"满面春风"。

丹朱岭下、宋村路边，一处处的店铺，炊烟袅袅。长子的炒饼如何？没有说的。上党名吃，美味佳肴，鲜美可口，热腾腾的大马勺将饼丝翻了个"烂熟"，香喷喷的大盘炒饼让美食家吃了个"醉饱"。此时，美食家所需记下的是，再香的长子炒饼，也不能离开几勺漳河水的"点缀"。离开了长子、离开了漳河，炒饼就将成了别家味道的炒饼。

一千五百余年前，北魏郦道元也耐不住寂寞，要去看看上党漳河之水，他在游历了众多的祖国名山秀水之后，对漳河之水情有独钟，著书立说《水经注》时，写下了漳水的身世："浊漳水出上党长子县西，发鸠山之漳水矣，东过其县南，屈从县东北流注，又东过壶关县北，又东北过屯留县、潞县北，又东过吴安县西，又东出山过邺县西。"漳河的另一源头西漳河，看来郦老先生也游历了一番，他在其著作中这样记载："浊漳河历鹿台山与鞮水合水，出铜

漳河庙外貌

1958 年屯留降河水库竣工纪念章　　　1958 年潞安石子河水库竣工纪念章

鞮县西北石蹬山东流,与专池水合,又东南经女谏水,西北好松山,东南流北则苇池水与公主水合而右。"苦涩的古经文字,水系的或左或右,方位的非东即西,千余年之前的水系和地名,今又何觅得实景?还是回过头来,让我们看看能读懂的西漳之水吧!

西漳河的源头沁县漳源镇,袖珍的农家小镇很古就建有"漳源庙",遗存为元朝重新修葺,大殿门匾"漳水源头"是清康熙朝大学士吴琠题跋,这里代代香火不断,听上香的众多百姓讲,缕缕香火祈福的是漳水给上党带来的无限恩泽和古水带来的文化。

无私恩泽之水,春秋时带来了繁华的城市"铜鞮",引出了圣人孔老夫子赞美晋国大夫羊舌氏"铜鞮伯华"的典故,孔子当时就说:"国有道,其言足以兴;国无道,其默足以容。盖铜鞮伯华之所行。"羊舌氏卒后,孔子又叹曰:"铜鞮伯华无死,天下有定矣。"漳水深厚的文化积淀,又走来了清康熙朝宰相吴琠阁老出沁县进京师,伺奉朝廷,千古留名的美谈,后被百姓编辑到"小米、鸡蛋、吴阁老"的沁县品牌三宝系列传唱至今,品牌三宝系列更是代代惠泽着这里的黎民百姓。漳河之水唱红了沁州的人文,漳河之水宣泄了沁州的物产。

漳水弯弯曲曲走来,她流经武乡、襄垣、黎城、潞城、平顺一路去向东北方之河南林县。饮水思源,这条河水写出的是一串串红色的文化。是漳河之水,漳河之军民供给了我根据地武乡八路军的总部、中共北方局的英勇官兵;是漳河之水,漳河之军民写下了驻扎在黎城一二九师抗击日寇的足迹;

15

还是漳河之水、漳河之军民让黄崖洞制造枪炮的隆隆机器轰鸣在抗击日寇的大战场,让抗击日寇的烽火燃烧在巍峨绵延的太行山上。走过漳河,她就要流出古老的上党大地时,留下的仍然是辉煌的足迹。激流穿梭下太行,我们又见到了抗日的人民武装充分利用漳河水的动力,水利带动电力,飞速的造纸机器、印刷机轮出产了一批批抗日的"冀南票",投入根据地的经济建设和商品交易之中,还是这里,新中国诞生前的第一版人民币在此印制,一张张人民币好比投向敌区的一枚枚"炮弹",为解放区的经济建设和恢复,发挥着无比的力量。

漳河有着古老的文明,更有着叙述不尽的红色内容、红色故事。漳河就要经平顺流出上党,人们哪能忘记这漳河水绕太行,水流天际的"红旗渠"壮举。"让高山让路,使河水改道",太行山上的打炮声、数十丈岩壁上无数个壮汉、英雄的敲击石头声,声声雕刻出了一幅天际间清粼粼的漳河之水富泽林州的画卷。这又是漳河水的力量,漳河两岸人民的实惠。

漳河的千古奔流不息,带来的是长治发展的生命,是潞州富足的源泉,是上党振兴的希望。我爱漳河,更爱由漳河带来生命常青的上党。是她的乳汁抚育了一个个的生命和一个个的文明,读懂漳河这部厚重的水,更待无数人去体会、去品味、去呵护。

三　潞州莲池古灯会

又是一年春节到,张灯结彩迎新春。正月十五闹花灯,已是民间社火活动不可缺少的传统节日。在古老的上党,正月十五举办"元宵灯会",古城到处是"火树银花不夜天,张灯结彩舞丰年"之景致。此风俗相沿久远,源远流长。说是灯会,好像还是离不开商业买卖,而且是人们利用灯会经商的又一种境界,人来人往一晚上,只是看看花灯?不尽然,花灯之下,道路两旁,店铺门里门外,一串串的冰糖葫芦、一碗碗的香甜汤圆、一张张的驴肉甩饼、一筐筐的柿饼核桃,热气腾腾的大腕饸饹都

上世纪六十年代长治的莲池古灯会

要跑到看灯人笑嘻嘻的嘴里面,让人那个舒坦。

农历正月十五这一天,古时称为上元,这一夜则谓元夜、元夕或元宵,其中"元宵"叫法一直沿用至今。有古籍记载,人所共爱的元宵灯节源于我国唐朝。唐代韦述著的《两京新记》曰:"正月十五夜里,敕令执金吾放宽禁令,十五前后各一天,以便百姓观灯。"唐朝时城池实行宵禁,但在元宵及前后各一日的三个晚上,暂停执行法令。明朝一部叫《七修类稿·元宵灯》的著作,对元宵灯节起源时间记述更为具体明确,书中记道:"元宵张灯,始于唐睿宗,成于唐玄宗年间,以及其前后各一日为国定假日。"

上党的元宵灯节,同样与唐朝时的玄宗李隆基有着千丝万缕的联系。唐开元十一年(723年)春节,唐玄宗李隆基以皇帝身份登上太行山,一路之上有名臣张嘉贞、张说、张九龄、苏廷、苗晋卿侍驾,玄宗李隆基兴高采烈写下《早登太行山言志》的诗篇,大臣们奉和他的诗文是"泽将春雪化,文共晓星连"。百官护驾,前呼后拥,正月初九日,来到其第二故乡潞州。这是他从潞州别驾走马上任当"至尊"统领天下后,再次"衣锦还乡"。"月是故乡明,人是故乡亲"的感慨,几天时间,他在潞州飞龙宫里大摆筵席,宴请父老故交,将上党的驴肉、长子的炒饼、潞州的白酒品尝了个痛快,在潞州过了个热热闹闹的元宵节。

长治七月初一古庙会

潞州州治之西的子城内,旧有玄宗李隆基景龙元年(707年)至三年(709年)任潞州别驾时的寓所、德风亭和梳妆楼等建筑。这次到潞州过元宵节,玄宗李隆基特改他的故第旧宫为"飞龙宫"。并亲作《上党旧宫赋》:"人事一朝异,讴歌四海同。如何昔朱邸,今此作离宫。即是淹留处,乘欢乐无穷。"以示他对潞州人的信任和感激。名臣张说写《上党旧宫述圣颂》,张九龄写《圣应图赞》——赋诗,盛赞飞龙宫之"祥瑞"。皇帝玄宗的这一举动,《唐书·玄宗本记》同样是一番歌功颂德。

潞州州治之东,咫尺之遥便是风景如画的"莲池碧水"。这样,飞龙宫、潞州州府和莲池碧水"宫、府、泉"三处圣迹构成了"天官、地官、水官"合一的潞州独特的风水宝地。古人贯有"天官赐福,地官赦罪,水官解厄"之说。

因为有当朝的天子玄宗在潞州过年这样的大事,唐开元十一年(723年)这年的春节,上党的元宵灯会就按照唐都城长安的规模要求进行了。灯会的活动中心即在飞龙宫、潞州州府和莲花池周围,当时的元宵灯会里的花灯是何模样,时过千余年已无法想象,不过元宵灯会异常红火、热闹非凡、盛况空前,这在古籍之中有诗文为证:"宫里府外灯连彩,街头巷尾笙和歌。夜阑霜起归者少,陌路相逢醉人多。"飞龙宫四周,商家的潞酒这几夜定然是供不应求,几十坛?上百坛?怎肯罢手,观灯的人醉了一批又一批,卖酒的潞商富了一个又一个,不然的话,潞州城里咋能有"夜阑霜起归者少,陌路相逢醉人多"的如此观灯景象。

元宵节之后,玄宗在潞州又是劝农耕,又是祭礼神,又是赦囚徒,还减免潞州五年的租税,感怀的诗文也作了不少。直到唐开元十一年(723年)这年的三月,柳吐绿芽,冬去春来,玄宗才离开潞州,取道太原,回到了长安。从此,潞州的"元宵节灯会"由此沿袭而来。

宋朝洪迈《容斋随笔》在记述到"上元张灯"风俗时是这样写的:"百姓观灯,本朝增加到五夜。乾德五年(967年)正月,皇帝下诏,朝廷太平无事、天下平安,令开封府再增加两夜。另记,宋朝最初用十二和十三两夜,到了崇宁初年,因为这两天都是国家的忌日,于是延伸到十七、十八两日。"

宋元时期的潞州元宵节灯会由于玄宗飞龙宫的颓废,民间红火和闹花灯的活动中心逐渐由潞州府治东移到莲花池周围。到清末民国年间,特别是潞安府迁移、玄宗飞龙宫、德风亭和梳妆楼等建筑也早已不存,时过境迁,使昔日的潞州胜景变得"楼台荒废难留客"。但这丝毫没有影响元宵节民间的社火活动,莲花池内不仅有张张花灯争奇斗艳;且增加了舞狮、耍龙灯、扛妆、八音会等,溢彩纷呈。街头巷尾、道路两边、花灯之下来自上党北七县、南五县的各类特色小吃和美味佳肴,品种更是数不胜数,让人流连忘返。故此,每年潞州元宵节异显活跃,在莲花池内元宵节灯会活动更进一步集中了。

潞州莲池古灯会,多少年来,至今不衰。呈现在上党人面前的是"年年岁岁景相同,岁岁年年灯别样"。元宵节来临,每当步入莲花池内,人群熙来攘往,一派欢快。举头一轮明月,足下莲池碧水;亭台楼阁、婆娑古槐之间悬挂着各式彩灯,层层叠叠;地上水中灯火交映,形成潞州特有的"今宵闲煞团圆月,多少游人观花灯"之新春美景。

四　笔蘸潞墨书天下

　　上党境内的长治县五龙山，早在一千余年前的《唐书》中就已著名。不单单是说这里的山清水秀、松柏吐翠，也不仅仅只讲这里的人杰地灵、物产丰富，更不论天旱时"五龙显灵降甘霖"美丽传说的动听。让五龙山名闻天下的主要原因却是唐朝时著名的"潞墨"就生产在此地，使大山里的一草一木记录下了潞州物产"潞墨"的足迹和曾经的那段辉煌历史。

　　来到五龙山，无论远眺，还是身临其境，冬日里的五龙看上去确实是一座很普通的青山。很难说清楚就是这座上党盆地老顶山山系一座普普通通的青山，怎能

长治县五龙山唐朝潞墨产地

20

与一千余年前的潞州物产"潞墨"联系得那么紧密,又很难想象一支潞墨咋就与唐朝的大诗人李白产生了不解的渊源,使诗仙性情达到愉悦极致,舞文弄墨赋诗颂赞潞墨,名垂青史。

潞州丰富的物产黑墨中有一种叫"松烟墨"或"松心墨"者,隋朝前已很著名。当时,潞墨质量已达到"丰肌腻理,光泽如漆,其坚如玉,其纹如犀,磨砚至尽,香而不衰"的水平。南朝著名的文学家江淹在其《扇上彩画赋》中曰:"粉则南阳铅泽,墨则上党松心。"唐朝时,潞墨就年年作为贡品,源源不断孝敬于皇宫,而且通过"丝绸之路"出口到波斯等阿拉伯国家。在《新唐书》和《潞州志》史籍里多有"潞州上党郡大都督府土贡赀、布、人参、石密、墨"的记述。之后的《通志略》记道:"潞州贡墨、人参、丝。"《文献通考》更具体写道:"上党郡贡人参二百小两,墨三铤。"

潞墨,从大唐朝立国就开始贡入宫廷,看来并非皇上一人独享,真正使用潞墨舞文弄墨者更非皇上本人,最早先赋诗称赞潞墨的人物是大唐圣历元年(698 年)在朝廷中任平章事、监修国史、大学士的李峤(646–714),他是赵州赞皇人氏,字巨山,职务实际是宰相,唐代中书、尚书、门下三省以外官员参政时,多带"中书门下平章事"的官衔。唐初的李峤与杜审言、崔融、苏味道堪称大唐"文章四友"。这位唐朝官人加诗人的李峤老先生,在一次得到皇帝御赐潞墨后,极为兴奋,夜不能寐,一篇《墨》诗称颂道:

　　长安分石炭,上党结松心。绕画蝇初落,含滋绶更深。悲丝光易染,叠素彩还沉。别有张芝字,书池幸见临。

"松心"即唐朝潞墨制作的品牌产品名称。庆幸的是唐朝"松心"潞墨的文物实物在古"丝绸之

唐朝上党的松心墨

21

路"必经之地的新疆吐鲁番阿斯塔出土发现了,该块墨体上的"松心"两字清晰可见。专家考证认为当时"丝绸之路上"的上党松心墨一是要出口到古波斯等国;二是庞大的商人驼队将"松心"潞墨留作商路上"行文记账"使用。地不爱宝,浑然天助,一千余年后的1972年,"松心"潞墨剥去千余年的尘封完美地展示在了世人面前,且质量并不逊色,仍然能够使用,"千年如石,一点如漆"。足见"松心"墨质之精良,真正达到了"光泽如漆,其坚如玉"的品格。

潞墨,被平章事李峤一番赞许之后,又是50年的生产,又是半个世纪的上贡。多年在潞州任别驾,后又入朝当了玄宗皇帝的李隆基,奇思妙想,又传出了御案之上见到墨精"龙宾"小道人的传说,"墨精呼唤皇帝万岁"、"文人有墨就有墨精"的神话通过玄宗皇帝李隆基这么一忽悠,故事再由唐人冯贽著的《云仙杂记》传遍全国,影响之大。就在唐朝天宝元年(742年),潞墨再度受到刚刚进入朝廷供职的李白的垂青。这一年,李白在都城长安的长乐宫受到唐玄宗的亲自召见,封为"翰林供奉"、"布衣侍丹墀",没有具体的官位,说白了就是在朝廷里帮皇帝玄宗"舞文弄墨"。从天宝元年到天宝三年,诗仙李白每天是酒为伴侣、墨成知己。用去了几何潞

宋元时期上党"碧松烟"潞墨

22

墨？潞墨又让这位高人创作出几许空前绝后的佳句,这是无人能说出个子丑寅卯的。气魄宏大、感情充沛、天才横溢的李白对潞墨如此认同和偏爱,潞墨助他灵感大发,潞墨帮其挥毫泼墨。在这年的潞州地方官吏张司马孝敬李白潞墨后,潞墨之黑如漆,潞墨之坚如玉,好生让这位国家级的大师激动了一番,喜欢有加。此时,宫廷内的歌舞升平、朝廷里的斗鸡鞠蹴,李老先生早已将其抛入脑后,白纸上潞墨行云流水间的舞动,一首《酬张司马赠墨》赞美潞州物产的千古诗篇诞生了。

上党碧松烟,夷陵丹砂末;兰麝凝珍墨,精光乃堪缀。黄头奴子双鸦鬟,绵囊养之怀袖间。今日赠予兰亭去,兴来洒笔会稽山。

潞墨的精美,使这位李仙人喜不自胜,手中毛笔除去一番的潞墨赞颂之诗外,他还引经据典地把王羲之"会稽山笔书兰亭序"写于笔端,诗中能请来王羲之,看来李白是经过严谨的考证后认为东晋时期的大书法家王羲之永和九年（353年）的不朽名篇之作"兰亭序"也是用的潞州"松烟"书于世人的。李白在他诗中告诉潞州父老只要再有机会到"会稽山",我李白会让"双鸦黄头女子,怀袖绵囊装上潞墨",随时赴会再写"兰亭"。

日月当空,长安大道宫廷朱漆门外,正靠着马儿打盹的张司马,做梦都没想到的事情发生了,不是广告胜似广告的诗篇从李白的手中滑落到了张司马的怀抱里,宝贝到手的张司马没来得及多想,跃身上马径直向着太行山奔驰。哪里只是张司马的宝贝,简直就是上党百姓、制墨工匠祖祖辈辈都在梦寐以求的宝贝。李白这一不朽诗篇,一唱就是千余年,潞墨之精美,也让诗仙风光出尽,让潞墨名扬环宇。

唐朝末年,北方战乱,潞州大量的制墨工匠为避战乱南迁,带去的是南方制墨的高度发达。而北方潞州黑墨则出现了"黄金可得,潞墨难求"的情况。

古代文人谁都不愿易将一顶"胸无点墨"的帽子戴在自己的头上,因为家中无墨就等于无才华。这就导致了古人嗜墨如命,不仅将墨看作"文才"的象征,而且对传统的文人来讲墨已是安身立命的象征。宋朝人嗜墨程度是任何朝代都无可比拟的,从文人到百姓"嗜墨"蔚然成风。大文豪苏东坡"嗜墨如命"就是其中可圈可点的人物,他在《书求墨》中写到:"吾有佳墨七十丸,而犹求取不已,迹近愚乎?"明明说自己已有这么多的墨还要不断地搜求,看来确实是"嗜墨如命"了。"蓄墨如癖"的苏东坡论墨的话题还没说尽,你听"余蓄墨数百锭,暇日辄出品试","此墨足支

五龙山唐石狮遗存

三十年，但恐风霜侵发齿。非人磨墨墨磨人，瓶应未罄礨先耻"。这就是大文豪对墨的不懈追求。大文学家陆游有诗紧随其后，"香楼映窗凝不散，墨丸人砚细无声"。又是对墨的一曲高歌。多少年的人们追求，多少代工匠的烧松制墨，其实，潞墨一直到宋元各朝，其数量还可称得上是盛产不衰。一方"余清斋"作坊生产的上党碧松烟"神品"，可让我们再睹宋元时期潞墨产品之芳容。方寸大小的潞墨之上，此时，李白的赞颂上党碧松烟墨宝的千古绝唱早已让潞州的制墨工匠和商人精雕细刻成精品，尽情地广告天下。

从唐宋乃至元明，潞州生产的大量潞墨，一是要上贡朝廷，二是要供应百姓。迷茫的造墨世界摆在我们面前的是，墨的制造工艺和流程？生产潞墨的作坊在哪里？一代代的生产用去了多少制墨工匠？又生产了多少锭的潞墨？进贡朝廷又需多少脚夫日夜兼程地贩运至长安？一直到明人宋应星的《天工开物》"墨"篇，这才写明了墨的制造工艺。"凡烧松烟，伐松斩成尺寸，鞠篾为圆屋，如舟中雨篷式，接连十余丈。内外与接口，皆以纸及席糊固完成。隔位数节，小孔出烟，其下掩土砌砖先为通道。燃薪数日，歇冷入中扫刮。凡烧松烟，放火通烟，自头彻尾。凡松烟造墨，入水久侵，以浮沉分精慜。其和胶之后，以捶敲多寡分脆坚，增入珍料、漱金、衔麝、松烟、油烟，增减听人。"清朝的乾隆初年，长治县令吴九龄就潞墨的具体产地有了回答。吴县令在其主编的《长治县志》里考证出了潞墨的生产作坊就在五龙山上，他这样叙述："五龙山在县东南二十五里，高二百二十丈，盘距十六里，南连八府坟四里。《唐志》上党有五龙山，十六国春秋西燕慕容永时有五色云见于此，遇旱祈雨辄应，因置祠。以祭五方之神，环山脊茂松，冬夏苍翠。李白所谓上党碧松烟也。樵采者罔敢睨，名龙山松。"吴县令认为五龙山上的"龙山松"即是生产"李白所谓上党碧松烟"的潞墨的原料所在。

24

沿着吴老县令考证出的路线,我们足登五龙,如今的五龙山上生活着杨凹村和庙上村的百姓三百来户千余口农户,当我和亲朋至友假日来到这里时,迎着朝霞,漫步欣赏,吴县令笔下描述的"环山胥茂松,冬夏苍翠"的景致早已不见,千年古松荡然无存,山北的一通明朝"正堂示,禁止盗伐,樵采树木"的古碑耸立草坡间,结果数百年来也是没有能震慑住打柴伐木者的双手,山成秃山,坡成荒坡。捧一把面前五龙山的泥土,我们再未能闻到"松烟"潞墨幽雅的清香。明朝,潞安府的沈王登五龙山时赋诗,"爽气饶灵景,飞旌一纵观。龙归云欲暝,松合尽生寒。结驷探名刹,朝霞满翠微。碧树分丹盖,飞花上锦衣"。古诗里的景致我们更是无处可品赏了。迎面"五龙祠"正门外,雕刻古拙的一对唐朝大象和雄狮柱础仍剥落在大自然的草丛间,展示着唐人宏大威武的雄风和气魄。祠东 20 米处一口直径约两米的唐朝八棱古井仍在供着看庙人的饮用。井口上的六角亭,红柱黄瓦,斗角高挑,倒也给古山老村增添了一道风景。祠是刚刚修葺六七年的新祠,分前院的十间过街戏楼和后殿的五间神位,这些建筑据说是无资金的缘故,都未来得及装饰和彩绘,留下了许多无奈和遗憾。"五龙祠"大殿中央塑有五龙神像,威风凛凛。院落里面现仅存清乾隆年间捐款碑两通,文字已弥漫不清。我们的到来打破了"五龙祠"的寂静,看"祠庙"的曹世雄、王有富、任起首、王和友四位七十多岁的老者,讲了许多许多五龙山上五彩云的传奇故事,在此山上,古人樵采松木烧制潞墨的故事也听老一辈人说起,那口古井也是古人制墨用水的井,什么时代的事,他们早已说不清楚,但古人制墨的典故,在这个古老的村落里,童叟皆知。

黄昏的霞光照在五龙山的庙上村、五龙祠、唐古井、唐石狮,还有我们自己,还有那古潞墨的影子都显得那么细长,而又模糊不清,怎样方能寻觅到原始的我们和我们清清楚楚的过去!

潞州,古老久远的历史留给我们需要思考和回答的问题太多太多,然而,我们能寻觅和考证的资料却又是太少太少。在浩如烟海的历史长河中,潞州只是历史的一角,杳无音信的潞墨,你的足迹又在历史的哪一页里?我们如何翻阅你?我们又如何能再度踏上你过去的辉煌之路,去再看你一眼?

五　潞煤燃出文明火

　　煤的发现和利用是人类的奇迹。奇迹延伸出人类无限生存、生活的新空间。上党的先人们利用煤的燃烧来取暖御寒，随之，利用其熊熊烈火冶炼出铜器、铁犁、陶瓷等诸多文明之光。自古素有"煤海"之称的上党，何时发现并利用了"煤"的作用？一时间还没有准确的定论。可以说明的是，冶炼金属技术的诞生，就是利用煤的最好证明。不然，别的燃料无法达到让金属熔化以成型的功效。商代青铜器的铸造，是发现利用"煤"的最早成果。

　　煤最早称谓叫"石涅"，先秦著作《山海经》载："女床之山，其阳多赤铜，其阴多石涅。"李时珍《本草纲目》载："石炭，上古以书字，谓之石墨，今呼为煤炭。"之后，清人郝懿行的《山海经笺疏》、晋人的《邺中记》多有论述证明："石涅即石墨，也即煤炭。"

　　上党商周时就已出现的"涅"城，既是代表此地素有丰富煤炭资源的象征，春

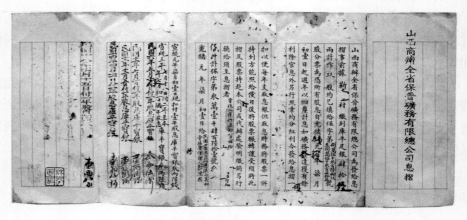

山西保晋矿务有限公司光绪末年的分红折

秋时并有以"涅"为古邑地名的青铜货币的铸造和流通。涅城即今天的武乡地域范围。汉唐时,上党煤炭的使用更为普遍,首先是为朝廷铸币,就需大量的煤炭为燃烧原料,《潞安府志》记述了"汉唐时,取当地所产,铸铁为钱,公私相杂"的情况。另外,煤炭在上党的广泛使用在一部叫《坚瓠集》中也有记载:"李嗣昭守上党,为汴人所围,城中盐炭俱尽。掘得石炭,晋王自将解围,躬奠其地,立二庙曰盐神炭神,世崇奉之。"这时期民间的煤也不仅仅只是用做燃烧,人们对煤炭的利用和认识有了新的进步,发现了煤的隔水和干燥作用。在古老的潞州,我们能亲眼见到和触摸到的最古老的"煤炭"实物是千余年前的唐朝煤炭。1958年秋,山西省考古研究所在长治城内发掘一处唐代舍利棺,墓坑四周填满了煤炭,煤炭中心石函内的金属盒中存放舍利。古人利用煤的隔水和干燥作用,使舍利得以长期保存的关键所在。1999年在市内炉坊巷唐朝铸币遗址,大量的煤炭和"开元通宝"铸币被一起出土发现。

　　将煤炭进行买卖,以维持生计始于唐宋时期。出身于山西的大诗人白居易有名篇《卖炭翁》传世:"卖炭翁,伐薪烧炭南山中,满面尘灰烟火色,两鬓苍苍十指黑,卖炭得钱何所营,身上衣裳口中食。可怜身上衣正单,心忧炭贱愿天寒。夜来城外一尺雪,晓驾炭车碾冰辙。牛困人饥日已高,市南门外泥中歇。翩翩两骑来者谁?黄衣使者白衫儿。手把文书口称敕,回车叱牛牵向北,一车炭,千余斤,宫使驱将惜不得,半匹红纱一丈绫,系向牛头充炭值。"真切的诗句,确切地记下了唐代生活场景,说是人们对卖煤炭的生活需求不如说是为了"身上的衣裳,口中的食","一车炭千余斤"卖了"半匹红纱一丈绫"。宋仁宗庆历年间,泽州的知州李昭遘在一次的上朝廷奏折书上就说道此现象,"河东民烧石

早期潞州的煤炭靠牛车向外运输

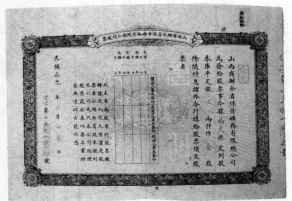

清光绪末年长治县西火煤矿购买的煤炭股权证（正面）

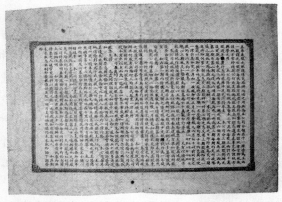

清光绪末年长治县西火煤矿购买的煤炭股权证（背面）

炭，家有囊冶之具"。这里的窑工家家都有专门的工具和盛煤炭的口袋。《宋史·陈尧佐》记述他来到山西"徒河东路，以地寒民贫，仰石炭以生，奏除其税"，陈述朝廷免除卖煤炭税的理由；同样在《宋史·李昉传》里，我们见到了上党泽州工匠们挖煤铸币的困苦，"降知泽州，阳城冶铸铁钱，民冒山险输矿炭，苦其意，为奏罢铸钱"。这里再次印证了从春秋、汉唐到宋朝，上党就一直在利用煤炭燃烧冶炼铸币的事实。

明季，用煤炭进行交易买卖和长途贩运更为兴盛。明朝人士李日章在经历了上党地区的煤炭发掘过程后，曾著《革里煤碑记》，记载了明朝长治煤炭的生产规模与民间的供需矛盾。"长邑有山而多童，其所产之材不足以供，民间一切司炉之政与燎火之需，咸不取于薪樵，而于煤是赖。各乡之山俱有煤窑，虽有力者得而取之，然财不足以购其窑场。独吾守信三里以及固真二里，产煤不过数处，专其利者不过数十家。各里煤窑约计百五十余座。里民无煤多方求诸掘煤之家，其有煤之家自居为奇货，视里民疾苦不啻。"这里记述了明朝上党经济社会中的煤炭供需矛盾，一方面是煤炭的供不应求，一方面是煤炭商贩的买卖牟利等诸多实际问题的存在。明人杜纲在他的著作《娱目醒新编》就记道：商品经济的发达，山西境内出现了一大批挟巨资的煤炭商人，许多人由于贩煤而发家致富。山西有煤炭商人押运十几船煤到北京发卖，价值银二万八千两，而获利十余万两。

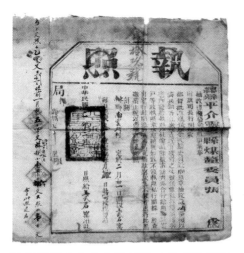

潞州煤炭商人在介休开煤矿的手续凭证

有感于此,明朝永乐年的进士、曾在山西担任巡抚大人的于谦,每日里见到晋省煤炭所作出的贡献,特作《咏煤炭》,毫不掩饰自己对煤的情感:"凿开混沌得乌金,藏储阳和意最深。爝火燃回春浩浩,洪炉照破夜沉沉。鼎彝元赖生成力,铁石犹存死后心。但愿苍生俱温饱,不辞辛苦出山林。"于老先生用拟人的写作手法歌颂了煤炭的高贵品格,乌金的光和热,给人们驱寒和送春,还有冶炼中煤炭的大显身手等等,这是最好、最为大家称道颂咏煤炭的篇章。

上党煤炭业所带来的巨额利润,到清末时也引来外国资本主义者的注意,光绪二十四年(1898年),英国福公司与山西巡抚胡聘之私下订立《山西开矿制铁及转运各地矿产章程》,洋人以200万两白银获得潞安、泽州等地的煤炭开采及冶炼权,眼看着上党的煤矿采掘权就要落入英国人手中。这一行径,受到京城晋商富贾、爱国者及各界人士的强烈反对,在各界社会舆论的重重施压和晋省众多政界、商人的出资声援下,历经数年的努力,清政府才终止了与英国福公司的潞安、泽州等地的煤炭开采合同。我们收藏到清光绪三十年(1904年)长治县西火村煤矿为争取此次采矿权斗争中所认购的《山西商办全省保晋矿务有限公司股票》,股票背面数千文字,内容充分反映了上党煤炭矿业主争取主权,从行动上、资金上与外国势力抗争的决心。

煤炭的课税一直以来就是朝廷和政府的一个重要经济来源,民国时更是政府"刻不容缓"的收入,甚至成为官府的"以济兵饷"的资金来源。我们在沁县的一老窑户家中就见到其祖辈在介休开掘煤矿时,民国初年窑工上缴政府的"山西煤厘执照"税单文物。从中可见到清末民国初年山西煤窑交税及采掘煤炭"照章抽收"等情况:

解放初期潞安煤矿工作证章

山西煤厘(执照)

总办平介灵三县煤厘委员张

为抽收煤厘发给执照事案奉

财政司长行开转蒙

都督批准煤炭厘金收归委员,该局照章抽收设法整顿,以济兵饷,各在案丝,查近有狡猾之徒难保无私采隐匿等弊,应即发给执照,以杜偷漏,除严密防查外,合行给照,仰该窑户等收执,照章依期纳税,如敢不领执照,私行开采,一经查出,定行封闭追罚,决不估宽尚,该窑息业不做者,速将此照激案止税,以凭稽查,毋违此照。

计开

东南乡南窑头村定于二月初一日开设王武君窑

每日包炭叁口定期每月初一十五日赴局投税勿漏

中华民国二年(1912年)三月日照给王武君窑准此

局押(平介灵煤厘局铃记)

距城七十里限

煤炭之火在古老的上党已燃烧数千年,书写出了一篇篇的产业故事。今日,潞安集团、兰花集团作为采煤的航母企业,上党大地近百座年产百万吨的矿井,数十丈深的煤井巷道里,机器轰鸣,人声鼎沸,车水马龙,专线车轮年年将成千上亿吨的乌金源源不断地输往祖国及世界各地,上党煤炭用光和热谱写着历史新的辉煌。

六　盛唐炉坊铸开元

　　唐朝的潞州矿产资源丰富,冶铸兴盛,传承了秦汉时代的冶炼技术和铸币遗风。这在明万历版《潞安府志》中就有明确的记载:"钱通交易,与银子母相权。汉唐以来,取当地所产,铸铁为钱,公私相杂。"万历年间的潞安知府周一悟记录下了潞州铸币史的开篇。

　　那么,远在千余年前的唐朝钱币铸造作坊是何模样? 一枚枚精美的钱币又是怎样制造的? 一系列的铸钱秘密因过去一直以来没有完整、科学的考古发现,留

山西考古研究所、市博物馆工作人员清理铸币炉址

1999年长治炉坊巷出土大批的唐"开元通宝"、"乾元重宝"、"乾封泉宝"约2万余枚。

给我们的只是一个个未解之谜。上世纪末，长治市炉坊巷一处施工工地意外的出土发现，使沉睡潞州地下千余年的唐朝铸币作坊重见天日。成为迄今我国首次发现的唐代铸币炉坊遗址。同时，随着铸币炉坊面纱一层层被撩开，也突显出唐朝时潞州铸币匠人手艺之高超、技术之精湛、货币经济文化之深邃。

一

公元1999年8月2日，在长治市炉坊巷安居工程工地，挖掘机在挖楼房地基时，先后两次出土大批窖藏钱币，当市博物馆考古人员和省、市级古钱币研究专家获悉到达现场时，出土钱币多已散落到民工及周围楼群居民手中。因现场出土的钱币数量巨大，基土中不时有唐代实用瓷器碎片出现，唐代文化层表现明确。8月24日，故令施工单位停工。对现场进行了抢救性考古发掘。据调查，铜钱在距地面4余米深处分别装在多个陶罐之内，陶罐口径分别为30、40、50厘米不等，挖掘机挖出时，陶罐破碎后出土，初步统计钱币有一吨余，2万枚左右。从钱币实物考证得知其为唐朝遗物，时间在公元621年到公元759年之间，踞今已有1200余年的历史，数量巨大，保存完好，品相极佳，多属没有流通就窖藏的这批古钱币面文分别为"开元通宝"、"乾元重宝"、"乾封泉宝"三种年号。"开元通宝"占这批出土钱币的90%以上，质地有白银、白铜、青铜、铁、锡，版别分铜白母钱，元宝的"元"字有右挑、左挑、双挑，背面有月纹、星纹等；直径2.4—2.5厘米，重3.8—4.2克；乾元重宝只占出土钱币的不到10%，质地有青铜、铁，版别分大（直径3厘米）、小（直径2.4厘米）二种，背面纹样有星、月、重轮、祥云等；"乾元重宝"还发现66枚带有浇铸口未经加工的钱币;"乾封泉宝"在抽样整理的 100 余公斤的钱币中仅见一枚。

在工地现场,通过市博物馆考古人员和山西大学考古系师生 8 月 30、31 日,9 月 6、7、8、9 日发掘,令考古人员和钱币研究专家关注的是,在方圆三千平方米的施工工地范围内共发现唐代水井 13 口,炉址三处,完整的一处,炉址的总体积 17.5 立方米,距唐代文化层以下 1.45 米,炉口向西,炉址坐东向西,炉坑由炉前工作面、火门、火膛、火道、烟道、鼓风道几部分组成,在其周围分别发现有炉火铺地砖,残损的铁质炉条、铁质夹钳,燃烧后的黑煤灰、铜矿渣、铁矿渣等遗物。挖掘机挖出的泥土中,有煤、煤灰、翻砂用的沙泥灰,以及上千个用于熔化铜、铁、锡等矿石的耐火坩土陶埚,坩埚为锥形,有大型(口径 20 厘米,高 30 厘米)、中型(口径 9 厘米,高 20 厘米)、小型(3.5 厘米,高 5 厘米),这其中中型坩埚占 99%。完整、破碎者均有,还有部分铜水没有倒出就凝固其中的坩埚。在现场发现的还有翻砂铸钱用于压钱模的石基,用于捣矿的石杵、石臼。石杵形制圆锥,上平下圆,上方有孔可以插入木柄,圆锥直径 19 厘米,重约 5 公斤。石臼样型像盆,型制分高纵型、边平型两种。从收集的上百个铸钱坩埚内,可非常清晰地看见铜矿、铁矿剩余遗留物在坩埚里千余年后生成的绿斑铜锈和白色结晶体。

如此大规模的钱币出土和很具鲜明特征的铸钱工具、压钱模石基、坩埚、熔矿铸钱的炉坑发现,根据考古文物分析,唐代时的古城炉坊巷应该为一处大型的钱币铸造作坊。就文物考古资料提供出的这一重大线索,我们在史籍中同样找到了使人信服的相关理论依据。《通典·食货》、《新唐书·食货志》载:"唐朝天宝年间(742 年—756 年)全国共有 99 炉铸钱,绛州(今山西新绛)30 炉。""绛州,唐武德元年(618 年)置总管府,管辖绛(今新绛)、潞(今长治市)、泽(今晋城市)、沁(今长治沁县)、盖、建、韩、晋、浍、泰、蒲、虞、芮、邵、招 15 州。"史料中对我们最大的

炉坊巷唐朝铸币作坊出土的各类大小不等的坩埚和部分铜铁矿及矿渣

帮助是证实唐朝时绛州管辖区域内有铸钱炉30座。长治炉坊巷炉址的发现,应该说是绛州管辖区域内30炉的其中一炉或者数炉。

<h1 style="text-align:center">二</h1>

在长治炉坊巷唐代遗址我们发掘出了炉坑,燃烧后的煤及煤灰、铜矿、铁矿、熔铜化铁坩埚、铁质工具等等。为何单单就没有发现铸钱所用的模具?没有模具能铸钱吗?没有铸钱模具能称之铸币作坊吗?问题的尖锐性直接关系到铸币作坊遗址的定性、保护、利用和研究开发。鉴于此,依据笔者掌握的考古资料和史籍记载,可以这样认为,炉坊巷发现的遗址不仅是一处铸币炉址,而且,为唐代时较先进的"没有"钱模铸范的铸币炉址。

我国古代的铸币工艺,隋末唐初之前采用的是钱范铸钱法铸造,即用钱范模具铸币。"范"就是上面印有"钱样"可以反复使用的铸币模具。它可分为陶质、铜质、铁质等材料。到了唐代中期(我市炉坊巷发现这批铜钱从很多特征上看,如钱背面带月纹,星纹即为这一时期的代表)采用母钱翻砂法铸造。宋朝张世南《游宦纪闻·卷二》:"隋唐已产生翻砂铸钱工艺,记蕲州蕲春监铸钱事。"《宋会要辑稿》载:"大观元年七月十五日,池州勘会永丰监除见管兵匠及外州军差遣来兵士695人外,缺64人,敕翻铸御笔大观通宝小平钱,字精细。"这就是我国翻砂铸钱工艺最早的两则记载。民国时王献唐在其《中国古代货币通考》中也言:"隋唐以后,钱范不传,故书也鲜记载。不传由于质剂改变不能持久。而恐后人盗铸,用毕即全部毁坏,尤其主要原因也。"可以这么讲,翻砂铸钱新法的发明和应用及其特殊技术工艺,为以后历代的铸钱开创了铸钱不用"钱范"省时、省力、省材料的新路子。宋元明清各朝沿用此工艺直到机械冲压金属钱币的诞生。

在炉坊巷唐朝遗址中,发现在距铸钱炉坑东南约30米的地方,有一种色质浅黄绿,颗粒极细的"土",存量约100多立方米。这就是翻砂铸钱法所必备的东西,即型砂(或称复合泥)。当铸钱工匠铸币时,首先将精美异常的"母钱"打印在石基槽内的型砂之中,形成为上下两层中间可浇铸的钱模,其后将熔化在坩埚内的铜水铸入钱模,钱币就此产生。明朝宋应星《天工开物·冶铸篇》就翻砂铸钱法载:"凡铸钱熔铜之罐,以绝细土末和炭末为之,罐料十两,土居七而炭居三,以炭灰性燮,佐土使易化物也。罐长八寸,口径二寸五分。一罐约载铜铅十斤,铜先入化,然后投铅,洪炉扇合,顷入模内。铸工用鹰嘴钳洪炉提出熔罐,一人以别钳抬罐底相助,逐一倾入孔中。铸钱模,以木四条为空匡,土炭末筛令极细,填实匡中。微洒杉木炭灰或柳木灰,于其面上。或熏模,则用松香与清油,然后以母钱(用锡雕成)百文或字或背,布置其上。又用一匡,如前法阵地填实,合盖之。既合之后,已成面背两匡,随手覆转母钱尽落后匡之上。"关于"母钱",此次炉坊巷唐代遗址中也有发现,其特征为钱体略大,微厚于普通钱币,文字深峻,字体秀美细长,铜质细腻发银白色。"钱模是压固的细密沙土的土质铸模,铸钱受热后钱模随即土崩挖解,松散成新的颗粒状型沙,可以再次使用,这铸钱工艺就是唐中期我国铸钱工匠采用的特殊无钱范的翻砂造钱新技术。"(见《唐钱铸造新技术》,《中国钱币》总第 38 期)以上就是遗址中始终没有发现"钱范(模)"的原因所在。

三

长治城内的铜埚街、炉坊巷、锡坊巷、煤灰坡、石头街、东西狮子街等古老的街巷,近年来,随着旧房改造工程的进行,从这些街巷施工工地中不时能见到出土的实用瓷器壶、碗、罐、盆、枕等残片。这些器物的发现印证了它们的"年轮"已有上千年的历史。从史籍记载及它们的命名中,我们同样可证实其所处的特殊地理位置于唐朝的铸币炉址有着千丝万缕的联系。沧海桑田,虽时过境迁,但它们的地名称谓却一直沿用至今,为我们今天考究唐朝铸币炉址的规模提供了有力的佐证资料。

《新唐书·食货》记道:"绛州(当时管辖潞州、泽州、沁州等 15 州)。每炉岁铸钱三千三百缗(一贯一千钱称为一缗),役丁三十,费铜两万一千二百斤,蜡三千七百斤,锡五百斤。"我们从史籍中得知,唐时的铸币作坊每炉每年若铸钱三千三百缗,保证必需的人力(役丁即铸币工匠)、物力(铜矿、锡矿、石蜡、煤炭、工具等)、财力是首要条件,其次是将矿石原料分场地,分步骤冶炼加工,最后在铸币炉址完成浇铸成品——钱币。据我们掌握资料分析,长治城内现存的铜埚街、炉坊巷、锡坊巷、煤灰坡、石头街、演武巷、东西狮子街就反映了唐代铸币作坊整套完备的生产工艺流程。

铜埚街,入口在西大街路南,东西走向。《长治市志·地名考略》载:"铜埚街因相传唐朝有铸铜的手工作坊,以坩土大陶埚化铜而得名。"此处我们应该认为这是铸币作坊将铜矿冶炼成半成品 铜料的一处基地。"每岁每炉费铜二万一千二百斤",应由这里供应。今日铜埚街的风貌,在入街口约 30 米路南的地方见到唐朝大石佛坐基有 4 平方米，高 40 里米，上雕莲花宝座，四周缠绕牡丹，唐风犹存，若佛存在当有 3 米之高。再入街巷深处，访问几位老者，他们均能讲述一两段铜塌街的历史，并指给笔者说，现在的 3 号、4 号、5 号、6 号、7 号院很古以前叫"酒坊院"，院的北面叫"豆腐坊"。明《潞州志》已有关于豆腐坊的记载。当时的酒、豆腐是主要供铜匠们食用的。从笔者早年在该街之东面一施工工地收集到的一块残存酒碗瓷片上的"醹"字考证，"醹酒"（潞酒的谐音）其产生历史在唐代，这里有唐代大诗人李贺《歌诗编·示弟》诗为证："醹霜今夕酒，缃帙去时书。"李贺（790—816）字长结，河南福昌（今宜阳）人，他只活了 27 岁，留下诗歌却有 240 多首。其中 30 多首是他于唐元和九年至十一年（814—816）居住在潞州时写的。

炉坊巷，唐代铸钱炉址的发现地。入口在英雄南路路东，东西走向。"炉"在唐朝时称铸钱的地方，见《唐志》"天下铸钱炉 99，绛州 30 炉"。"坊"是城市中街巷的通称，最早

唐代朝廷在潞州设立铸币机构"潞州监支纳印"的关防

也见于唐书《唐六典》："两京及州县之郭内分为坊，郊外为村。""在邑居者为坊，在田野者为村。"（《旧唐书·食货志》）顾名思义，这应该就是"炉坊巷"名称的准确含义。从该巷施工工地发现的大批钱币及铸钱工具（坩埚、铁钳、熔矿炉坑等）实物资料证明，炉坊巷应该为铸币作坊的"心脏"，也就是成品货币的诞生中心。

锡坊巷，入口位于东大街路南。南北走向，该巷南端同炉妨巷相交。从其名称的定义上我们分析此处应该为冶炼锡矿的地方。"每岁每炉所用五百斤"的成品锡即由"锡坊"源源不断地运往"炉坊"。

琉璃圪道，位于锡坊巷中段路东。炼铁、化铜、烧锡之后所剩琉璃集中清理于此地而得名。

煤灰坡，入口西大街路南，南北走向。东面距炉坊巷、锡坊巷直线距离约250

米,西面距铜埚街直线距离约 300 米。处在炉坊、锡坊与铜埚街中间地带。唐时炼铜、烧锡、铸币燃烧后的大批"煤灰"就集中清理在次地,日积月累形成"南高北低"之势。早几年,市民因忌讳煤灰坡而改为梅辉坡。

石头街,入口英雄南路路东,东西走向,街北面距炉坊巷约 40 米。唐时应为铸币炉址的原料矿石场。明《潞州志》曰:"潞州本地无矿,均需从外地运至。"《唐书·地理志》记:"解州有铜穴十二,安邑(今夏县西北)有银,曲沃有铜,翼城有铜,孟(今阳曲北)有铜,五台有锡、铜,黎城有铜山,阳城有铜、锡。"《山西通志》言:"唐朝慈州(今隰县)贡蜡、泽州(今晋城)贡蜡、文城(今吉县)贡蜡二百斤,群山之中,花卉草馥,蜜蜂窟宅,多在石岩穴缝及古木中,故年久蜡藏。"我们分析铸币所用的原料铜、锡、蜡等矿,从泽州、黎城、阳城等地运至潞州后均保管。"每岁每炉要铸钱三千三百缗"的所用原料可以想见"堆石如山"。石头街因"石矿遍布街巷"而得名。

演武巷,锡坊巷的南端即为该巷。唐朝"每岁每炉役丁三十",应住宿此巷,明《潞州志》在城十八巷中已有此巷的记载。当时铸币的"服役兵丁"演武护厂是此巷名称之含义。

东西狮子街,位于炉坊巷东端,东西走向。因巷口有唐代石狮一对而得名。明《潞州志》记其为城中十八巷之一。从石狮所处的地理位置分析,其应为铸币炉址的大门入口。

唐朝大诗人白居易《赠友》曰:"私家无钱炉,平地无铜山,胡为春夏税,岁岁输铜钱。"根据大量的史料记载和发现的铸钱文物实物及现存街巷地名的印证,一幅巨大的唐代铸币炉址区域图已初步展示在我们面前,如此建制完整、规模宏大的铸币炉坊非一般私人所能开设,"平地无铜山", 单单每岁每炉所耗的巨量矿石运输就不是常人能做到的。所以说,我们发现的唐代炉址应该是当时国家官办的大型铸币炉坊。

四

在对炉坊巷唐代遗址施工现场出土的钱币实物抽样整理研究中,笔者发现此批钱币的最晚年限是"乾元重宝",钱背面铸制"重轮"的钱币,这种年号版别钱币的发现,从时间上判断分析出了此地"终结"铸钱的年份及其时代背景。

《唐志》载:"乾元重宝,肃宗李亨乾元元年(758 年)始铸之虚值钱,一以当十,与开元钱并行。"此间,因安史之乱使唐代经济遭到严重破坏,为支付庞大的军费

开支，政府采取的货币应急措施。"次年(759年)复铸乾元重宝重轮大钱，背廓内侧加铸一轮内廓，谓之重轮。"政府发行这种不足值的"重轮"钱虽然获得了一时暴利，但立刻引起了全国性的通货膨胀，一斗米自盛唐时的十个钱涨到了七千个钱。明《山西通志》记："乾元重轮钱铸于绛州(辖区潞州、泽州、沁州等15州)。"典籍文献不仅使我们明确"乾元重宝"钱铸行时间在乾元元年(758年)，而且告知后人"乾元重宝重轮"钱唐肃宗(759年)时就在山西绛州辖区内州府炉坊铸造。潞州炉坊巷出土的"乾元重宝重轮"钱币实物一方面填补了史籍记载笼统、不具体的空白；另一方面也印证了史书记载的"绛州铸造"的准确性。唐"乾元重宝重轮"钱之后的其它年号钱币到此为何没有在遗址窖藏中发现？笔者分析这里的真正原因是，安史之乱使铸币炉坊毁于兵火。

唐天宝十四年(755年)冬，身兼平卢、范阳、河东三镇节度使的安禄山在范阳举兵叛变，南下攻入洛阳，安史之乱开始，次年(756年)称帝，之后占领长安，烧杀掠抢。上党作为兵家必争之地，在长达数年的战乱中，成了"官贼相戈"的战场。《山西通志·大事记》载："天宝十四年(755年)安禄山反，其将何千年杀河东节度使杨光翙，以右羽林大将军王乘业为太原伊，右金吾大将军陈千里为上党长史，以讨禄山。""天宝十五年(756年)李光弼为河东节度副大使，以讨禄山。至德二年(757年)李光弼和安庆绪(安禄山的儿子)之众战于太原，斩首七万，贼将蔡希德遁走。同年九月安庆绪攻陷上党，执节度使陈千里。十月安庆绪战于绛州，败之。十二月给复潞州五载。""次年(759年)叛将史思明杀安庆绪。""上元二年(761年)官军败于邙山(今河南西部)，李光弼走保闻喜。"

长治有一通立于唐朝贞元七年(791年)高约4米的巨大唐碑，该碑上世纪八十年代在市区英雄南路发现，现藏城隍庙文物管理所。唐碑用960字记述了安史之乱期间"潞州将士，抗讨禄山，兵马使前，破敌摧阵，摩垒塞旗，刘将阵亡，士卒奋战"等史实。直到唐广德元年(763年)史思明之子史朝义被杀，安史之乱平息，潞州始终没有脱离战火的侵害，潞州炉坊巷的铸币生产大概也就停铸于此段时间。史籍中的零星记载已说明这点。

七 纸币肇始晋东南

原始的农业经济发展到唐朝时,社会的手工业分工明显细化,富裕的产品需大量的交流,商品品种贸易量大大超过秦汉时期的规模。从首都到波斯等国"丝绸之路"上对邻近国家的"国与国之间"的贸易交流也频频发生。此时,笨重的金属货币即成为大宗贸易的"阻碍"。社会生活中需贸易的东西很多,百姓需携带的货币量又很大,贸易中的困难,严重阻碍货币的流通。唐朝的币制是一种钱帛本位,绢帛在唐朝是十足货币,贞观初年(627年),"斗米值匹绢"成为民间交易的定律。不是绢帛优于货币,而是由于当时社会上的货币严重不足而采取的不得已的办法,一方面是金属币的笨重,另一方面又是货币数量的严重短缺,种种特定的贸易环境下,民间墨书在纸张上的"帖",也就是类似于"支取凭证"或"借款收据"等,便参与到一定范围的支付当中,而且,使用的范围由起初的富人、衙门、军队逐步扩展到后来的普通老百姓,到唐中期,政府为解决贸易中出现的日益频繁的"货币携带不便"、"铸币紧缺"等问题,在朝廷设置叫"进奏院"的地方,以纸质"飞钱"的支付方式演义着民间的这种"信用"纸质货币的历史。之后,"信用"便成为"纸币"的灵魂,开始在唐朝社会生活中萌发、孕育、成长直至演变到后期"纸币"的雏形。

史籍中第一次出现"纸币"的雏形,是一种叫"帖"的纸质墨书。形制雏形就是原始的支付手续。唐朝《逸史》中记载尉迟敬德在晋东南避难时最初涉及到"帖",宋时的《太平广记》也有收录,书中原文写道:

隋末有书生,居太原,苦于家贫,以教授为业。所居抵官库,因穴而入。其内有钱数万贯,遂欲携挈。有金甲人持戈曰:"汝要钱,可索取尉迟公帖来。此是尉迟敬德钱也。"书生访求不见,至铁冶处,有锻铁尉迟敬德者,方袒露蓬首,锻炼之次,书生伺其歇,乃前拜之。敬德问曰:"何故?"曰:"某贫困,足下富贵,欲乞钱五百贯,得否?"敬德怒曰:"某打铁人,安有富贵,乃侮我耳。"生曰:"若能哀悯,但赐一帖,他日自知。"敬德不得已,令书生执笔,曰:"钱付某乙五百贯。"具月日,署名于后。书生拜谢辞去。敬德与其徒拊掌大笑,以为妄也。书生既得帖,却至库中,复见金甲人呈之。笑曰:"是也。"令系于梁上高处,遣书生取钱,止于五百贯。后敬德佐神尧,立殊功,请归乡里,敕赐钱一库。阅簿,欠五百贯,将罪主者,忽于梁上得帖子,敬德视之,乃打铁时书,累日惊叹。

　　书中此段史料的大意是说:隋朝末年(约618年)有一位书生,居住太原,苦于家贫,以教授为业。他的居住地紧挨钱库,暮时,即挖穴而入,见库内有钱数万贯,遂后就想提钱而返。此时,钱库内有身穿金甲手持铁戈的守库者说:"你需要钱,可索取尉迟的钱帖来,这是尉迟敬德的钱。"之后,书生多方寻求不见有叫"尉迟敬德"姓名之人。这日,书生行至一铁冶处,有锻铁者叫尉迟敬德,袒露蓬首,煅炼打铁。书生趁铁匠歇息,上前拜之。铁匠尉迟说:"何事?"书生道:"我贫困,足下富贵,想乞借五百贯钱,可否?"尉迟听后愤怒曰:"我乃打铁人,哪有什么富贵?你分明是在取笑戏谑我。"此时,书生请铁匠息怒,赐写一钱帖,他日便知分晓。尉迟让书生

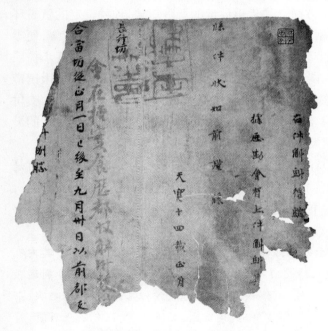

执笔写上"钱付某某某,五百贯、某月某日",铁匠随后又亲书"尉迟敬德"于钱帖之上。书生拜谢而去。铁匠尉迟与其徒弟拊掌大笑。书生得到钱帖,来到钱库中,再次见到护库金甲人,呈上钱帖,金甲人笑曰:"是也。"便将钱帖系于库梁高处,给书生取钱五百贯。

　　之后,唐将尉迟敬德立殊功,请求回归故里,皇帝又赐钱一库。尉迟敬德将皇室赐得的钱

唐朝天宝年间墨书纸币"帖"

并入一直未开启的钱库时，翻阅账簿发现库中欠钱五百贯，就在尉迟降罪守钱库人时，此时在钱库中的木梁上见到了钱帖，尉迟敬德取下视之，乃是打铁时所书钱帖。

尉迟村百姓为祭祀贞观年间隐居此地的尉迟敬德而建的大庙

从史料中看出，隋末唐初（约618年），原始纸币雏形的使用者、唐初大将军尉迟敬德墨书纸上的"帖"当时已具备了三大基本要素，"金额、发帖人、发帖时间"，虽然，我们还不能称它是完全意义上的纸币。但我们从《逸史》记载中可感悟到，墨书"帖"的支付行为，在唐朝的社会生活中，一定的范围内已被唐人所接受。社会生活中往往是特殊现象始终存在于普遍规律之中，它是人类社会发展的客观规律和必然规律。既然"帖"被认可，说明它也就不只是尉迟敬德等几人的支付行为。《逸史》里尉迟敬德、书生与守库金甲人三者间自始至终的行为当中最核心、最突出表现出的是一种"信用"行为。尉迟敬德的墨书，守钱库者"信"了，书写的纸"帖"就管用，就产生了一种支付行为。不信，这就是一张废纸。"信用"是纸币的灵魂。"信用"赋予了纸币支付流通的作用，纸币本身只是货币符号，不具备价值。"信用"使其产生了支付、流通、购买力。

尉迟敬德（585—658年），字恭，山西朔州善阳人，隋末从刘武周为将，后归唐，立战功，唐高祖武德初年（618年），33岁，授秦王府左二副护军，武德九年（626年），玄武门之变，助唐太宗李世民夺取帝位，41岁，累官泾州道行军总管，襄州都督，封鄂国公。贞观八年（634年）后隐居晋东南。在晋东南沁水的尉迟村尉迟大庙《尉迟恭与尉迟村》碑中载："贞观八年，尉迟杀了鱼肉百姓的大贪官，逃出京城，避难该村。"尉迟敬德在晋东南隐居、冶铁的时间，我们在明朝人刘侗、于奕正著的《帝京景物略》找到了相关依据，其中《嵇山会馆唐大士像》一篇史料载："尉迟敬德造观音像,自唐贞观,一千一十二年至今,观音古铜身,三尺,不以体塑,不以金涂饰,妙相慈颜端若,磊磊然也。下刻大唐贞观十四年,尉迟敬德监造字。旧供宣武门外晋阳庵。"

大唐贞观十四年(640年),尉迟敬德当时55岁,在晋阳庵中有冶炼的作品、有冶炼的时间。公元640年前后,这段时间应该就是尉迟敬德在晋东南从事冶铁、耕田,过着隐居生活的时间,也应该是太原书生找到冶铁时尉迟敬德的时段,同时也应该是他为太原书生墨书"纸币"的时段。那么,这也就为我们考证出了,唐贞观年间,我国山西太原和晋东南民间社会异地间的这种"帖"的纸币雏形已经萌发,钱库中的存钱者(尉迟敬德)要保管人(金甲人)付钱给第三者(书生)时,必须书写一份"帖"的凭证方能生效。这种墨书凭证式的"纸币"已经得到异地间支付流通的认可。只不过是古人用一段文字集中记录在了尉迟敬德的身世里罢了。

唐《逸史》中的记载,总之,反映出的是存钱库(或者说就是唐时专门存钱的柜坊)可以直接接受存钱人出具的书面"墨书"凭证,支付钱款给第三者,已经初具只认凭证而不用认存钱人的经营保管方式。

唐玄武门之变后,大将尉迟敬德为避宫难而隐居的村落

尉迟敬德隐居的村至今还叫尉迟村,村里有古建筑尉迟阁、尉迟大庙,庙内存古石碑数通。其中,清雍正七年《重修杜庙碑记》云:"尉迟恭曾寄迹于此而为村名。"此村就在山西晋东南沁水县境内,是我国唯一叫"尉迟"的村落。

百十来户人家的尉迟村,对许多人来讲并不陌生,那是因为尉迟隐居过的村落,一千多年后,我国"山药蛋派作家"的鼻祖著名作家赵树理就诞生在这里,一篇《小二黑结婚》扬名天下。村的中央,眼前的"尉迟大庙"红墙黄瓦,角楼高耸,三进院落,错落有致。正殿上的玉皇塑像双手托膝、慈眉善目;左配殿上的尉迟塑像手持钢戟、虎目圆睁、威风凛凛、杀气腾腾。名曰尉迟大庙,玉皇却坐正殿,为此不解,看庙的老者言道:古时,庙中的尉迟在正殿,后来因为村里的年轻人一代代总是出现同外村的人"武力相争"、"刀枪相见"的事情,一天,村里来了一位看风水的人说:"尉迟乃行武出身,坐正殿村里出武将,时常就有刀枪相遇、武力发生,不如将他请到偏殿。"村里百姓觉得言之有理,也就有了今天"武将尉迟坐偏殿"的典故。事情的真伪暂且不去论证,倒是大庙门道过庭镶嵌在墙壁之上的几通古碑记录下了一些古老村落的历史。

尉迟村,很早叫口窑村,唐贞观八年(634年)玄武门事变后,大将尉迟为避宫难,逃出京城,来到口窑村避难。尉迟隐居村里后,还将自己的绝技"编簸箕"教给村民,很长一个时期该村还叫簸箕村。

唐籍《逸史》中的这段发生在晋东南纸币雏形的描述,我们不能仅仅看作是尉迟恭这个人物的个体行为,在当时的唐朝商界、官方、富家人的墨书票券,已是很普遍的一种"信用"行为,民间百姓、特别是商人广为认可。我们在古"丝绸之路"的新疆曾发现了至今唯一的一枚唐天宝十四年的墨书纸币"帖",从中可以了解许多鲜为人知的"纸币"流通信息。另外,从以下有关唐朝"飞钱"的记述中也能得到一些认识。

"腰缠十万贯,骑鹤下扬州。"该诗为一千余年前唐朝《商芸小说》(佚名)作品中的一首诗。品味唐人的诗篇,问题又摆在我们面前,古人腰缠十万贯,还能骑鹤下扬州?一贯钱十斤,那么十万贯是多少斤?这么多的铜钱如何缠在腰间?堆成钱山,人恐怕都压得不知去何方寻找了,更甭说缠在腰间骑鹤下扬州城了。照常规,今人读到它时往往只能把它简单译成或理解为作者的浪漫想象力,但如果我们了解唐朝时期货币流通的一些历史背景,了解了唐"飞钱"的使用,就会发现这句诗不仅仅有它浪漫的一面,更为重要的是它帮我们记录下了千余年前我国唐朝纸质货币雏形"飞钱"诞生的过程,真正实现了唐人"腰缠十万贯,骑鹤上扬州"的货币流通梦想。这就要提及唐中期在社会上出现的"飞钱"。

唐中期,经营飞钱的有商人、有衙门、有富人。那时,各道的地方衙门在京师都有类似办事处的部门,叫进奏院。在京城办事,与朝廷联络少不了用钱。而在京的外地商人们将商品卖出后,笨重的钱币不便携带回乡,也可将货款交给本地方的进奏院,进奏院发行一张票券,墨书货款金额,票券分成两半,一半商人手持,一半寄回家乡;商人回去的时候,合券无误,就可领回自己的货款。无论多少贯的货款,在这里也就是几张纸的重量。这便实现了唐诗中的"腰缠十万贯,骑鹤上扬州"的货币流通梦想。这种纸币的雏形现象,其实质就是"时商贾至京师,委钱诸道进奏院及诸军、诸使富家,以轻装趋四方,合券乃取之,号飞钱"。《新唐书·食货志》的这段记载,指的就是"贞元二十年(804年)",商贾到京城做买卖,将笨重的钱币委托在"进奏院"或者"军队"或者"富有人家",换成纸券,轻装快捷行走四方去做买卖,可以回到自家地方用纸券"合券"如数取回钱币。

看完"飞钱"的身世,我们似乎觉得这种货币经济行为与尉迟敬德墨书钱"帖"如出一辙,讲的都是一种"信用"行为,或者说就是他的继承、延续和发展。

八　金融之光交子务

纸币在中国的诞生是世界金融史上划时代的进步，"一纸在手，方便行走"，商人的货币大宗交易由此也进入新时代，笨重不便的金属货币逐步沉寂，一贯贯的铜钱铁币由市场交易的主角逐步退缩转入到商业大舞台的幕后。

说起来值得关注，在一千余年前北宋王朝的此次纸币孕育分娩大变革中，潞州这一商业的发达区，跻身其行列，更让人惊呼的是朝廷大人物王安石慧眼独具，力主鼓吹，使北方地区最早纸币交子务在上党设立，潞州纸币交子在此发行，让上党的金融光芒四射，让潞州的商业经济留下了惊世的足迹。

王安石，字介甫，临川（江西抚州）人。北宋时期我国杰出的政治家、思想家、文学家和改革派。他从熙宁二年（1069 年）到熙宁九年（1076 年）的八年内，在皇帝宋神宗极力支持下，先后主持实施了均输法、青苗法、市易法、方田均税法等富国强兵的变法改革。公元1069 年，王安石在任朝廷参知政事（副宰相）、制置三司条例司主持时，更是看好潞州聪慧的人民、富泽的物产、发达的地利，曾上疏皇帝赵顼在河东设置"潞州交子务"，积极推进我国最早纸币交子在北方地区的发行流通，发挥着国家经济命脉的作用。

北宋纸币潞州交子

北宋时期，河东为铁钱的主要使用区域，范围包括并、代、忻、汾、辽、潞、泽、晋、绛、慈、隰、石、岚、宪、丰、麟等十七州和平定、火山、定羌、宁化、岢岚、威胜等六军以及永利、大通两处铸钱监。当时，这些地区的人们公私交易多

北宋潞州交子务发行交子的遗址

用铁钱,小笔买卖还行,若遇大宗生意,深感铁钱笨重。北宋学者、藏书大家李攸在他的《宋朝事实》中有载:"小钱每十贯有六十五斤,大钱一贯重十二斤。街市买卖三五贯铁钱就难以流通提携。"河东路不仅仅使用流通铁钱,宋朝政府还在此设监冶铸铁钱。《太平寰宇记》载:"大通监管东、西二冶,西冶取狐突山铁矿煮炼。太平兴国四年(979 年)置,七年移交城唐明镇,金朝废。东冶在绵上县,县镜铁矿凡五,一在县西柏子镇;其四处在王陶镇、水峪村、柴子坪、大峪村,俱在沁源县北百里。"《山西通志》也载:"大通监,冶铁盈积,可供诸州军数十年鼓铸。"冶铸铁钱、行用铁钱给河东商业贸易带来诸多不便,百姓叫苦不迭。在商业流通领域起着特殊等价物的铁钱反倒成了阻碍流通之瓶颈,商品货币之间的矛盾日趋尖锐化。

河东流通铁钱所带来的许多问题,由一位时任秦凤路安抚副使、受命知军事的官员高遵裕上奏王安石主持的制置三司条例司,同时提出了解决铁钱流通劳苦的办法"乞置交子务"。制置三司条例司,由宰执、枢密兼领其事,实际上,这个机构不仅仅是整理财政的机构,而且是主持变法的总枢纽。均输、青苗、农田水利等法都是由这里负责制订,并用它的名义发布的。按王安石的说法,制置三司条例司的指导思想是为了"理天下之财"。高遵裕的货币思想很受力主变法的王安石的赏识,更与王安石实施的均输法、青苗法节拍相一致。王安石随即奏报神宗皇帝:"交子之法,行于成都府路,人以为便。今河东官私苦运铁钱劳费,请行交子之法,乃令转运司举官置务。"神宗很快从之,"熙宁二年(1069 年)诏置交子务于潞州"。《群书考索后集卷 62》《续资治通鉴》等史籍有载。

朝廷将交子务置于潞州,目的很明确,因潞州属全国十五路之一的河东路,是昭德军所在地,人口 79232 户,冶铁、采煤、制陶、贩盐等商品经济异常繁荣。潞州东邻邯郸,西接平阳,北经威胜军(今沁县)可抵河东路路治并州府(今太原市),南出泽州(今晋城)可达京都汴梁城(今开封)。地理位置十分重要,有"得上党(潞州)者得天下"之称。所以说,北宋政权将全国性的纸币交子发行机构设在潞州,其纸币推行范围不仅仅只限于潞州,更主要的是河东路及部分相邻的地区。

置潞州交子务的事宜具体由河东转运使刘庠操办。刘庠(1023—1086)徐州彭城人,字希道。宋朝官制,每路有安抚使,路下为转运使管理财政。

据《明潞州志公署》考证,宋时的潞州交子务务址在潞州州治内,称"子城"。也就是现存的上党门北隅,周围三里十步。务,宋代官设贸易机关和场所。"熙宁十年以前潞州六务(盐务、铁务、酒务、茶务等)商税岁额三万贯以下。"交子务为其六务之一。

潞州交子发行流通后的熙宁三年(1070 年)七月初,转运使刘庠突然上书朝廷言:"交子法行,商贾不肯中纳粮草,不惟有害边谷,亦恐盐矾不售。"就是说潞州交子发行后,百姓对它的认识尚未明知,未等纸币显现出方便的作用,就导致出现了妨害边界地区出售盐矾受阻、商人不肯贩运粮草、不愿意将粮食卖给国家、影响了边防军队粮草的供养等诸多情况。面对艰难的金融形势,无奈这年七月初十日,潞州交子务遂奏罢之。

潞州交子务当时在全国来讲,成立时间仅次于四川益州交子务,两处交子务,一处在西南;一处在北方,除此全国在这段时间里再没有相同性质的纸币发行机构。潞州交子务如此全国性的机构为何旋置旋罢?从我们掌握的史料研究发现,除转运使刘庠上书朝廷的种种理由之外,最关键的是新法改革派王安石同新法反对派领袖人物司马光之间的斗争因素。

转运使刘庠,新法的反对派,同王安石的思想观念大相径庭。熙宁二年(1069年),王安石的青苗法公布后,反法的浪潮就从汴京波及到地方,从言论上升到行动。元老重臣纷纷反驳,韩琦从大名府上疏猛烈反对;欧阳修自青州上疏抨击;河东转运使刘庠、亳州的富弼(宰相)等都在当地阻挠青苗钱的发放,斗争异常激烈。《明·山西通志》曾有这样的记述:"刘庠以论新法违背王安石;不顾铁钱之劳费,计一路之产,铁利为富足,请恢复旧冶,继续鼓铸铁钱。"王安石极力推行新法,力图使纸币交子不仅仅在四川能够流通,更想让"受劳费之苦"的河东等地区也能行用。但熙宁三年已升为宰相的王安石身在朝廷,国事缠身,加之反对派毫无忌惮的

抹杀历史事实,致使王安石没能亲自来到潞州看看转运使刘庠上书的内容与河东潞州的实际情况有多大的出入。可能就连他主持的制置三司条例司的其他官员也没有深入实际到潞州进行调查研究,就草草地将潞州交子务奏罢。而且,此时的王安石货币思想较前期也有所波动,他对神宗皇帝提出:"交子事,诚如陛下言,行之非得已。然陛下宜深思,财用不足,人材未有足赖者,于边事姑务静重而已。若能静重以待边事,则夷狄未能为患。于是可以修内政,内政已成,人才足用,财力富强,则为患之无不可者。"《续资治通鉴长编·221卷》对当时朝廷之上的言论同样作了记载。

王安石的经济头脑和用人方略,一语道破朝廷要推行纸币交子所必须具有的条件,一是国家财力支持;二是选好善于理财的人物,这是一件伟业成功的基础。像河东转运使刘庠这样的"人才未有足赖者",在王安石看来是不能再用其做推广纸币交子这样的大事了。

宋朝纸币交子分界发行,实足两年为一界,界满换发新交子。每界最高发行额为一百二十五万六千三百四十贯,准备金三十六万贯。潞州交子务熙宁二年设置,熙宁三年奏罢,时间仅一年,潞州交子看来只发行了一界,一百多万贯,就退出了货币历史舞台,成为新法改革派与反对派斗争的牺牲品。

数年后,王安石被罢去宰相,许多变法改革活动的实际材料遭到以司马光为首的反对派以及声气相通的封建文人的篡改抹杀,使后人难以洞察到事实的真相。故此,至今王安石与潞州交子务发行我国纸币交子的这段货币史实鲜为人知,史籍记载中零零散散也只见寥寥数笔。

从《宋史·食货志》中发现,就在潞州交子务结束六年后的熙宁九年(1076年),河东太原知府韩绛向朝廷申请再次在潞州发行纸币交子之事,当朝者神宗皇帝的金融思想早已不用心于国家之货币经济发展,政治环境险恶的背景中,皇帝哪能顾得上这些,故此,潞州的纸币交子发行计划再没能得到复兴。

九　冶炼铸币潞安府

古老的潞安府一向以煤、铁富饶而闻名天下。素有"千里铁府"之称。

汉唐时,朝廷即在此地设立专门的铸币机构"潞州监",利用上党优质的矿藏资源来为朝廷铸造"半两"、"五铢"、"开元通宝"、"乾元重宝"等货币。货物交易、商品繁荣、铸币兴盛一系列的地方经济事迹,感染触动了潞安的知府,一向不被编入和重视的地方史书里的经济篇,在万历年《潞安府志》中出现了。周一梧,这位进士出身、有着经济头脑的知府大人笔耕手书:"钱通交易,与银子母相权。汉唐以来,取当地所产,铸铁为钱,公私相杂。"他记录下了潞府铸币史的开篇。潞安府繁荣的冶铁经济使得明朝廷早在洪武六年(1373年)即在长治、晋城设铁冶所两处,当时,输往全国各地层出不穷的优质铁产品,让长治、晋城两处铁冶所成为全国仅有的13处铁冶所的佼佼者。

两座铁冶所一处在潞安城里的炉坊巷,名为"润国冶",另一处则在泽州的高平王降村,号称"益国冶"。《泽州府志》记录了益国冶的历史,"北十里王降村,元大德间置铁都提举司,益国冶至正中废,明洪武初徒冶县北二十里,永乐中奉工部勘合罢炉冶事"。

多少人的掘山采矿、多少年的火石冶炼,多少代铁匠的传承,最终在上党的雄山脚下,逐步形成了以长治荫城为冶炼、铸造、集散、贩卖的铁货中心,开始谱写一篇篇潞安人冶铁的文化乐章。贩卖铁货的潞商足迹遍寰宇,北至外蒙俄罗斯,南到新加坡,东跨大洋进日本,西跃陕甘入拉萨,随处都可见到潞安铁货产品。皇帝脚下的京师更是潞商云集之处,明季潞安商人创先在京师崇文门设立"潞安会馆",汇集铜、铁、煤、锡各行业商人共谋经商大计,至今珍藏在北京图书馆的《重修炉神老君殿碑》记载:"都城崇文门外,有炉神庵,存前明张姓碑版。我山右之贾于京者,多业铜、铁、锡、炭诸货。以其有资于炉也,相沿祝炉神,其伏魔殿、佛殿前后,修举于潞商。"采铁矿、铸铁器、贩铁货,一代代潞安商人产、供、销"一条龙式"的潞铁销

大批带有浇铸口的"万历通宝",有数十枚是连铸在一起,长治出土发现

售谋略所展示出的经营才华,使得长治荫城铁货中心,每年从业者万余人,输出到全国各地数千个品种的铁器百万斤,潞安城垣里"丁丁当当"的煅铁声写出的是"千里铁府、日进斗金"的华丽乐章,声声震撼大江南北。

时间进入万历初年,山西巡抚靳学颜上书朝廷倡导铸造钱币的建议:"臣观天下之民,皇皇匮乏为虑者,非布帛五谷不足,银不足而。夫银寒不可衣,饥不可食,不过贸迁以通衣食之用,独奈何用银而废钱,钱益废,银益独行,独行则益藏益深,而银益贵,货益贱,豪右乘机贱收之,时其贵出。钱者泉之,如流水在地中,不得一日废。"朝中大臣们的力主铸币建议,加之上党优秀的冶炼技术和冶炼产品再次引起朝廷的极大关注。万历四年(1576年),朝廷命户、工二部,铸"万历通宝",金背及火漆钱,一文重一钱二分五厘;又铸镟边钱,一文重一钱三分;颁行天下。万历五年(1577年),神宗万历皇帝颁旨户部:"增设钱局,除太原已开局,其平阳、潞安二府乃产铜出工之地,应各开局分铸。"朝廷"每府发镟边样钱一百文,直隶州五十文,令照式铸造,铸完呈样"。一旨令下,朝廷便在潞安设钱局,开炉铸币,铸币要职由户部核准山西巡抚高文荐担任。

我们从《明会典》得知,万历初年朝廷铸钱并不多,约两万锭,十三年(1585年)增为十五万锭,二十年(1592年)为九万锭,当时全国铸炉60余座,潞安两座,平均一年为朝廷铸币万余锭,两座铸钱局需招雇铸币匠人约三四千名,由此给地方带来丰厚的经济利润的同时,也出现了货币私铸取利的现象。万历四十年(1612年)知府在其编纂的《潞安府志》中这样写道:

"万历通宝"的出土现场,长治英雄南路食品厂施工工地,此处距唐朝炉坊巷铸币遗址约150米

万历初,遵例鼓铸制钱,一时铜价腾跃数倍,而监造官与匠役减去铜料,杂以铅锡,愚民见利争趋,日有私铸,虽论死不止。

"万历通宝"货币的铸造,关乎国家之经济命脉。标准定然是要求高、质量好,但铸币所带来的高额利润,也驱使众多掌握有铸造冶炼技术的潞安匠人,惟利是图,以身试法,私铸之风屡禁难止。此事严重影响到潞安为朝廷铸币的声誉,为完成好朝廷的铸币任务,山西巡抚和潞安知府同时还担当了给朝廷"去伪存真"、"打击私铸"的重任。潞安的铸币官吏保证了将优质精良的"万历通宝"制钱按铸额上划朝廷户部。

大明朝廷和万历皇帝能将铸造货币此等关乎国家之经济命脉之要事交于潞安去悉数完成,足以显见对潞安能工巧匠冶炼产品的信任和垂青。

十　银行商人摆钱桌

　　明朝末年,谁曾想到在古老的潞安府乡村里"银行"就已出现,这是封建商品经济中货币经营划时代的进步。撩开她的原始面纱,此时期的她虽不能够与现代化的金融机构比拟,雏形也显稚嫩,但毕竟是现代银行的乡下鼻祖。正如我们不能笑话老祖宗曾经穿兽皮草衣的原始举动一样来笑话潞安府四百年前出现的"银行"。商人往村头一站,钱桌往地边一摆,几串铜钱,随贷随放,早出晚归,"放和贷"经营的就两个字"信用"。这就是最早出现在潞安府乡村的经营银钱兑换和小额放贷的机构"钱桌"。

　　此时,让人联想到与明朝同时代的西方,他们银行"BANK"这个单词的原始涵义就是由"板凳"演化而来。难道历史就这样惊人地巧合? 并不是。事实上与我国明朝相差不远的年月里,西方银行家的前辈们竟然也是在村镇市场里坐着一条长板凳经营货币的兑换业务。一个是"桌子",一处是"板凳",这是东西方在货币兑换上理念与文化的相同之处。谁借鉴谁,已无从考证,也不重要。重要和肯定的是古代钱币商人的智慧都是

清末设在路边经营的"钱桌"

源自于"方便客户，方便经营"的理念，从而产生了共同的"桌子与板凳"方便的经营方式。

明朝末年的借钱活动也叫差银，钱桌上的银钱贷出后，同样发生过对方失信、借钱不还的官司，这催还贷款的官司只好由县太爷亲自负责审理。事情就发生在明朝万历年上党的高平乡村。

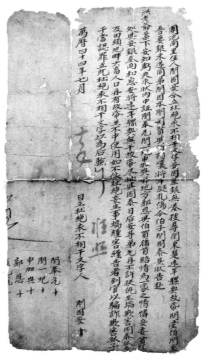

明万历年间的借钱官司文书

团池南里住人闫国安，今立杜绝永不相干文字，安因差银无凑搜，寻闫东楚远年骡契故纸，问堂伯闫东吾要银未遂，同弟闫国本闫国贤与伯相嚷，将牛腿扎伤。今伯子闫国泰具状告赴。洪老爷案下安知细央求，状内中证闫奉元、闫一记、申加兴并地方郭思与伯买猪首赔情，为一家之情，邻安委贫议处与安银叁两和息，安将远年骡契无干故纸尽抽，与国泰日后安等兄弟再不许挟执生端，欺害国泰孤身及田头地畔六畜人口，再有故纸并不中使用，如不依杜绝妄生事端，缠害缠告者到官以骗诈欺害孤子，干当认罪，立此杜绝永不相干文字以为后验。万历四十四年七月十五日立杜绝永不相干文字人闫国安，中见人闫奉元、闫一记、申加兴、郭思。

这段明朝万历四十四年（1616年）七月十五日发生在高平团池南里村的闫国安"借银叁两和利息不还"并"扎伤堂伯家牛腿"的官司，是在当年的高平县令洪老爷大堂案下审理解决的，闫国安不仅要将"无凑搜"的"差银还上"，还得"买猪首赔情"。如此看来，明末时期"钱桌"上借的银钱也不是想赖就能赖掉的，洪老爷要闫国安立下文书为证，五六位的"中见人"还有"督查"的作用。从此案例可看出，乡村民间"钱桌"有大堂之上的县老爷坐镇，借贷放钱应该是"高枕无忧"了。

银行的原生态"钱桌"，在潞安出现的确切记载是清朝乾隆初年，日本人寺田隆信在其《山西商人研究》里将掌握的明末清初的潞商档案做了披露，书中记述了

山西潞安府长治县八义镇商人秦德公在乾隆二十九年（1764年）之后十年的商业活动，这其中出现了商人秦德公的"钱桌"生意：

> 该镇居民，多在安徽贸易，秦德公亦素以帮伙营生，从前曾在河南固始县，与王之相合伙生理，后因不合而散，至二十九年，又领本县冯祥本银，在外贩运米豆，未久也被辞出。秦德公将所分银八十余两，携往江南凤台县开铺，又折本而归，于三十六年八月到家，揭债二十金，在本村开设钱桌。

明末清初的潞安货币经济中，金银、制钱、私人纸币同时流通，而且，多种货币间的兑换活动异常活跃，商品经济社会里就需要有较多的将三者能够相互折算兑换的机构。所以，这类机构"钱庄、钱铺、钱肆、钱行、银号、兑换局"便应运而生了。在

清嘉庆年间潞安城内的钱庄名号石碑

晋东南的村镇，有些小规模的钱庄干脆还照样叫"钱桌"或"银钱兑换局"。我们在高平县三甲村就发现了相传几辈的"泰德昌银钱兑换局"的木质招幌，而且，这家的"泰德昌银钱兑换局"的招幌，从明末一直用到清朝，作钱庄的生意就没变过。

钱庄，在明朝的《金瓶梅》、《三言二拍》、《醒世姻缘》等多部作品中有描述。其中通过《金瓶梅》的内容分析，我们发现作者是了解晋东南经济物产的大家，在本书中作者对一些社会经济现象的描述和纪录，似乎就是晋东南的缩写，如仅晋东南方言口语和生产的"潞绸"最少在书中出现数十处，而且，潞绸的色彩、花型、质地都描述得细致入微。那么，书中就钱庄的记录，一定程度上也可以说是明朝晋东南"钱庄"的缩影。至少能说明，明朝的"钱庄"和"潞绸"这两件同时代的著名产物是受到许许多多社会文人墨客

关注的重要事情。

《金瓶梅》第九三回说道：

这任道士将常往里多余的钱粮，都令家下的徒弟，在码头上开设钱粮铺，卖将银子，来积攒私钱。

这冯金宝收泪道，昨日听见陈三说，你在这里开钱铺，要见你一见，不期今日会见一面。

《醒世姻缘》第一一回道：

又想起那一日在钱庄上换钱，晁住正在那钱庄上换金子。

明朝的多部作品中反复出现"钱庄、钱铺"的记录，所有这些说明，"钱庄"在明时的社会经济生活中已很普遍并起到相当重要的作用，百姓的社会活动和商品交换中很多地方已离不开钱庄这类性质的机构。

"钱铺、钱肆、钱行、银号"以至"钱桌"私家发行的纸币在明朝就开始了，我们从《醒世姻缘》一书中捕捉到明朝钱庄发行纸币"钱帖"的技巧、手段、利润、业务等等的一些相关信息。《醒世姻缘》第一回写道："那城中开钱庄的，放钱债的，备了大礼，上门馈送。开钱庄说道，如宅上要用钱时，不拘多少，发帖来小庄支取。等头比别家不敢重，钱数比别家每两多二十文，使下低钱，任凭挑选。"又"不十日内，家人有了数十名，银子有了数千两，日费万钱，俱是发票向钱庄支用"。又"日用杂费，也有一班开钱铺的来供应"。

"钱帖"在晋东南发现最早使用过的实物是清朝嘉庆年间长治县王董村"美兴当铺"和晋城城关的"天源钱店"发行的私帖票。随后的日月里，潞安的私人票帖发行不计其数，部门也五花八门，不仅仅只是钱桌、钱庄、钱铺、当铺，就连醋坊、粮行、铁货铺、棺材铺都在发行私票流通，只要有信用，你这"银行"机构就可生存发展。

现如今，站在田间村头的潞安"钱桌"商人早已被高楼大厦里西装革履的现代银行人所取代，老"钱桌"也一批批地消失在茫茫的历史长河之中。幸好我们在一册《老北京》的史料中还能目睹到路边"钱桌"的昔日风貌。然而，不能忘记的是历史总是从远古走来，银行人传统的"信用"观念，在今天的工作中能消失吗！不能。

十一 汇票一纸飞天下

　　说到山西商人的金融汇票业务,自然不能落下潞州钱庄商人,潞安的钱商里也有签发汇票的突出代表,用些笔墨书写叙述其历史,无论是潞商经营的汇票诞生的过程也好,还是汇票的防伪技巧也好,点点滴滴都浓缩着古代潞州金融商人高超的智慧和聪明的经营足迹。

　　汇票雏形源自唐朝,宪宗时期(806—820)"商贾至京师,委钱于诸道进奏院及诸军诸使富家,以轻装趋四方,合券乃取之,号飞钱"。一纸在手,购货交易,其安全又方便,商人和旅客也贴切地称它"便换"。当时,商人的大宗交易就已经实现了"腰缠十万贯,骑鹤下扬州"的货币异地支付的便捷方式。

　　明末清初,山西商人将其精髓发扬传承,异地汇兑已成为山西货币商人弘扬光大的"票号业"之专长。票号商人之先行者,首推平遥的"日升昌",实现"汇通天下"之霸业,分号近百家,遍及全国以至新加坡、俄罗斯、日本、朝鲜等国。清朝中后期,山西票号的汇兑业务已不是它独有和垄断。钱庄、钱铺、银号等也开始在存、放款主营业务的基础上办理汇兑,汇兑的方式总体是一个模式,就是汇款人将款交给票号(或钱庄),由票号(或钱庄)开汇票凭证,一式三份,毛笔书写,重要处用暗语密记,并加盖防伪印章数枚,中间一支交汇款人,左右两支,一支为存根,另一支是将汇款人的汇票底联寄往收款人地点的票号(或钱庄)分号,三支手续凭证的骑缝线上有编号、骑缝章。数日后,取款人持票向指定票号(或钱庄)对照"汇票"无误,便可取款,不需讨保,谓之"认票不认人"。汇票主要用于商号与商号之间的款项汇解,其次才是私人间的汇兑。

　　据《山西省志》(1907年 日本同文会编)记载:当时潞安的金融货币,官钱局、钱庄铺的汇费,京师、上海、汉口、天津等地每汇一千两白银收费三十两左右;汇往太原、太谷、平遥等本省的汇费每汇一千两白银收费二十八两七白银左右。

　　上世纪八十年代末,长治城区东街一拆迁居民家祖传咸丰十一年(1861年)

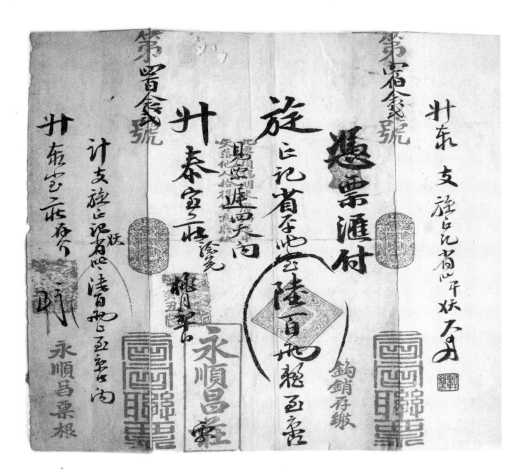

清咸丰年间长治永顺昌钱庄三联汇票

账册中发现了清中期长治"永顺昌"钱庄的汇票实物。研究该原始汇票之形制,古人用纸书写考究、票面设计科学、印章独到、防伪性极强、不可复制性可谓百分之百。这是对当代金融机构所出汇票由手工书写到机制票据后,汇票的防伪性反而下降的极好借鉴。

中间一支内容:第四百念贰号,凭票汇付,旋正记省平二七宝陆佰两正至京口,见票迟四天内,升泰宝庄验兑,癸丑桃月初十日,永顺昌庄票。在票的左上方加盖红印几字"此票须认明来历 途中失落 他人拾得 作为废纸"(此支是长治汇款

人的手续凭证）。

右一支内容：升泰支旋正记省平、二七、四天、六百两（后几字均为防伪密书。此支是长治出票钱庄"永顺昌"寄往兑付庄京城"升泰宝庄"的依据凭证）。

左一支内容：计支旋正记四天省二七陆佰两正至京口内，升泰宝庄存介，癸丑，永顺昌票根（此支为的本庄"永顺昌"的存根）。

三联汇票能在一起发现，比较珍贵。这证明当时从长治"永顺昌"钱庄汇出的"陆佰两白银"取款人已到京师的"升泰宝庄"兑付过。有"勾销存缴"的勾墨和印章，收款人手持凭证和"升泰宝庄"兑付凭证两手续首先在异地京城对照无误兑现结算，之后异地京城的两支凭证到年底决算时，回到出票地长治，然后，三联汇票的凭证方能合在一起结账。因此说，数百年后能发现其"几经周转"又合而为一的整套三联汇票，较为幸运，它更是难得的研究清朝汇票的珍贵资料。

永顺昌汇票，在咸丰十一年（1861年）账册中发现，那么，汇票上的"癸丑桃月初十日"的时间我们考证应该是咸丰二年（1853年），这一年是癸丑年。六十年为一甲子年，向前推六十年的"癸丑"是乾隆五十八年（1793年）这不可能，因这时期的钱庄还没开办汇兑业务，向后推六十年的"癸丑"是民国三年（1914年），这也不是，因清末民初的汇票早已改变风格，为石印版的形制，一个为墨书，一个为石印，与清中期的墨书汇票大相径庭。

从收集到的大量史料典籍中研究发现，钱庄、钱铺、银号只是在称谓、经营规模上小有区别外，他们其实就是一类机构。钱铺（庄）最早出现在明朝末年，《崇祯长编》《金瓶梅》《醒世姻缘》《庚己编》等明时著作中多有记述。钱行、银号、银店、兑换钱店、银钱兑换局等到清朝初年有了这类称谓，它们同明朝时的钱庄，钱铺、钱店、钱桌相比似乎只是资本和用人的规模似乎大了些，业务项目也有所增加，其它没有大的变化。票号出现在明末清初，先由山西颜料商人所独创，异地汇兑成其为所特有的主要业务，当然票号也同时兼经营存款、贷款、发行私帖等业务。从史料和钱帖实物中发现，较大些的钱庄、银号也签发汇票，经营汇兑业务。

金融汇票业务的发扬光大，是人类经济社会发展史上的一大进步，从其诞生又日臻发展完善演变至今日，一纸汇票的出世，最终实现了"交钱于此，取钱于彼"的汇兑过程，免除了携带巨额现金之苦，更无需考虑安全之忧，无论百里千里，各地之间，早已实现了"汇票一纸飞天下"的神话。为人类货币经济的突飞猛进，发挥着巨大的作用。

天下潞商

第二编　商旅足迹遍布天下

一 潞商客居景德镇

走进江西,翻阅江西的历史,翻阅潞州商人在江西生存、经商的历程,发现他们是非常艰辛的,也是让人敬佩的。哪里只是"走西口"那么简单,生活坎坷、历经磨难、多次迁徙、颠沛流离,可以说"只要有麻雀飞过的地方你就能见到潞商们的足迹"。江西的"客家"人,景德镇的长治人,可称为潞商的代表人物。

追本溯源"客家"人,我们在"客家"的《钟氏族谱》、《康氏族谱》、《里村童氏宗谱》等祖辈遗存的谱牒文献里找到了一些蛛丝马迹。唐宋元明四朝,几次朝代更迭导致纷繁战乱,民贫土瘠,稼穑尤难,为了谋生,先后有数十万的潞州人一批批离别太行山,告别漳河水,泪别土生土长的上党大地。有一丝的奈何谁能够离乡别土?又有谁愿意离乡别土?上党人做到了!只见他们扶老携幼翻山越岭徒步千余里,行程数月或数年跨黄河过长江,客居闽粤赣三省交界,以江西为集中区。这其中当然也有来自中原其他地区的一部分迁徙者,从此,江西有了"客家"这个民系,特别是明朝的几次上党大移民,江西景德镇的烧瓷窑户队伍里有了一个个的潞匠烧瓷人,浩荡的烧瓷队伍中出现了长治人的身影。

很难想象,也想象不出古潞州人哪里来的如此智慧和坚忍不拔的毅力,跋山涉水,寄宿这里,融入环境,发挥才智,站稳脚跟。此时,脑际里只有被他们数百年前的伟大迁徙壮举深深震撼。

步入江西省博物馆,巍峨典雅,她坐落在滔滔不绝的赣江东岸,滕王阁之东南。主展厅二楼的"客家文化",吸引着众多参观者驻足流连。大厅中央3米见方的"客家"源头地图,庄严醒目。960万平方公里的中国版图上一支红色的箭头从"潞州"出发,一泻千里步入江西,然后潞人们又分黎氏、狄氏、苗氏、童氏、周氏、钟氏、康氏、程氏、李氏、张氏、范氏、连氏各姓人马组成的

"客家"大军,以顽强拼搏的毅力,勇敢开拓的进取精神,东西南北分布在了鄱阳湖四周,停留在了赣江两岸,烧窑之火燃在了景德镇。"客家文化"陈列文物实物中,林林总总的《钟氏族谱》《康氏族谱》、订婚礼单、婆姨们的大襟衫、顽童首顶的虎头银饰帽等等,无不透露出"并州上党人迁徙江西"的历史信息。著名历史学家罗香林在其《客家源流考》中也认为:"客家先民东晋以前的居地,实北起并州上党。"

从此,潞州人在江西被称作"客人",生生不息,繁衍生活。"客家"人不愧为"客家"人,只要有一线的发展空间,他们就不会放弃可能施展自己手艺的机会,景德镇烧瓷的窑户里自然也就少不了有手艺的"客家"潞州匠人。很古时就掌握了烧瓷工艺的潞州匠人们,为了吃口饭、赚些钱,特别是一支来自长治县八义窑的李姓、范姓陶瓷匠,将长治当地宋朝就开始烧造的"红绿彩瓷"釉料秘方献艺景德镇的烧窑者,将潞州烧造中国红绿彩瓷的先河"流入"到远隔千里的江西景德镇。祖祖辈辈言传身教的手艺就是长治陶瓷匠人能待在"瓷都"景德镇生存下去的最好资本。多少代的风风雨雨,坎坎坷坷,在这块神奇的陶土世界里一把泥土、一窑烈火缔造出了几位像样的潞商人物,值得世人称道。明朝《里村童氏宗谱》记道:"童氏,名宾字定新,由(晋省)雁门迁浙西,又迁江右,为饶州之浮梁(景德镇)县人,童宾生于隆庆丁卯年(1567年)五月初二日午时,祖匠籍,万历己亥年(1599年)烧造御器,恐龙缸不成,将身赴窑。"《浮梁县志》对

江西兴国康氏祠堂寻根祭祖仪式

童宾的事迹直书秉记："万历间内监潘相奉御董造，派役于民。童氏应报火，族人惧，不敢往，童毅然执役。时造大器累不完工，或受鞭棰，或苦饥赢。童恻然伤之，愿以骨作薪，乞器之成，逐跃入火，笠日启窑，果得完器。"一位３２岁的烧窑壮汉，为成全朝廷的瓷器贡品，纵身投入火窑，留下的是幼子童儒寡妇刘氏，留下的是景德镇御窑边的一座"童宾神庙"，留下的是晋商大无畏的敬业献身精神。杨梦龙，字文田，祖籍长治壶关，明万历丙午（1606 年）举人，先是任文安令。为修九江下流堤岸，带领工匠身先士卒、鞠躬尽瘁、筑坝几载，其堤遂固，晋封江西道御史，堪称长治人楷模。吴十九，壶隐道人，明万

历年间景德镇烧窑名家，方圆百里尊称"壶公窑"，到吴十九这一辈时，吴家已是祖祖辈辈烧窑十九代，手艺不传异姓。人们问他姓氏名谁，相传，壶隐道人自称不识文墨，但吴家始终不忘祖根在山西壶关，便说自己名叫

明代长治八义窑烧制的红绿彩瓷器

"壶关"，江西客家人"壶"与"吴"，"关"与"公"口音难分，故此，在景德镇烧瓷历史中，《陶说杂编》、《景德镇陶录》、《景德镇陶业纪事》几代陶书著作记载有大名鼎鼎的"壶公"传奇故事。明万历年任朝廷御史的樊玉衡也按捺不住对"壶公"制瓷的敬佩之情，赠吴十九诗一首："宣窑薄甚永窑厚，天下驰名吴十九；更有小诗清动人，匡庐山下重回首。"明末，"客家"中的突出代表张齐仲，依然称得上潞商人物，他祖籍上党阳城人，到康熙十六年时（1677 年），经过祖辈和他的不懈努力奋斗，已从景德镇小小的一个"窑户"晋升为"邑令"，还发号施令于烧窑工匠："禁窑户瓷器书年号及圣贤字迹，以免破损。"张邑令的人生轨迹被景德镇《邑志》记录下来。

　　窑工们的作品记录着历史，诉说着他们的劳动成果。最具说服力的还有瓷都景德镇匠人烧造的彩瓷实物，在江西省博物馆里，陈列着"龙凤图香炉、缠枝莲将军罐、如意纹善财童子"三件明代中期烧造于景德镇的红绿彩瓷。稍懂些陶瓷常识者看了这些文物实物的典型代表，便可明白，不论是红绿彩

瓷的二次烧窑工艺，还是器形、釉料、绘画手法、表现风格，同明代山西长治八义窑的红绿彩瓷器物进行比较研究，一看就是如出一辙，难分彼此。陶瓷专家们对此同样有着惊人的一致观点。江西省文化厅文物处上世纪七十年代末编纂的《中国古代瓷器基础知识》这样明确记载："彩瓷首创于北方，后陆续传到景德镇等南方窑厂，景德镇的制瓷工人吸收了北方的工艺技术，并加以综合改进和提高。"大量出土和文献资料显示，景德镇在元末之前是没有烧造彩瓷记录的。明初，朝廷初设专烧官府用瓷的御窑厂于景德镇，广招天下有手艺的瓷匠集结于此，只有这时在景德镇庞大的烧瓷队伍里才有了"工匠来八方，器成天下走"的写照。然而，山西潞州的陶瓷匠人从我国北宋时就开始发明烧造了红绿釉的"彩瓷"。从时间上讲，北方磁州窑系的长治八义窑开彩瓷之先河。中国陶瓷专家冯先铭的《中国陶瓷史》写到："景德镇的元青花作品是否有北方磁州窑系画工的劳绩，是个值得注意和探究的问题。"《古陶瓷》一书同样记载："我国彩瓷起源于宋元时期的北方磁州窑系的红绿彩瓷。"《山西省博物馆馆藏文物精华》明确提出："长治八义窑烧制的红绿彩瓷，色泽鲜艳，笔意豪放，充溢着浓郁的民间艺术风格，是磁州窑系中名贵品种，为后世的彩瓷发展奠定了坚实的基础。"金代蒙古人南侵进入潞州，年年的战乱，繁重的朝廷贡瓷，和成批成批的瓷器北上进入蒙疆，烧瓷的数量和品种一年胜过一年，当地的瓷土匮乏殆尽，致使窑工们苦不堪言，最主要的是窑工们的收益不足以养家糊口。金朝，长治人开始有了弃窑举家南迁之历史。明朝洪武二十一年（1388年）、永乐六年（1408年）、正统十年（1445年）间的几次潞、泽移民大迁徙，再加上此时朝廷在景德镇的御瓷窑厂正好又急需有手艺的烧瓷匠，同样，长治没有断了去往江西景德镇的潞商陶瓷匠人。

这里我们又想到了明朝万历年任工部左侍郎的沈思孝在其著的《晋录》里记述晋省商人客居江西的一段历史，书中写道："晋俗勤俭，善殖利于外。余过郎陵（郑州），见羊群过者，群动以千计，止二三人执槌随之，或二三群一时相值，皆各认其群而不乱，夜则以一木架令跳而数之。妓妇与肩酒楂者日随行，剪毛以酬，问之，则皆山西人。冬月草枯，则羔羊而南，随地就牧，直至楚中洞庭诸湖左右泽数度岁，春深而回。"这其中反映着任工部左侍郎沈思孝在一次去江西等地路过郑州，所见到山西牧羊商人在南方各湖泊四周，用

羊或羊毛获利的商业活动。

　　落叶生根在江西的"客家"人，并没有忘记自己的祖宗在山西潞州，明朝时，在江西的东部山区，由潞州来的"客人"干脆将自己的生活村落称作"长治"。清康熙六十年（1721年）其分支迁徙到台湾高雄"六堆"地区的一部分"客家"人也将他们的落脚地直接命名为"长治"，标示在台湾的版图上，年年举行"长治乡情会"，至今不衰，以此表达世世代代不忘自己的祖宗在长治之思慕和怀念之情，同时也在纪念着"客家"人"敦亲睦族，团结协作，艰苦创业"的迁徙壮举。

　　漂洋过海千万里，树高千丈不忘根。由江西、福建再次迁徙海外新加坡、马来西亚、台湾的连氏宗族，同样他们的根在上党。《漳平连氏族谱》记载，连氏始祖，始出山西上党。唐开成元年（836年）入闽居福建连江，后裔连仲英

祖籍长治的江西兴国康氏祭祖场景

移居大田魁城。明代连佛保迁徙福建漳州马崎村,清康熙年间马崎连氏连兴位又迁台南,成为台湾连氏开派始祖。四百年后的 2009 年 4 月 6 日,台湾中国国民党荣誉主席连战一行来到上党襄垣连氏开宗发祥之地,祭拜连氏先祖,认祖归宗。

数百年来,每逢春节除夕来临,"客家"人都将以家族的祠堂为集结地,祭天祭地祭祖宗,举行盛大的祭祖仪式,少者数十人,多者数百成千人,祠堂里院落外一张张的酒桌,一群群的同姓族人,一遍遍讲述着祖宗的历史,一次次述说着一年的收获。然后,那便是将丰收后的一碗碗的米酒高高举过头顶,面向祖宗的牌位干杯。特别是江西兴国县杨澄地方的康氏家族,祭祖的方式奔放、张扬、轰轰烈烈,从不掩饰,更不存在羞羞答答,完全喧嚣的是北方大汉们的张扬气魄。闹市里、田埂间、瓷窑旁,祭祖的队伍浩浩荡荡,声势浩大。有力的臂膀扛起祖宗"晋阳堂"的巨匾,披红挂绿,走村串巷,燃放鞭炮,敲锣打鼓,他们在大张旗鼓告知百姓自己经营的买卖生意的同时更期盼着列祖列宗保佑来年有个好的经济收益。肩膀上的"晋阳堂"巨匾宣告着自己的祖宗老根在长治。

无数个年轮、无数个除夕,江西的"客家"人就是这样一代代、一声声生生不息地高呼着一个声音:"长治人,客家人,原本就是一家人。"一直到如今,客家人的这种风俗相沿绵绵,经久不衰。

二 东京汴梁泽州饧

　　北宋时期,潞泽商人在地域上讲属河东道,能统统归属到晋商的范畴。那时的河东潞泽商人确实有其善买卖、好经营的特点值得传扬。不论经商的路途多么遥远,无论生意利润多么微小,他们都能把一件小小的买卖做得很精细、很到位、很出色,甚至惊天动地。

　　上党唐宋时期盛产一种叫"饧"的食品,从用料、规模、利润上讲都不能算作大买卖,就是这类小生意让泽州商人经营出了特色,经营出了名声。他们将这种很有地方特色的食品,用心创意、打造、吆喝,走出太行山,踏过黄河水,千里迢迢竟然能够打进繁盛的北宋都城东京汴梁食品市场。京城里,在数不胜数的诸多地方特产中居然占据一席之地,脱颖而出,在天子脚下直面服务皇宫大臣,让那都城里熙熙攘攘的官宦百姓、老少爷们品尝"饧"的美感,喜不胜收,更是让北宋的大作家孟元老笔墨难禁,在其所著的《东京梦华录》里将"泽州饧"写入名特产行列,留传后人。

　　饧,用米和麦芽之类谷物熬成的糖稀。据考,古代的"饧"传承演变至今,它的存在形式大概就是今天人们喜闻乐见的"麻糖"。"不足一尺细身长,空心酥皮芝麻糖;数九寒天脆香甜,盛夏暑热它睡眠。""饧"由于它的成分是天然的植物糖,故冬日天寒不会软化变稀,常见路边老叟叫卖;只见卖者转盘,买者飞针击打转盘数字,飞针击中几何,买者便得到几根麻糖。炎炎夏日人们是很难见到麻糖其身影的。"饧"食用的历史久远,最早有文字记载出现在我国唐朝,因其美味,妇孺喜食,曾被唐代大家白居易书诗表赞,他在《清明日送韦侍御贬虔州》就说到了"饧"这种食品,文中这样写道:"留饧和冷粥,出火煮新茶。"

　　北宋的都城汴梁,有一条著名繁华的食品街,叫"马行街",这在张泽端的《清明上河图》中可见到其繁华盛况。正是在这条"十余里"繁盛的"夜市"

上，寒风袭袭，食客们都不肯散去，"夜市直至三更尽，才五更又复开张"。"如要去闹处，通晓不绝"。如此的"民以食为天"场景，如此的来自上党泽州的"饧"，牵动了大家孟元老手中的笔墨。冬日，孟老先生屋子里的炉火暖和不暖和？屋外的雪花是否还在飘落？这一切都无所顾忌。但可以肯定的是老先生在《东京梦华录》里将京师夜市买卖商人此时书写得倒是"热火朝天"，且看其中"马行街铺席"一段描述：

马行北去，旧封丘门外祆庙斜街，州北瓦子，新封丘门大街。两边民户铺席。外余诸班直军营相对，至门约十里余。其余坊巷院落，纵横万数。莫知纪极，处处拥门。各有茶坊酒店，勾肆饮食。市井经纪之家，往往只于市店旋买饮食，不置家蔬。北食则矾楼前李四家，段家熝物，石逢巴子。南食则寺桥金家，九曲子周家，最为曲指。夜市直至三更尽，才五更又复开张。如要闹去处，

繁盛的汴梁市井风貌

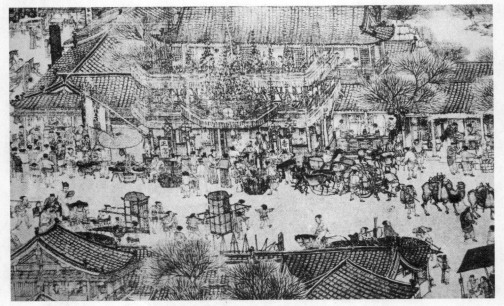

宋朝繁盛的汴梁市井生活场景

通晓不绝。寻常四梢远近去处,夜市亦有燋酸豇,猪胰胡饼,和菜饼,蘸兜野狐肉,果木翘羹,灌肠,香糖果子之类。冬月,虽大风雪阴雨,亦有夜市,楪子、姜豉、抹脏、红丝、水晶脍、煎肝脏、蛤蜊、螃蟹、胡桃、泽州饧、奇豆、鸭梨、石榴、查子、榅桲、糍糕、团子、盐豉汤之类。至三更,方有提瓶卖茶者,盖都人公私荣干,夜深方归也。

　　冬夜里的汴梁城,让孟先生这么大笔一挥,"马行街"夜市上的名吃食品就达三十种之多,这些名食特产中就有使人垂涎的"泽州饧"。

　　无巧不成书。与宋朝孟元老同时代的一位叫王明清者,在他的一部叫《玉照新志》中我们同样能"闻"到"泽州饧"的芳香。书中不仅写了"泽州饧"让当朝的宰相章子厚如何地喜爱、如何地赞不绝口,更重要的是帮我们很清楚记下了"泽州饧"盛产畅销的确切年代,还有另一种上党特产"油衣"的记载。这位王先生如此叙述道:"绍圣(1094—1098 年)中有王毅者,文贞之孙,以滑稽得名,除知泽州,不满其意,往别时宰章子厚。子厚曰:泽州油衣甚佳,良久又曰：出饧极妙。毅曰：启相公，待到后当终日坐地，披着油衣食饧也，子厚亦为之启齿，毅之子伦也。"此处的泽州"油衣"就是日后的"雨衣"？看来不会有错。我们在唐朝人韩鄂撰写的《四时纂要》找到了"油衣"用料及制作情况："制油衣，取好紧薄绢，捣练如法后制造。以生丝线夹缝缝，上油，每度干后，以皂角水净洗，又再上，如此水试不漏，即止。油衣常软，兼明白，且薄而光投。"可以想见，蒙蒙雪雨之夜，古人"披着雨衣食泽州饧"，"油衣"御寒，"泽州饧"饱肚。那才是让今人羡慕的一番"妙"境。

孟元老的《东京梦华录》也好，王明清的《玉照新志》也罢，一千年前，两位大家行云走笔，字里行间再现了京师汴梁城灯火辉煌的夜市里五花八门的丰富食品，其名、其形、其色、其香、其美足以让你垂涎三尺、口水欲滴，恨不能跨越时空坠落到大宋王朝的汴梁城"马行街"，身披上党制作的"油衣"，逛逛夜市，吃它几口家乡的"泽州饧"，美哉！美哉！

三　陶土砂锅贡朝廷

　　潞安制造陶瓷的历史久远，"下川文化"大量的考古和出土资料显示，早在石器时代，生活在这里的人类就掌握了用陶土烧造器皿的技术。四五千年前的文化遗址中鬲、罐、钵、锅等造型的陶土器皿出土数量丰富。

　　社会的进步，时间到了明朝万历年，以潞安为中心辐射上党周边几县的长治、壶关、阳城等地方，在数不胜数的陶瓷产品中，一种以陶土为主要原料生产烧造出的"潞安砂锅"，以其所独有的性能和地方特色，受到大明朝廷的特别青睐。上至万历皇帝的御膳房，下到王宫大臣的内厨室，一日三餐熬粥炖肉，成为宫廷厨师们烹、炒、煎、炸、炖推出美味佳肴不可或缺的主要厨具。

潞州制陶匠人劳作场景

潞安砂锅一时风靡京师，一册《旧京大观》中的图片史料帮助我们回眸着京师老潞商经营潞安砂器的风采。据考，潞安砂锅看似铁、轻似云、不糊锅、不耗水、不怕火急炸锅底、经久耐用赛铁器。用潞安砂锅炖肉内香外嫩、熬粥米艳汤醇，特别是中药煎汤，潞安砂锅不伤药性、不损药理、不变药效。

　　潞安砂锅最早从明嘉靖三十九年（1560年）开始上贡朝廷，这年共运往京城5000个。嘉靖四十年（1561年）增至15000个，比上一年猛增一万个。此后，岁岁要孝敬，年年有上贡。公元1573年明神宗

在京师经营陶土砂锅的潞商

万历朱翊钧登基,有前朝皇帝的需求步履,潞安府的官吏不敢怠慢。万历十八年(1590 年)潞安的地方官员将 19500 个砂锅上贡孝敬朝廷。当时每个砂锅值白银五厘多,这一年的贡品砂锅价值合计白银 110 余两。我们从当时在职的山西巡抚吕坤上奏万历皇帝的《停止砂锅潞绸疏》折子中发现,潞安砂锅虽体小、价微,原料价值也不足以让朝廷大臣们挂齿,但要将其个个完好无损地运输到京城皇宫,其外包装还是很有一番讲究的。这位巡抚大人写道,潞安砂锅起初时用荆条所编的筐子向京城抬送,用脚夫 200 余名,共需脚费白银五百零三两一钱,运费是砂锅身价的五倍。嘉靖四十年的时候,朝廷又异想天开地规定用红木装置、铜锁加封,使得一把泥土做就的潞安砂锅一时间身价百倍,连同绳、杆费用共二百两,运送的脚夫民工也从百余人增至一千三百人之多。仅仅是脚费一项的用银竟达一千八百余两。加上沿途的其它费用二百五十两,总共费用二千三百六十七两九钱。如此的开销费用是潞安砂锅本身价格的 21 倍还多。万历十八年,朝廷又规定将红木匣中垫塞白净棉花以防砂锅破碎,无奈潞安不是产棉之地,大量的棉花需要到河南、河北等地采购,棉花的采购款又得白银二百余两,商贩沿途的吃喝拉撒等"打点"使用费用是三百五十五两。山西巡抚吕坤大人细细地算了一笔万历十八年潞安砂锅的费用账,砂锅身价且不计算在内,仅仅是棉花、木柜、铜锁、麻绳、抬杆、商人脚费总计百银花费二千八百三十三两六钱。小小砂锅演绎出"牵一发而动全身"的商业效应,给潞商带来了源源不断的赚钱机会。

潞安砂锅,就是一把陶土烧制而成,价值也很低廉,但一经朝廷的御用、皇帝的喜欢,那它的身价就抬高了二十六倍之多,随着上贡朝廷数量的不断增加,明朝万历年间的潞安城周边,特别是壶关的程村、清流、壶神头等窑场,陶瓷匠人多以烧制砂锅为时尚,有民谣传唱:"一把陶土红木装,窑工商人一起忙,潞安烧造砂锅美,皇上御赐万利钱。"万历年间,仅烧制陶土砂锅这一行当,从业烧窑的匠人加上来往京师运输的商人脚夫每年要用工人都在万人左右。为赚皇帝老子的钱,窑与窑、人与人之间的技术竞争异常激烈,使得潞安砂锅器皿用料日趋考究,形制逐步精美,成本不断降低,质量不断提高。匠人们个个争先烧造物美价廉的产品,以取得上贡朝廷的御用的资格。资格就是财富,潞商们要从"御用资格"里获得高额经济利润。

万历一朝,朝廷和皇帝对潞安砂锅不懈追求、征派,激励刺激和带动了潞安周边一带诸多村镇陶瓷产业经济的空前发展。

四　悠悠盐道写潞商

一天三顿饭，顿顿不离盐。

盐的食用、生产历史古远，盐的贩运史同样悠久。盐的生产、盐的贩运鼻祖首推晋国的大盐商猗顿，他看好晋国盐池之利，由鲁国定居猗氏，利用盐池买卖富国裕民，以盐致富，不几年功夫就成为战国时期驰名的大盐商。晋省猗氏县也因巨商富贾的猗顿而得名。可谁又能想到这位大盐商在贩盐致富之前是在上党先牧牛积累资金而起家的。

明万历《潞安府志》中这样记述："上党山高地狭，自昔宜于畜牧，相传猗顿得五牸之说，就牧于此起家，与陶朱齐名。"《汉书》也载："猗顿以鹽盐起，与王侯埒富。""赞拟王公，驰名天下。"在上党"起家"后的猗顿又将贩盐的"发家"之商术影响传授于故乡的百姓，从那时起上党即开始了贩盐的历史。

上党人从事贩盐生意，并有确切史料证明的是《战国策》，这部远古的典籍中记载道："驾盐车而上太行。"汉代，河东的盐业更为兴旺，《汉书·地理志》和《后汉书·郡国志》记载：河东"有盐铁之饶"；安邑有"盐池在县西南，有盐官"；沃阳有"盐泽在东北，有长丞"。汉之前，盐的生产和运输贩卖均为私

明末潞商使用的盐运司开道路牌

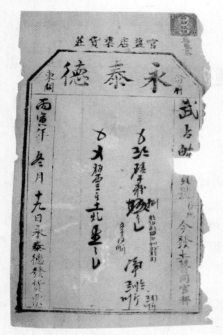
清朝时期的官府盐店发票

营。汉武帝元封年间（前 110—前 105 年），为增加朝廷收入，政府乃改盐业的生产、贩运、买卖为官营。之后的汉昭帝始元六年（前 81 年）朝廷就盐铁的"利益"专门召开"盐铁会议"，集辑《盐铁论》，足见盐业在国民经济中的重要性。《汉书·第五奇》记道："贩盐到太原、上党。"秦汉时的"上党"、"太原"为郡首之地，人口密集，经济繁荣，是盐的重要消费、使用地区。隋初盐政，采用北周征税制度。到隋开皇三年（583 年）罢除盐禁，实行开放政策，到了唐朝时，盐税已经是国家的主要收入来源。《唐书·食货志》卷 54 载称："盐利，大历中六百余万缗，天下之赋，盐利居半。"《涑水纪闻》记载："晋盐之利，唐氏以来，可以半天下之赋。"书中所说的"涑水"就在山西境内东南部。

唐朝末年，《五代会要》卷 26 记载：潞州"漳河以北州府管界，原是官场粜盐。今后除城郭草市，内仍旧禁法，其乡村并不有盐货通商，逐处有咸卤之地，一任人户煎兴贩"。这是说，唐末晋东南境内的漳河周围特别是其以北的府县"官场粜盐"是官府出卖盐的地方，煎盐贩盐兴盛。

宋朝继承唐制，设置专管全国财政的机构"自置三司条例司"。用王安石的话讲，就是朝廷的"理财中心"。三司中"首当其冲"就是"盐铁"，其次才是"度支"、"户部"。盐务附属于中央财政的最高机关。由此可想"盐"在国民经济、朝廷财政收入中的重要性。

当时，潞州的冶铁、采煤、制陶、贩盐、织丝等商品经济异常繁荣，是四通八达的贸易"口岸"，是宋朝廷"入中法"的实施地区。河东的百姓用大量的铁钱收购粮草，运往宋与辽两国边关的宋朝军营，领取到河东路解州的盐引，然后将盐贩往京城汴梁及全国各地，获得利益。宋太宗时（977 年）又有特免税之条规："凡贩夫贩妇，细碎交易，勿税。"此条规更加激励了大批的河东百姓参与到了贸易贩盐生意的商队之中。如此往返贩运的贸易，繁荣了河东经济，也带动了许许多多相关产业的大发展。宋朝《梦粱录》和《东京梦华录》在描述到当时"城市"贸易繁盛状况时分别写道："五间楼北至官巷南街，两行多是金银盐钞引交易铺。""金银彩帛交易之所，屋宇雄壮，门面广阔，望之森然，每一交易，动即千万，骇人闻见，其盛可知。"盐商贩盐的赢利情况，《梦溪笔谈》是这样记述的："盐之法，凡行百里，陆运斤四钱；船运斤一钱，以此为率。"以后各朝无论是官方专管、专销，还是朝廷官府监督下的盐商的分销和包销，不论盐制的紧与松，盐商利润的厚与薄，潞州盐商始终顽强地生存着、延续着、壮大着；历代朝廷政府都没有放松在盐的收入上下工夫。

在潞州那一条条的贩盐古道上，同样也始终没能离开过贩运商人和把盐运输到天下的脚夫们，也有凡夫俗子写下的辛酸史。长子、黎城、长治等县的百姓靠脚板赚取"蝇头小利"，一次次、一趟趟领取"盐钞"拉上潞盐，贩至天下。走出了贩盐的历史，走出了盐商的商纲，走出了潞盐的辉煌。

"明初，分商之纲领者五；曰浙直之纲，曰宣大之纲，曰泽潞之纲，曰平阳之纲，曰蒲州之纲。商纲之名始于此。"经营盐业形成商纲，山西人占据了四纲，而潞州商人就是其中一纲。一部叫《雍正长芦盐法志》的书作了以上记载。

在太行山通往晋南、河南、河北的山峦间，千峰壁仞，崎岖难行的"古盐道"足迹悠长。长治县贾掌乡西岭村是处在壶关、长治县与潞安府的交汇点，它又是数条古盐道的其中之一，开凿年代早已无从考证，从明朝起多少代的百姓都称它为"官道"，宽三米、长五六华里的青石铺路，日久天长的车轮滚滚、马声啸啸，脚户和盐车的足踏，青石被磨得光滑平整，石道上两条深深车辙痕迹是盐商们留在古盐道上的劳作烙印，它述说的是潞商贩盐的久远历史。

万历二十七年五月（1599年）。在泽州县南95里处的孟良寨外，朝廷曾立下《盐院禁约》石碑，界定了贩卖私盐的范围，"泽州河内县交界施北施南具食河东官盐，不许买食长芦越境私盐，违者拿究"。万历年间，来来往往、穿行在古道其间的潞泽两州贩盐脚户就有万余人。运盐之劳、之苦，贩盐之利、之险，在古老的潞安同样留下了文人墨客的诗篇，《泽州府志》中的《盐车行》写道："盐井解州大利权，阻修只恨太行山，谁牵代北拳毛锦，滥厕塞蹄共皂闲，盐车飞轨薄其领，羊肠缚却追风影，伯乐车攀哭之骥，亦喷鸣为引颈满，身悉辨五花云拂，拭漉汗赤肆整试，捷先周地一回绕日，三匦汉关开，庸人止

解观牝牡,愿君槌碎千金台。"

明朝人谢肇 淛在其著的《五杂俎》中对当时的盐商这样评价:"富室称雄者,江南则推新安(安徽),江北则推山右(山西),新安大贾,鱼盐为业,藏钱有至百万者,其他二三十万则中贾耳。山右或盐或丝,或转贩,或窖粟,其富甚于新安。"

明万历年间,潞城青口村拔贡出身官居淮安府"盐运司经历"的靳科,往返家乡,时常就高举着皇上御赐的"盐运司经历"开道路牌,将盐转运到青口村自家的盐店,然后再分销和包销给盐商获利。"经历"一职就相当于盐运司里的总会计。明代的盐商,需要雄厚的资本,才能购买大量的粮食,送到边关,再与朝廷换取盐的专卖权,也就是《明史·盐法》中所讲:"召商输粮而与之盐,谓之开中。"因此说要做大盐商,"非巨商大贾不能胜任",经营盐的资本额巨大,具体几何? 这在明万历《歙志》中找到了答案:"少则万数以上,多则数十万以至百万。"当时,潞安府的靳家就具备了这样的条件。顾此,小小一处三百人的青口山村"盐味实足",可谓:"富在深山有人敬,贫在闹市无人问。"大小车辆,人抬肩扛,一袋袋的食盐,一车车运来,又一担担运走,人来人往,熙熙攘攘,在方圆数百里的范围内"青口村盐店街"的名声大振。万历末年,在上党泽州曾出过一届专门管理盐务的转运副使,名曰王廷抡,其在世时,朝廷任职"光禄大夫山东盐法都转运使司副使道",王廷抡在管理盐法的位子上荣华富贵,利用手中权力在家乡也开有多处盐店,赚取白花花的银两。父以子荣,就在王廷抡的父亲王璇七十大寿时,大明朝已是历史的过去,改朝换代的康熙皇帝还曾御赐"古稀人瑞"匾额高挂泽州王府,足显朝廷对上党盐商之器重。

五　潞安铁鼎立泰山

泰山闻名,名于其为东方之尊。秦始皇封禅泰山,祭祀大典规模宏阔,浩荡天下。从此,历代帝王效仿追随始皇之后尘,封禅之祭轰轰烈烈。自宋真宗封禅之后,帝王敬泰山,只祭祀,不再封禅。

明朝万历皇帝祭祀泰山,有别于他的一代代的先皇祖辈,却钟情于山西潞商年年上贡朝廷的物产,匠心独运。当万历二十七年(1599 年)的明神宗

祭祀泰山图　新绛稽益庙正殿壁画

皇帝来到"万物之始，交代之处"的泰山时，这位万承之尊的天子当时的情景应当是这样的，他统治天下48年，可有二十余年不上朝理政，是一个尽情享乐的皇帝，还是一个不择手段聚敛钱财的皇帝。但是，祭祀泰山他可没敢马虎半点，通往祭坛的六千余石阶上，身着潞绸龙袍、手握潞安府铸制的"万历通宝"的明神宗走得是如此认真，表现出的是虔诚、自信、泰然。俯望从头到脚满身的潞绸，再看就连祭桌上的一碟碟俎肉恐怕都是用潞安的陶土砂锅所烹煎的，他能不另眼高看潞安的子民吗？祭祀的最高奢望是什么，那就是，"泰山安则四海皆安"。他要与他的臣民们一起祈求苍天"风调雨顺"，保佑更多的物产源源不断地来自于四海，统统向他进奉，多多贡他享乐。

万历皇帝的脚步继续往泰山顶上行进，巍峨的泰山苍天翠柏、高耸入云，红墙碧瓦、雕梁画栋的岱庙天贶殿前，铸自山西潞安府的999斤的铁鼎里插上了帝王的第一炷香火，香火的袅袅青烟将此时铁鼎前的神宗奢望带到了更高的境地。瑞兽俯地、双龙戏珠、鼎耳高耸、气势磅礴，"大明万历年山西潞安府长治县造"，凸起于铁鼎表明的数十个大字隽永苍劲，这便是天贶殿前潞商铁匠此次祭祀泰山所献

明万历年潞商铸制泰山天贶殿铁鼎

78

铁鼎的雄姿,又是源自于潞安府的物产,又是一次与古老潞商物产文化的亲切会面,又是一次对皇帝的孝敬。万历皇帝龙颜大悦,胜似欢喜。因为,所有的这一切大典之祭,潞安铁鼎在天贶殿前的出现,完全烘托出了万历皇帝此时寄希望予"鼎立泰山、一言九鼎、惟我独尊"之最终心声和宏愿。

这一年的泰山大祭,万历皇帝又是颁发圣旨,又是御赐岱庙《道藏》。历经世事沧桑,岱庙的《道藏》虽大部分佚失,现仅存 227 函、576 目、1576 卷,但仍弥足珍贵。

潞安府铁矿富饶,春秋时,这里就有能工巧匠为晋国朝廷铸造刑鼎,汉唐时又设钱监为朝廷铸制铁钱,流通天下,明洪武六年(1373 年)在潞安府设立的两处铁冶所,使潞安铁货行销大江南北,让潞商出尽了风头。这次万历二十七年(1599 年)的"祭泰山铸铁鼎",看来又是万历皇帝对潞商队伍的一次检阅、对潞铁产品的一次验证。

相传,这般千斤重的铁鼎是在潞安铸好后,利用了冰天雪地的条件,运上泰山的。但又传泰山又高又陡,如此办法没有成功,潞安匠人就神思妙想,"即山铸鼎",在泰山顶上就地冶铁铸鼎,成功完成了这笔御赐"买卖"。普天之下莫非王土,为泰山铸鼎也罢,为孝敬万历也罢。总之,潞安匠人们没有丢脸,诚实守信按朝廷要求质量和时间"鼎立泰山"。

传说已不可考,但不论是何种方式为万历皇帝祭山铸鼎,万历皇帝穿着华丽的潞绸早已作古,然而,潞安府长治铁匠铸造的铁鼎至今却仍屹立在泰山之巅,四百余年来,迎来送往四海宾朋,书写着潞铁的辉煌历史,潞商的智慧和朝廷对潞铁的青睐。

六　潞匠铁钟鸣洪洞

"问我祖先在何处？山西洪洞大槐树"。一首民谣让世界华人为之动容，让洪洞大槐树成为多少个中国百姓魂系梦牵的"根"。

洪洞县历史悠久，文化灿烂。是人类古老文明的发祥地之一，西周为杨侯国，秦汉置杨县，隋改洪洞至今。神奇、著名的洪洞因境内的"洪崖"、"古洞"两个自然地貌而得名。人文资源古老独特，民俗风情绚丽多彩。侯村女娲陵寝是炼石补天的祖先女娲最后长眠的地方。尧王访贤、舜耕历山引发的五千年传承不衰的羊獬历山联姻民俗国内绝无仅有。玉皇庙、泰云寺、碧霞圣母宫等古典建筑艺术的瑰宝以及有"小布达拉宫"之称的青龙山玄帝宫，清净幽雅、小巧玲珑的净石宫，九凤朝阳、二龙戏珠的乾元山元阳观，避暑圣地兴唐寺等等是集人文、古建、自然风光于一体的名胜古迹。

数百年来，广胜寺的三绝一奇；飞虹琉璃宝塔国内首屈一指；佛国圣典《赵城金藏》举世无双；元代戏剧壁画保存完整独一无二；唐代左右对扭千年古柏传说神奇；一曲"苏三起解"更使洪洞名扬四海。就在这"华夏大半部古文明史在这里浓缩，抓一把沃土就能攥出古老文明的液汁"的地方，一千年前的北宋元祐年，潞州府的铁匠们铸造两千余斤的大铁钟鸣响洪洞的历史典故，至今却鲜为人知。

宋朝，有潞州铁匠铸造大铁钟而得名的洪洞县"钟楼寺"在县城东门内路北。清光绪二十一年（1895年）寺内《重修钟楼寺记》曰："相传大宋元祐间，有尼僧名文海者募铸，缺耳，再三未就，文海遂身跳炉火，脱化而成，嗣居斯土，因建其寺，而曰钟楼。"民国版《洪洞县志》记载："钟楼寺在县东门内路北，宋元祐八年，女僧文海募铸一钟，声音铿锵，可闻十余里。"身临其境，真正站在钟楼寺前研究这口大铁钟时，就会发现，北宋时期上党的铸铁工艺已相当成熟和发达，不单单潞商铁匠在民间为各寺庙铸制铁钟、铁佛、铁狮子之类的铁器物，而且，他们的铸造手艺还用在了为朝廷铸造货币之上，服务着朝廷的经济发展。在《宋史》里就记载了上党泽州知府李昭遘铸造铁钱的一些情况：

　　昭遘，字逢吉，饶阳人，授馆阁，累迁陕西转运使度支判官，知泽州，初，阳城冶铸铁钱，民冒险输矿炭，苦其役，为奏，罢铸钱，百姓德之。又言河东铁钱真伪淆杂，不可不革。

　　钟楼寺里的铁钟铸造精美，造型宏硕，重如泰山，无论是选料、铸口设计、整体浇注，还是铸好之后钟内的清沙、搬移等等许多方面的技术问题都

洪洞钟楼寺潞州铁匠铸造的大铁钟，北宋元祐八年（1093年）铸，
高160厘米、口径160厘米、钮高15厘米

81

表现出北宋时潞州铸铁匠人高超的冶炼手艺，单就整座大铁钟面章上的六个开光处的铸字铭文讲，那就不能简单地去研究大钟"冷冰冰"的个体，铭文所展现出的恰是一股股历史文化的热流，是一股股不可估量的文化底蕴。"皇帝万岁，臣佐千秋，宋元祐八年癸酉一月十一戊子记"铭文之一，明确地记录下铁钟的铸造时间；"敕赐洪洞县开福寺"铭文之二，证明了皇帝敕赐洪洞县铸造铁钟的寺院原叫开福寺；"典化寺护法花经钟主僧"铭文之三，说明了钟的定名叫"护法花经钟"；

"潞府襄垣西营村匠人父张宣，
铸钟人张世珏"铁钟上的铭文之一

铭文之四铸制了"县令张青，右班殿徐宝，主簿钊介山，县尉王京"，为洪洞县在北宋元祐八年府县官吏名称；对现今我们研究潞商铁匠有极大意义的是铭文之五的铸制内容，"潞府襄垣县西营村匠人父张宣，铸钟匠人张世珏"。无言的文字，就是一部潞商铸铁史，字字铿锵有力，句句真真切切。是铁的力量、铁的魅力再一次谱写下潞州铁匠们一个个高超的铸铁篇章。

钟楼寺，因潞州铁匠铸铁钟而得名，它早先的寺名开福寺反倒随着铁钟的敲响渐渐在洪洞的历史上销声匿迹。不知为何，一切不知，是历史上匠人的地位低下？是一直以来朝廷和地方官员轻视商人和手艺人？还是钟楼寺始终没有打造包装自己的文化产品？总之，钟楼寺始终没有能与洪洞的其他它名胜古迹一样而热闹起来，更没能像洪洞的大槐树让世人皆知。试曾想一千年前的大铁钟让潞州铁匠张宣、张世珏父子铸造是何等的艰难，赚没赚到银子不太清楚，但要紧的是潞州到洪洞千里迢迢的商路可得一步步地去走，一辆辆小小独轮车源源不断地要将铁矿从上党运到洪洞，数十人的铁货匠人设计制模、精心雕琢，数十天的燃火熔铁，然后是虔诚的信徒尼僧文海的终身投火，献身的是她忠贞不渝的追求，其中之艰幸，其中之忘我的牺牲精神，让人敬佩。大铁钟最终出世后，硕大洪钟闻名的是洪洞的十里八乡，闻名的是开福寺变成了钟楼寺。

如今的钟楼寺，它与宣泄的洪洞县城相比显得仍然如此寂寞，门可落雀。钟楼寺院子里的"钟亭"风

铁钟铭文"皇帝万岁，臣佐千秋，宋元祐八年癸酉一月十一戊子记"

雨剥蚀，高 160 厘米、口径 160 厘米、纽高 15 厘米的大铁钟四周杂物零乱，许久许久再没听到当年大钟敲出的夙愿，这里现有的只是潞商文化、潞铁烙印、潞州铁匠铸造的大钟铁骨铮铮、风采依然。步入其中，每一位来自大铁钟家乡的上党人都会有这样的感觉，大铁钟如今的寂寞仍然挡不住它当年巍峨；仍然挡不住它诞生在大宋王朝时所透出的潞人手艺之高超、潞铁之优质、潞商之气魄；仍然挡不住它再度敲响时的悠扬。

七　亦泪亦悲走西口

　　"哥哥走西口,妹妹泪花流,哥哥你回家的日子,在何时候?"

　　潞商也有走西口的典故,除了"妹妹泪花流",还有儿子痛断肝肠寻觅父辈尸骨的悲凉。丈夫啥情况?父亲何模样?从大山里出走的汉子们告别太行、一头扎向西北的那一时刻起,赚没赚到银子,且先别提,妻儿最揪心的事儿,就怕家人一去多年没有了音信,尸骨却遗留他乡别土。凝思着潞商的赚钱

走西口的潞商

84

史,其实就是一把把的眼泪书写出一页页的血泪史,世上的银子并没有那么好赚,能将铜板装进钱袋子里更非易事。一桩桩"走西口"的辛酸泪记录在了潞商身世里。

潞商不同之处,在于只要能吃口饭、赚点钱,就是去走西口,"妻离子散"的活罪那也得受。地瘠土贫、靠天吃饭的长治婆姨汉子们,哭也哭了,唱也唱了,为了生存,再艰苦、再磨砺也得干、也得创。泪蛋蛋掉地,痛的却是心。撇下妹妹的手,哥哥咬咬牙还是走西口。就这样,在一代代潞商人这样的追求下,写出的潞商历史释读起来确实有些沉重。

明末,潞安走出太行山去经营的商人队伍已是非常庞大,贩运商队已很发达。城乡里贩卖的皮货、贩卖的潞盐、贩卖的铁货、潞绸、潞瓷等等的驼队,浩浩荡荡。即便是三五成群游街串巷的"担货郎",当雇工、打零活者,也一年年、一批批离开了干石滩、荒山坡,走向做梦都想赚钱的他乡别土。他乡别土会带给他们什么,是白银?是困苦?是死亡?不容他们多想。经商"是生路、是出路"的意志几辈人都不言放弃。事实上经商不总是赚回白花花的银子,客死他乡的音讯时不时地也带回了家乡,噩耗传告十里八乡。这样的情形,隔三差五,让一位关注上党经济商业的人物打了个寒战,他就是长治县县令吴九龄。在清乾隆初年编纂《长治县志》时,吴县令举起沉甸甸的笔头用泪水圈点了几位明代潞商代表的艰辛足迹,字里行间带着无尽的思绪,将潞人经商历史记了下来:

王大节,父相,嘉靖初商延安卒,不能归榇。母田方少遗腹生大节。竭力养舅姑,三十五年母亦卒。大节时为诸生,痛父魂杳隔千里,母魂孤闭九泉。誓购同穴,乃投牒于郡,裹粮徒跣至延安,莫识父所瘗处,有高年王万牙指告仿佛则旷野,无从得焉。大节叩地号泣,望空稽颡显神,约满投诸钱以十即从,稽钱所至处求之,果得遗骸,石碣存焉,乃抱尸痛绝血渗漉入骨,昼夜伏穴中不避豺虎,与榇还乡与母合葬,隆庆三年,郡邑诸生具备当道,赐币匾其居。

周伦,潞州人,父经商客死郸县。其遗资悉付周伦,经营五十年,弟妹十余人,子侄十余人,皆为之婚嫁。

程炳,父堂客死粤东,炳方七岁,日夜濠泣,家贫佣工于人,积资以归其

枢，比母又丧无力安，百端佣工江南，而殒世其伤之。

任翱，光禄乡环之父，幼笃学，长货殖。能孝尤好义举，建书舍让士子读书，其中修桥梁道路以便往来，用千金费无难色，教子必曰忠义。故光禄为闻入祀忠义。

王氏，公志夫景具客死郸县，王氏年二十四闻仆几痛绝，拮据迎二榇归葬。长子伦方数岁，次子备遗腹生，二子稍长，括遗赀使治商，家遂裕。

贾氏，王世光妻，世光客死于燕贾，年二十四。遗孤进履莆二龄，竟抚育有成。孀居四十八年以寿终。

王大节、周伦、程炳仁人父亲都是地道的潞商，最远的经商粤东，就是近些的地方也在延安、郸县，都是经商客死他乡，再有这可歌可泣的王氏，公公和丈夫两代经商人客死他乡，衣食俱忧的潞州王氏则不厌弃生活而是坚强地"拮据迎二榇归葬"，寒室孀居，教导两个儿子"赀使治商"，传承经商祖业，家庭一天天得以富裕。贾氏的夫君王世光经商死在燕赵大地，同样孤儿寡母期盼着，其中的艰辛、其中的酸痛又有谁知，但坚强的信念，终将儿子抚育成人。"走西口"残酷的事实一直以来就没有将潞商们后辈的商魂压垮、难倒、吓跑。反而，一个个的潞商人物让我们看到的是"坚忍不拔"的潞商精髓，看到的是潞州人"乐商好贾"，传承的脉搏跳动得何等地剧烈。一位王大节是"竭力养舅姑，裹粮徒跣至延安"，"昼夜伏穴中不避豺虎，与榇还乡与母合葬"；一位周伦是将父辈遗资"经营五十年，弟妹十余人，子侄十余人，皆为之婚嫁"。程炳就是"家贫佣工于人"，没有赚到钱粮靠出卖劳动力也要将父亲的灵柩拉回长治。再说这位任翱，"幼笃学，长货殖"，他重学习，擅长做买卖，经商营利，将赚来的银两不是"建书舍让士子读书"，就是"修桥梁道路以便往来"，而且，"用千金费无难色，教子必曰忠义"。

好一个大节周伦，好一个程炳任翱，好一个王氏贾氏，好一批忠义的潞商。忙碌的白日里，由晋省潞安上书到朝廷工部的一道道称赞潞商的奏折，一件件潞商的业绩，感召着万历年任工部左侍郎的沈思孝夜不能寐，明月烛影下的他，在《晋录》里挥毫疾书下的仅仅是"潞、泽豪商甲天下，非数十万不称富"的感言，孰不知潞安的商人在"富甲天下"的背后竟有这般千辛万苦的付出，甚至是生命的代价。更没有想到的是潞商的遗孀孤子是何等地了不起！还是多少年后的长治县大堂上的县令吴九龄"下笔实情记潞商，悲欢离合道后人"。

　　明朝，潞商队伍中能有王大节、周伦、程炳、任翱、王氏、贾氏这样的人物、这样的精神、这样的无畏、这样的商魂，潞商能有不胜之理，能有不富之理！

八　乾隆御赐赏潞商

　　明末清初,在甘肃巩昌府的会宁县,风沙依然那么大,人烟依然那么少,靠经商生存下来的潞商依然是那么屈指可数的几位山西汉子。但就是在这样的一处恶劣的经商环境里,适者生存,大自然的法则造就出了长治县的铁货商人郭海龙、郭万轩、郭进孝等一帮人,他们靠的是吃苦、靠的是毅力、靠

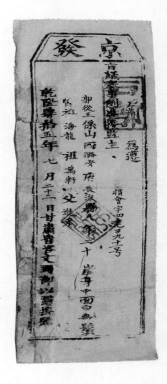

乾隆年间潞商得到朝廷任命监生的文书

的是信念、靠的是优质的潞安铁货生意。在无数小试身手的一批批商人退却、倒下去后，长治县的铁货商人他们不言放弃、不言失败、不言退却，郭家三四代人高高地站在了大西北的沙漠之上，叫卖着潞州铁器、叫卖着潞商精神。只见一席之地的铁货铺里，熙来攘往的人们运来的是一车车铁货，留下的却是一把把的钱财。郭家用买卖铁货赚来的白花花银子换回了乾隆皇帝御赐的"红顶子"官帽和宴席。

明末的甘肃巩昌府会宁县，一向是朝廷进行"以茶易马之地"。那时，明朝廷与北疆鞑靼的蒙古为保持和平关系，自永乐朝开始便在辽东到甘肃青海边境的广大区域共开设有14个与蒙古人互市的贸易经济圈，进行着常年的贸易交流。百余里里，国与国的贸易，哪里只是大漠的风

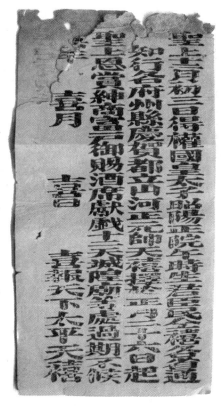

清朝皇帝邀请潞州绅商富户的帖子

沙在呼啸，商人的叫卖声更是一年胜过一年、一浪高过一浪，不绝于耳。潞商早已在茶马互市中见到了层出不穷的商机，他们不仅在茶马互市中获利，而且，由此带动着铁器、布匹、粮食贸易的大发展。仅仅是潞州之铁器和买卖铁货的潞商就借机纷纭而至。就连潞州铁货商人运送铁货到甘肃的必经之地的山西大同府，同样借了潞铁运往西北"茶马互市"之光芒，明弘治十四年（1501年）大同的巡抚、都御史刘宇在一次面见皇帝时，曾经情不自禁地对大明弘治皇帝说道："大同十一州、县军民，铁器耕具，皆仰商人从潞州贩至。"仅仅是刘巡抚在朝廷上这么一说就能了之的吗？肯定不是。朝廷的典史官咋能放过这样的重大新闻，退朝当夜就掌灯笔书，将潞州之铁货的兴盛贸易刊刻在了《大明实录》之中。

长治县的潞铁商人郭海龙、郭万轩、郭进孝一家三代从明朝一直到清朝乾隆年时，百年老字号经营潞铁不断，时间到了子孙辈第四代的郭从王时，他们仅在甘肃的家业已是"数十万都不敢称富"的大商人。郭家房产数十间、良田数百顷、铁铺三五处，有了如此多的白银后，巨商富贾今后的商道如何走下去，郭家商讨的结果最终出台了，那就是"亦商亦官"。做一位朝廷的"红顶子"官商的举动，便在郭从王这位二十岁后生的运筹中诞生了。

大西北的狂风黄沙吹头打脸不留情，但潞商郭家三四代人数十年辛劳和努力没有白费，郭家的商业之举，正可谓应验了马克思说过的一句名言，"可以存在于任何社会微小的缝隙中，为自己开辟出一个活动的大天地。"

清乾隆四十五年（1780 年）的春天，潞商郭从王由甘肃运往京城布政司的"四十石粮食"和"公仓费银七两二钱"手续费等送到了布政司大人的手中，这年的七月间，郭家接连不断收到了朝廷户部、国子监、布政司寄往甘肃巩昌府会宁县的捐官文书：

京发，户部，为遵旨议奏事例，准授监生，捐会字四千七百九十一号，郭从王系山西潞安府长治县人，年二十岁，身中面白无须，曾祖海龙、祖万轩、父进孝，乾隆肆拾五年七月二十二日，甘肃省咨文到部，以凭换照。

国子监，为条奏遵旨依行事，今准户部移咨送，山西潞安府长治县人郭从王，年二十岁，身中面白无须，捐授监生，曾祖海龙、祖万轩、父进孝，乾隆肆拾五年七月二十三日移文到监。

省发，布政司，为遵旨速议具奏事例准授监生，于乾隆四十五年六月二十四日，在甘肃巩昌府会宁县郭从王系山西潞安府长治县人，年二十岁，身中面白无须，曾祖海龙、祖万轩、父进孝，乾隆四十五年七月二十八日移文到司，捐字四千七百九十一号。

郭从王手持这三份任命身份的文书，从此刻起，这官商的"红顶"帽就一步步朝自己的头顶走来。监生虽非什么官衔，但欲入仕途做官者，却必须先纳捐取得监生出身，而后，随着捐银的增加，做一官半职的差事便随手可得了。

两三年的努力，郭家成为响当当的"官商"，除去每年的孝敬朝廷，当然也少不了朝廷的关照,有时更会得到朝廷的呵护和恩宠,而且,皇帝在他的全国巨商富贾的花名册中时不时地圈点一下,这也是常事。这一年乾隆帝敕封皇太子,那是全朝文武大臣和普天同庆的大事,各地城隍庙前十二天的大戏和国宴这等喜事,同样没能忘记与潞商的郭家打声招呼,大红的喜帖快马送到甘肃会宁时,人声鼎沸。一看红喜帖上的内容,便可晓得潞商郭从王在商界的地位:

> 圣上十二月初三日得权国皇太子,昭阳正院午时生,君臣民同禧,各省通知,行各府州县庆贺都立山河正元帅天禧,择于正月二十六日起,圣上恩赏绅商富户,御赐酒席,献戏十二天城隍庙等处,过期不候。喜年喜月喜日喜报天下,太平天禧。

皇帝御封太子,这是何等了得之事,也不是一般草根人物所能列席的宴会,然而,潞商郭家就收到了如此的皇恩宠赐。十二天城隍庙前的大戏,锣鼓喧天,你呼我拥。酒足饭饱之后,郭家看来又得到一次用白花花的银子孝敬紫禁城里天子的绝好机会。

再好的戏也终有谢幕的时候,甘肃的潞商郭家后人,经过百余年的经营早已融入西北大漠的疆土,去书写"茶马互市"的商歌。如今,潞商在甘肃的铁货商郭家已远离世尘,只是他们的后人珍藏的大清乾隆御赐的朝廷文书还留有那么一点点历史的烙印,闪烁着潞商在大西北的足迹。翻看中国商业史,在潞商郭从王所走过的商道上,今天的我们又能借鉴些什么?又能学习到些什么呢?

九　赊旗潞人著商书

　　说了这么久的潞商,写了那么多的故事,都是当代人对前人潞商如何地津津乐道,都是现代人的商业文化观。数百年前的潞商经历中,当事人认为咋样的思想才是潞商的精神所在?才是他们的经营理念所在?那么,就让我们真正回归到那个浩瀚的岁月,去看看数百年前潞安商人的真正商业文化面目吧。

　　一页页发黄、残破的商书,真实、惊人、可信,字里行间又透出商道之博

河南赊旗镇的山西会馆

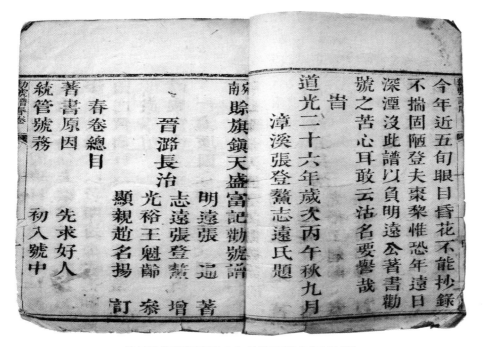

旅居赊旗镇经商数十年的潞商著书《劝号谱》

大。不错,这样的潞商才子我们发现了、找到了,这位才子就是清朝嘉庆年间足迹踏过滔滔黄河之水,在河南赊旗镇经营的长治籍潞商张明远。

潞商文化仅仅是赚几把银子吗?仅仅是修几处宅院吗?仅仅是娶几房太太吗?似乎没那么简单,历史事实也不允许我们那么去叙述。张明远的一部《劝号谱》带着研究者回到了清朝初年河南省的赊旗这处小镇,让敬佩者来到了当年商迹迷离的世界,深深地呼吸着那一时刻的空气,一直呼吸下去。

赊旗小镇,因为来自全国各路商旅在此聚集贸易,所以小镇并不显小。明清时人口超十万,人车如流,很早就是南来北往商人的水旱码头。清《南阳府志》里就有了"赊旗镇人烟密集,有街七十二,商业繁盛,南船北马,辐辏于径"。一处小镇,七十二条街,十万人口,足显赊旗的商业魅力。在清同治九年(1870年),赊旗小镇曾经将一位德国的地理学家李希霍芬所吸引,他在《旅华日记》中这样写道:"我所走的那条路,与来自赊旗镇的另一条路相通,我每天遇到不少列驼子,从河南府载上了棉花,前往樊城和老河口。"中原重镇

优越的地理环境，引来了大江南北客商来此经营，特别是留住了山西、陕西的大批客商，山货街、铜器街、骡店街、瓷器街、绸缎街，小镇七十二条街，街街有潞商，巷巷见潞商。雄厚的资金、善闯的思维、诚实的信誉，使他们在清乾隆年间数百家晋陕商人筹巨资建起了规模宏大的"山陕会馆"，耸立在小镇的中央，巍峨突兀。一间间错落有致、碧瓦灰垣的馆舍，一队队进进出出的买卖商旅，一批批的潞煤、潞瓷、潞铁物产云集于此，记录下的是晋商叱咤风云的经营足迹，一代代的赊旗人传颂着"晋人善贾，县又通水路，乾隆时城乡及赊旗，号为繁荣"的美名。

赊旗如此的经商大背景，同样也打造出了张明远这样精明的潞商才子。张明远世居长治县东呈村，自幼家寒，不曾读书。但很有心计的张明远自十八岁幸得苏店镇赵天富提携，来到南阳府赊旗天盛号内贸易。整日里见到的是商人，整日里交流的是商人，整日里打交道的还是商人。在商言商，就成为张明远琢磨了一辈子的事业。经营买卖半个世纪，古稀之年将一辈子商道上的"喜怒哀乐"、"仁智礼义信"一字字、一行行地记录了下来。

首先，其《劝号谱》"序"中写道："尚思货殖之中，以利为利者多，以义为利者少也，今观余号明远公张通先生，其为人性孝友，重信义，克勤克俭，敦厚质朴，有古人之风矣。"之后该书分"著书原因，先求好人，统管号务，初入号中，东掌恩情，阖号和美，人事大约，谨慎账务，少赊勤讨，虽讨谅情，出门买货，长远行路，改过学好，谅才用人"共十四篇进行著述，慎读细品，慢慢琢磨，收获良多。诸如仅仅翻阅"先求好人"、"统管号务"、"人事大约"、"少赊勤讨"等几篇，读来朗朗上口，获益匪浅：

未从贸易求财，先要预备好人，要想聘请好人，总的仁义之东，自果身端德正，总能招聚好人，门内先有君子，门外君子观临。无论什么生意，若非好人不成，国家若无良将，何以阵前取胜？号中若无贤明，生意怎能兴隆？天下金玉广有，世上好人罕闻，千金难求好人，万金难买真心，忠诚国家至宝，良伙号中奇珍。想招千军易得，欲求一将难聘。要想成全好事，须得三五合心，果有一班忠良，何愁大事不成。但能得其好人，就是发财根本。

凡是统管号务，先要自己端正。克己方可责众，自正总能教人。未曾责人过错，先思自己弊病。自果行端立正，总能宾服众人。身正不令而行，德坏虽

94

令不从。约己实无私意，待众真以公心。处事皆要当理，出言都要和情。能调阖号和美，就是统众本领。凡是贸易之中，总得和美通顺。

凡合邻里街坊，都要和美亲处。有难大家相帮，遇事彼此照应。虽知千贯治家，要晓万贯治邻。远亲不如近邻，近邻不如对门。即往野街乱地，另是一样民情。须要将就权变，还得宽厚函忍。应酬谦恭和气，交易正直公平。贸易不可急暴，买卖全要耐心。预紧置卖货物，无货利从何生？只教货等客来，莫让客等货临。先学买货本事，后习卖物学问。能卖不如能买，恨利不如恨行。原是买就利息，何能旷卖行情。常虑各货多寡，每记卖价买本。来往务要清楚，出入正当分明。秤是一条来路，斗是四方进门。公平大道宽畅，和气招聚无穷。

好账不如少欠，出赊望利丢本。凡是赊欠借揭，许多不能全终。若非十分好户，不如守本牢稳。但能贱卖不赊，就是稳当行情。你想他的利钱，他想你的本金。守货总由自己，欠出就由他人。货无三年不出，账有十载不还。利来生意倒塌，多因赊放丢本。少欠即为高见，滥赊终属大忌。若不上紧讨要，十中难回三成。务要勤虑账簿，不至耽误丢本。凡账越讨越活，是债不催不紧。实是尽到功夫，总能讨回钱文。纵然无钱送来，亦知有咱欠情。

先贤潞商著书人张明远虽早已驾鹤西去有年，但他身前在小镇赊旗数十年经商磨砺和长期熏陶下，笔耕不辍，给后人留下的"都遵此谱贸易，不至大错路径"万言商训，今人经商同仁读来大有"良言难觅、百读难厌"之感。

十 沁县会馆居省府

　　清代、民国时期,潞州人在京城、省城以及外省建立本乡会馆者很多。他们建馆设会之目的不外乎科考、经商、求学、游览、办事能以会馆为落脚点,安全可靠、方便可行。居于会馆宛如在家乡邻里一般,守望相援助、疾病相扶持、困难相克服。

　　多少年过去了,许许多多的会馆如今早已不存,它们也只是历史画卷的一页,被岁月无情地翻了过去。想看看它们的"模样"已非易事。地不爱宝人有情。几年前旧书摊上的一次发现,使笔者收藏到了一些民国年间的资料及在省城太原的沁县会馆旧照。潞商音容笑貌、经营思想如同昨日,翻开过去倍感亲切。

　　说到沁县的会馆,应首先从会馆的设置者"沁县同乡会"讲起。沁县同乡会创始于民国元年,当时,同乡会每遇同乡集会不是借同乡寓所,便是到公共场所,深为不便。民国十年(1921年),沁县的王怀奇从北京国立法政大学毕业回省城任山西省政府秘书后,负责起同乡会的事宜,在他的积极倡导、活动之下,民国十一年(1922年)十一月,沁县同乡会百余人在太原重阳宫举行大会,选定王怀奇为会长,张策、张豫和为副会长。会上还明确了"促进沁县政治、立会研究学术、筹款购置会馆"等几项任务。会后,沁县同乡会各界同仁历经数月,积极筹款3127余银元,这其中,县公款725元、商会50元、县绅捐款274元、省外捐款423元、省内捐款709元、公益捐款278元、借款650元等等。次年10月,同乡会用2280银元在太原城的前所街买到一处院落,确定为沁县同乡会的活动场所。

　　民国十二年(1923年)11月经过对旧院落的修理、添置设备等工作后,本月16日,沁县会馆正式挂牌。这天,由沁县旅省同乡百余人参加的盛大"挂牌"大会结束后,会长王怀奇,副会长张策、张豫和,庶务柏世铜、王瑛等五位负责人立于会馆门前的左右两侧合影留念，即我们看到的这枚旧照。

沁县会馆，地址在太原的前所街 22 号，清朝中期的建筑物，红墙绿瓦。坐南向北，和赵城会馆紧挨着，院落面积不算太大，四面全是房子，规划整齐，建筑分前后两院，共有平房 27 间。会馆大门门楼之上悬挂"沁县会馆"、"十二年十一月沁县旅省同乡会立"黑漆金字巨匾。

沁县会馆设立之后，进行了一系列的活动。首先，制订了"沁县旅省同乡会会章"，章程包括：宗旨、会员权力及义务、会规、组织、职员、职务、会期等共十二章三十条。在"会馆管理规则"一款中特别强调了"游手好闲者；有不法行为者；有传染病者"不能寄宿会馆。在本章第八条还规定"寄宿本馆同乡每人每日纳差役铜元五枚、生火时期加纳二枚"。从这些条款的规定中反映了当时会馆管理的严格有序，也反映出在同乡会馆寄宿是有条件的、也是要收费的。不是传统意义上我们认为和想象的"是老乡就能住宿会馆"。

几十年当中，沁县会馆里的同仁先后编辑了"沁县旅省同乡会报告书"（1923 年版）、"沁县旅外同乡录"（1934 年版）等多册的同乡会资料，这其中记载了"沁县旅外 400 余人名录"、"沁县沿革"、"故土风俗"、"同乡会轶事"等，特别是在"沁县沿革"一章，记录了我国古代圣人孔子与晋国大夫"伯华古铜鞮"的一则历史典故，不为今人鲜知，读来朗朗上口，为后人研究沁县的人文、风俗、乡情、商会留下了珍贵的历史资料。

沁县会馆的名誉会长，山西省第一批留学日本的吴淞，字靖涛。先生利用其在社会和同乡会中的声望，联合同乡王懋昭、赵顺和等有识之士，为进一步普及和提高沁县百姓的文化教育水平，积极倡导、广泛筹资，以清朝康熙大学士沁县人吴

民国初年沁县会馆门前的正副会长

琰的别号"铜川"命名,1932 年,在沁县创建铜川中学。

　　这所私立中学的首任校长由沁县邱家沟的邱英当任，一直到抗战爆发时,停止招生,五年办学当中招收 10 个班。全都在沁县会馆同仁的资助下办学。抗战期间,铜川中学的学生大多数都参加了革命,有的还做出了很大的贡献甚至献出了生命。如解放后任山西省委副书记的王克文是该校二班的学生;在福建省任副省长、抗日战争时期任沁县县长的温付山是该校三班的学生;吴淞本人当时不仅在铜川中学兼管教学工作,且积极投入抗日救亡战线,在抗战初期借《黄河日报》大声疾呼:"坚持抗战、反对内战。"并主动将每月月薪240 斤的小米退出 150 斤,尽微薄之力支持抗战。解放战争时期,吴淞又被聘到长治的北方大学任教授, 同我国著名的历史学家范文澜一同从事学术研究工作。

　　1951 年,太原市人民政府将"沁县会馆"收归公有,经营了近三十年的沁县会馆随即停办。二十世纪六十年代,会馆拆除,遗址今已不存。

天下潮商

第三编　诚实经营信誉至高

一　参自漳河上党来

　　明朝末年,京师的前门大街东皇城根下,一家来自山西潞安府的商人经营的"上党参局"在鞭炮锣鼓的喧闹声中开张营业了。熙熙攘攘的人群后面"参局"门脸显得不是很大,但华丽典雅,整个门庭店铺玲珑中透出的是一股强烈的潞商富有气魄,大有技压群芳之势。

　　多少年后,清初著名学者杨静亭,曾供职陕西榆林官署,长期潦倒京华,终日徜徉于都城大小胡同之间,熟知京师市井风物、人情世故。几次路经此地,登堂入室,光顾参局,在他的《都门纪略》记载众多京师商业铺面一书中,没有舍得忘记名扬都城的这家潞商老字号。他丹书挥墨,帮后人留下了潞商参局一幅精彩的楹联墨宝:"人居化日关天下,参自漳河上党来。"十四字真言对仗工整,生动传神,将参局商铺的掌柜来自何方、经营什么、人参的作用一一概括。这就是四五百年前,上党人参由潞商千里迢迢直接打入天子脚下京师买卖经营的一段历史写照。

　　上党出产人参历史久远,早在春秋时,史籍中就有"人参出上党"之说。秦汉时人参开始作为贡品孝敬朝廷。许慎《说文解字》记道:"人浸药草,出上党。"当时人们将人参看作神品,《隋书·五行志》有文人在史书中写到:"上党人家后,夜有呼声,索之不见。去宅里许有参一株,根如人形,掘去,声遂绝。"《尔雅·翼》对人参的作用写得更是神乎其神:"上党参,人形皆具,能作儿啼。然则有神、有形、有声,皆参之本,然常理耳,不可谓妖,亦不得为瑞。吾尚考古之得,参如人形者,食之顷刻飞升,不易得,得之食者,亦鲜矣。"罕见物产,稀缺难得,自然亦就有众多诗人吟咏,笔墨伺候。唐人韩翃的《送客之上党》有记:"官柳青青马匹嘶,回风暮雨入铜鞮。佳期别在青山里,应是人参五叶齐。"周繇的《人参遗段成式》诗曰:"人形上品传方志,我得真英自紫团,惭非叔子空持药,更请伯言审细看。"你方唱罢我登场,韩翃赋上党,周繇诗人参,北宋大诗人苏东坡那能耐得住这样的寂寞,他对壶关的人参更是情有独钟，一篇《紫团参》将上党壶关的紫团山人参很是一番赞叹："嶅岈土门口，突兀太行顶。岂惟紫团云，实自俯倒影。刚风被草木，真气入苕颖。旧为人衔芝，生此羊肠岭。"历代官吏名人如此赞许、看重壶关紫团参，看来当时不择手段欲得到上品人参者比比皆是。用人参牟利者更是不在少数，而此时的潞州府官吏则首先考虑的是将上党人参上贡朝廷。

上党人参上贡朝廷有据可查的是在我国唐朝，《新唐书》记载："潞州上党郡大都督府土贡贶、布、人参、石密、墨。"北宋时，壶关的紫团参与朝廷宰相王安石也有过不解之缘，缘由被宋朝大学者沈括在《梦溪笔谈》中记下，读来有趣。"王荆公病喘，药用紫团山人参，不可得。时薛师政自河东还，适有

清朝经营上党人参的商铺

之,赠公数两,不受。人有劝公曰:公之疾非此药不可治,疾可忧,药不足辞。公曰:平生无紫团参,亦活到今日。竟不受。"王荆公即王安石也,他因病需服紫团人参,却因是下官相送而坚决不受,为世人所称道。难得的上党紫团参,在明朝《太宗实录》这部朝廷大典中记载有上贡朝廷的历史过程,"洪武六年(1373年)十一月,潞州遣官贡人参"。事情有时就那么怪,人参这么难得的宝贝上贡给皇帝老子,洪武皇帝却"诏止之",没买潞州官吏的账,竟做出了不收礼的举动。当时,皇帝不收潞州人参的道理很是简单、也很是感人,这事情由潞安的周一梧知府在万历四十年的《潞安府志》中记载了下来:"朕闻人参得之甚艰,岂不劳民,今后不必进,如用,当遣人自取。往年金华贡香米,朕止之,遂以种于苑中,每耕籽刈获,亲往观之,足以自适,及计所入,足以供用。国家以养民为务,岂以口腹累人哉!观宋太祖家法,圣子神孙所当遵奉,矧臣下敢悖,明训导欲要宠乎?今人参已不可得矣,间得根株,亦枯瘦少味,入药无功,即使人需,皆辽左参也。"

高高在上的帝王都知晓了上党"人参得之甚艰",并严厉告诫地方官吏:"国家以养民为务,岂以口腹累人哉!"《潞安府志》的主笔周一梧对产在上党的人参"乱采乱挖"现象痛心疾首,他在地方史书中进行了这般的描述:"人参原出壶关紫团山,旧有参园,今已垦而田矣,而索者犹未已。张翰林谓其遍剔岩数,根株鲜获,而人慕虚名,寺赝实害。每值易参,僧以倍价市之,逮系你旬,吏缘为奸。"看来通过周知府这么一说,当时的上党人参由于物以稀为贵,价高难得,导致了官商勾结、僧吏勾结盗挖人参成风,想要轻而易举得到一枚壶关紫团山参并非易事。

清初顺治年间,由知县朱辅编修的《壶关县志·物产》也就有了这样的记载:"考方书,人参种类甚多,惟产上党紫团山者,为紫团参,最为上品。旧传,昔有服食飞升者。历代入贡,明初,高帝诏止之。紫团参之为古今珍重可知。然今其园既垦而田,求之高崖绝壁,也不多见。阛阓间所市者,皆黎城种参,而壶邑则无之。"壶关朱知县笔下道明的事实是,时间到了明末清初,上党人参已经是"求之高崖绝壁也不多见"。而且,在上党城墙内外街市之上买卖经营的人参,大多是黎城所种。

如此难得之上党人参,在都城京师前门的"上党参局"又卖的是哪里的人参?如何克服困难解决"参源"问题?一枚枚的人参利润又是几何?所有的

丰收后的潞州党参

这些早已是历史里的往事,往事如烟,不得而知。上党人参罕得,倒是潞州的党参、柴胡、何首乌年年丰产,源源不断。清朝画家笔下,一幅《参局店铺图》里我们能见到的场景是,巨大的销售人参广告占据了店铺的显眼位子,虽然以售"人参"为主,但随处便能见到的是买卖上党地方土特山货的柜架,灵芝草、党参、枸杞、山菊、连翘等等。似乎具备中药铺的性质,不然,仅仅靠卖些人参,是难以维持生计的,更谈不上发财致富。

反正,能肯定一点的是,这家天子脚下的潞商参局红红火火经营百余年,名震京城。历史进入清同治年间,其经营方略、经营业绩再次收入京城大学者李静山的《增朴都门杂咏》一书,留传后人。

103

二　都城鼻烟公利和

　　严冬的清早，晨曦初露太行。就在北京皇城公利和鼻烟庄关张60多年后的千禧年元旦这一天，我们一路向平顺北社乡西南的常家村走来。山道左右沟壑纵横，高高的黄土岭错落起伏，还没见到山村人烟，弯曲狭窄的山路已阻挡了车子的通行，车停人下，阵阵西北风夹带着尘土打在脸上，有些生疼，土岭沟崖边的荒草顺着风势不停地向来者频频嘶鸣、点头。从北社乡到常家村十多里山路我们徒步走了大约一小时，脚下的石头蛋蛋、脸前的黄土坡坡、头顶上巴掌大的天井，天寒地冻，使我的思维被冻结在一个焦点，这样的一处恶劣情形下荒山沟壑里"面朝黄土，背朝天，一身只见山药蛋"的"山汉们"，我怎也想象不出他们能与天子脚下的喧嚣皇城联系在一起，而且，走出山沟沟的汉子们，像洗脑般地脱去了满身的黄土，将一处小小的鼻烟铺林立在京都人海之中，出人头地，一干就是百余年？

　　累也累啦，来也来啦，还是找到"公利和"的后人问个究竟吧！二三十户不足二百口人的常家村中央，路北一处低洼的院落，三孔西窑里我们见到了70多岁的常根顺老人，耳聋眼花的老人好不容易听懂了我们的来意，无奈往事如过眼烟云，公利和的经商历史只有借助于老人的翻箱倒柜，在古旧的陈设中寻觅祖辈们在京都的往事了。

　　公利和，最初叫"荣增厚"，掌柜常富宝，后称"公利和鼻烟庄"，经过三代常家祖辈经营后，到抗战爆发后的上世纪四十年代时，掌柜的为常庆福。老人家在尘封了多年的祖辈遗留物件中翻出了一张旧照和几张清末民国年间公利和掌柜的旧名片，文物实物帮我们初步勾勒出了平顺常家"公利和"在京都经商的大致沿革轨迹。公利和在京都的同行鼻烟界影响较大，名震四方。一部叫《商海沉浮》史籍中曾记录下了它的经营地址在"崇文门外巾帽胡同"，此处经营的鼻烟庄铺有公利和、公义和、天惠斋、义盛和、西天成等等。

鼻烟，最初从欧洲泊来，因用鼻子闻吸烟草而得名。分酸味、檀味、糊味、豆味、甜味五种，以酸味者最佳，兴盛于清康熙、乾隆朝。相传，康熙皇帝一次闻烟，觉得味道特别，不同往常，一问，原来是宫内烟库太监把几十盆盛开的茉莉花放在烟库，串了洋烟的原味道，反而康熙皇帝非常高兴闻此茉莉花味，于是赐名御制露，封赐王公大臣享用，这就有了中国自制鼻烟的开始。京城内外人们吸食鼻烟者也由此大兴，商人自然要投大家所好，不会放弃每一次的赚钱机会，经营鼻烟的店铺如同雨后春笋般迅猛发展起来。这一时期，平顺籍潞商在京经营鼻烟的还有一家叫"天佑号"烟袋行，地处东安门外大街3号，从刘家保留下来的《北京特别市铺户月捐执照》上看出，天佑号的铺面并不大，属于七等铺捐，民国31年时，每月需向北京财政局捐税二元。天佑号虽说没有公利和的名声大，但其一直经营到五十年代初才停业，掌柜的刘文业，公私合营时将祖业交给后辈刘孝贺改为经营"天佑百货"，而刘文业回到了祖籍潞安平顺享乐晚年。

告别平顺常家村，告别常老汉，潞商公利和的历史、"天佑号"烟袋行的

京师经营公利和鼻烟庄的常庆福在平顺老宅门

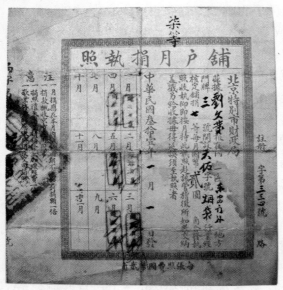

潞商"天佑号"在京都经营鼻烟的执照

情况有了点眉目。它们从清朝到民国末年经营百余年，常家、刘家的经商历程也可谓不短，公利和虽没有可歌可泣、惊天动地的大背景、大歌曲、大事迹。但公利和另一段扑朔迷离的历史在《晋商史料全览·长治卷》出现了曲折的波澜，常家村老宅里一张张的旧名片上明明印着常庆福，《全览》资料反映出的公利和创始人却为平顺北社乡西社村的曹致远，公利和出现了新故事。曹致远此人开始时在京城前门大栅栏路南的"聚兴斋鼻烟铺"当伙计，光绪二十六年（1900年）义和团抵制洋货，烧了聚兴斋鼻烟铺。多年的资金积累，并熟悉鼻烟生产技术的曹致远面对打击没有倒下，而是从山东兖州采购回了第一批鼻烟原料，重打锣鼓另开张，在

清朝时潞商公利和鼻烟庄掌柜的名片

106

巾帽胡同自家院的附近租房五间,起名公利和,前店后厂,再次做起了鼻烟生意。精明能干、诚实厚道的曹致远将他的鼻烟产品研制出十个级别,除京师当地畅销外,鼻烟还远销西藏、内蒙、外蒙和俄罗斯等地。产品虽利小,但要货的商家众多,往往是所产鼻烟供不应求,买卖很是兴隆。1935 年曹致远去世,长子曹士英独当公利和,抗战爆发后,交通阻塞,公利和的原料供应和初加工受到一定的影响,生意萧条。不久曹士英故世,他的三子曹锦华掌柜公利和,1956 年公私合营,公利和以 1.6529 亿元的资产总额并入北京市糖业烟酒公司下属的烟丝厂,至此,公利和结束了其在京城经营的历史。

常家的公利和也好,曹家的公利和也罢,总之都是潞商的买卖,都是平顺大山土坷垃堆里的汉子。谁是掌柜,谁是伙计,谁又是东家,这些今天看来还重要吗?历史的尘埃将其掩埋得太久、太久,当今人拂去潞商公利和名片上那厚厚的尘埃时,人们或许会发现,常家、曹家他们原本一开始就是手牵手走出大山的潞州同乡,就是一对亲密的合作伙伴,就是一起共同"闯天下"经营着公利和的"老伙计"。

所有这些,我们可能目前一时还没有足够的史料依据给于定论,但有一点可以肯定,公利和鼻烟庄作为潞商的一分子,他们能迈出坚强的步伐,告别"土坷垃",闯进皇帝老子的地盘去赚来白花花的银子,敢以利小而为之,敢为铺小而不弃,敢于风雨面前不动摇,经营时间久远,业绩可说辉煌,站稳鼻烟行业这块地盘而立于不败之地,能为我们今人提供所吸取、所借鉴很多很多的经验。公利和所具有的这些潞商精神就足够大书一笔了。

三　风靡京都黑猴帽

　　"穿鞋戴帽,各有所好。"

　　但在明末清初的京师,一种品牌为"黑猴"的帽子却是"只要戴帽都会喜好"。几年当中能够风靡京城,誉传都城内外,商品远销周边几省。上至耄耋老人,下到幼龄玩童,进京办事者、出城当差者,总要光顾一下头顶上的黑猴,戴黑猴帽子成为时尚。顾客头顶的是黑猴,商家赚回的就是大把大把的银两。一家叫"义和号"专营黑猴帽子的山西平顺商人,六七代人经营黑猴二余百年,一直到民国末年,黑猴帽店关张停业,黑猴的品牌在京城作为老字号,收入史籍。就是到现在,"黑猴帽店"商家的后代还时不时地将老祖宗带回家乡的老照片、账册、商标印记、黑猴广告展示世人,一遍遍讲述祖辈在京师的故事,讲述着潞商曾经的辉煌步履。

　　明朝末年,义和号的帽店选在了京师前门外鲜鱼口开业了。店铺不大,但很是红火。因为鲜鱼口街道南北两侧都是鞋帽的聚集地,八九家的帽店、四五家的鞋店,光是经营

清末京城前门路东经营黑猴帽的潞商店铺

"黑猴品牌"的帽店就有杨小泉、杨少泉、田老泉、义和号，而且都是山西人的买卖。一部叫《商海沉浮》书中记道："大约明朝后期，从山西来了一个做帽子的手艺人，落脚在鲜鱼口内，开办了小帽店，字号杨小泉。"帽子何以叫"黑猴"？关于这黑猴子品牌的来历，书里接着写道："这个手艺人成了店铺的掌柜，他没有什么嗜好，只是养了一只全身黑色的猴子陪伴身边。日子一久，来往人们虽不知他姓什么、叫什么，但一提养黑猴儿者，人们自然知道是帽店掌柜。之后，猴儿死了，掌柜的也去了，后人为保住店铺的信誉，就在门口用木头

京都黑猴帽店广告印章

做了一个黑猴，用以招揽生意。结果，帽店买卖很兴隆，黑猴儿的名声也逐渐传开。"在研究"黑猴"来历的问题上，金受申《北京的传说》认为："在明末清初，北京西山脚下一猎户，靠捕获的黑猴皮卖给了一位大官人，获得大笔钱财，开了帽店，买卖十分兴旺，猎户为感念黑猴，就做了木质黑猴置放门前。"而山西平顺这家"义和号帽店"同样将黑猴视作招财"神猴"，掌柜身边的黑猴玲珑机灵，凡来到帽店的顾客，黑猴准能恭恭敬敬地将一顶黑乌纱官帽戴在头顶，寓意"封侯挂印"，举动乖巧，很讨人欢喜。之后，他们则将这只黑猴作为商标。帽子里、包装纸、广告单、销货单统统加盖黑猴印记，行销四方。祖上传承商训"没有了什么、也不能没有了黑猴商标的印记，印记就是信誉之本"。一辈辈的传承，所以，在义和号关张多少年后，至今还都能目睹平顺"黑猴商标"印记的风姿。早已是风烛残年的印记上，手捧金元宝的黑猴子传承着"黑猴为记，货真价实，管保来回"的潞商精神。如此看来黑猴来历的版本之说还真是不少，种种版本的出台，只能说明一点，黑猴帽子的商品和历史文化渊源一直以来倍受人们的关注和青睐。

黑猴帽子戴的人多了，信誉也就传开了。卖黑猴品牌的帽店自然也就不只是鲜鱼口的这四五家店铺了。宣武门外南横街的"魁元恒帽店"，也是一家专门加工鞋帽的作坊。"魁元恒建于田老泉开业之后不久，也有三百年的历史，掌柜吴陶斋，其父吴拐子，祖先山西人，很富有，在京师设有银号。清初

时,曾为官府加工大毡帽,以生产毡帽出名。商品一般先由田老泉帽店挑选,剩下的送往各家帽店,魁元恒帽店门前也安放有一只木制黑猴。"《北京文史资料精华》的此段史料再次叙说着山西商人的老牌"黑猴"字号。

多少家的字号都在经营"黑猴",如此竞争激烈,黑猴为何能独领京师三百年,经久不衰?潞商平顺义和号的后人讲,"黑猴帽店虽多,但多为晋商买卖,是信誉让帽店发展了几辈子"。黑猴的商品最讲质量,从第一代开业掌柜到最后一代闭门经理,没有一个敢拿"质量"开玩笑的,从选料、设计到制作、成型,黑猴帽子的全过程往往是一丝不苟。要保住商品的信誉,客观上就要有利方便于客户,只有保住了商品的信誉,这就打开了商品的销路,起初的"黑猴"招幌只是打开销路的手段,最终赢得顾客的是黑猴的优质商品。如清代时,黑猴的"老头乐毡帽"就是典型的产品,顶部毡子,两边皮毛护耳朵,前面一块护脸皮毛,又挡风、又御寒,天冷可把帽子皮毛打开,天暖又可将皮毛收回,帽子不戴还能折叠起来当垫子坐。京师南来北往的人多,义和号夏卖凉帽冬售棉帽,一天的销售量都在数十顶,特别是从立秋到来年打春,帽子的生意更红火,三五个小伙计从早到晚要忙乎好几个月。春节来临,京师顺口溜就将黑猴帽子的买卖叫向高潮。"过新年,换新貌,姑娘要花袄,小子要鞭炮,老太太穿毡鞋,老头儿戴毡帽。"毡鞋毡帽同样是黑猴商品最出名的,各式各样,适合男女老幼穿戴的大毡、小毡、水毡、浆毡等五花八门,品种达百余种。当然,除了大宗老百姓的鞋帽之外,高档次的貂皮礼帽又分水獭、海龙、飞鼠、灰鼠等品类,义和号也有买卖,清朝的翰林院大学士翁同龢、陆润庠,民国时的京剧大师裘盛戎、梅兰芳、程砚秋等都曾光顾过"黑猴"老店,给潞商义和号增光添色不少。

大山里的汉子们,父传子辈,一代呼唤着一代来到这人声鼎沸的京师,一个掌柜、三五个伙计,支撑着"义和号"黑猴帽店一干就是二百余年。在都城浩若烟海、数不胜数的店铺当中,有谁能将潞商的这几代小伙计的名字记下?有谁能将前门大街的黑猴帽店旧照保存至今?又有谁能想起数百年前潞商那段尘封的经商往事?此时,当人们再次触摸头顶上的"黑猴"时,潞商伙计们的名字和佝偻忙碌的身影早已被淹没在了茫茫的历史河流之中。这正是:"往事依稀记不真,烟云吹散尚留痕。"是"黑猴"商品的信誉和名声帮我们书写了一段段不知姓氏名谁潞商的经营足迹。

四　前门潞商铜锡铺

民国末年，一位长治潞城微子镇籍的郝汉成老铜匠，在经营了近半个世纪的铜锡生意后，因年老体弱从京师北平回到了故乡上党。老铜匠的行李中随身带回了一张其珍藏多年的铜锡铺昔日的老照片，满口的乡音，霜白的两鬓，脑际里有一种精神支持着他。从步入故乡的那天起，这幅潞商铜锡铺的照片就端端正正地挂在了老宅门自个儿屋里的墙壁上，作为一位老匠人思念过去手艺生活的寄托。每每有亲戚朋友来访，老人总要讲一段潞商给紫禁城里乾隆铸铜缸的经历，总要絮叨潞商在天子脚下的辉煌，总要说一下京师前门经商的情思，叙一下老照片记录下的潞商故事。

这枚旧照真实记录下的京师潞商老字号，它原本是上世纪初北京前门路西"锈魁和铜锡铺"的分号，叫"合义号铜锡店"。1916年创建，1920年由打磨厂迁到前门大街路东。"合义号铜锡店"东家是山西潞城微子镇靳村的郑云兰，从设立到休业，共有三任掌柜，第一位是靳村的韩存宝；第二任是王都庄村的刘连春；第三任是三井村的李起发。细心品味旧照，中心远眺是高耸巍峨的前门箭楼和建筑考究、雕凿精美的石牌坊，照片近处我们可看到潞州铜商在其店铺山墙上做出的白底黑字的"合义号铜锡店"之巨大广告，异常醒目，前门外街道上的左右两旁京师人们熙来攘往，尽收眼底。

潞州铜锡商人在京师做铜活生意可谓历史悠久，京城广渠门兴隆街"潞郡会馆"明、清、民国各朝碑刻中的记载证明，潞州商人作为晋商中的一支劲旅，在我国明朝中叶就将自己的制铜买卖打入了天子脚下，明末清初，京师的百余家潞州商人铜锡店铺捐银千余两修建了同乡会馆。会馆内，一通清朝乾隆十一年（1746年）《重修炉神庵老君殿碑记》石刻文字写下了潞州铜匠的历史："都城崇文门外，有炉神庵，存有前明朝张姓碑版，初不详其创建所由。吾山右之贾于京者，多业铜、锡、铁、炭诸货。其伏魔殿、佛殿前后，修举

潞商铜匠在前门的合义号铜锡铺

于潞商。"此碑拓现收藏于北京图书馆。

在明末，潞商的铜锡生意主要是为京城的官员及百姓做些铜碗、铜盆、铜锅壶和锡勺、锡铲、锡酒壶之类的民用产品，东西虽说是些一般物品，但潞商铜匠们的做工是非常精细和考究的，也有很多上乘的铜锡器皿进贡皇宫使用。到了清朝初年，乾隆皇帝很是器重潞州铜商的信义厚道和高超之手艺，更为他们做出的各类铜锡饰用品所折服，随后，在乾隆十五年（1750年）将紫禁城铸造300口鎏金大铜缸的买卖交给了在京城的潞商去铸造，并允许铜匠在大铜缸上铸刻铜锡铺的字号作为纪念。一两年后，一口口金碧辉煌的大铜缸往皇上居住的紫禁城各大殿前一放，那简直就是一个活生生的广告，用不着潞商自己开口说话宣传他们的产品。精妙绝伦的铜缸，使乾隆皇帝兴奋之极将一块御笔写就的"登天铜府"巨匾赏赐给为他铸造铜缸的潞商铜匠领头人"泰德号"的掌柜范德库。悬挂在潞城东邑乡窑上村范家的这块御匾，当时更是轰动了整个潞安府，每每有文武官员来此，范家的门前总是见到"文官下轿，武官下马"几个字。上自皇帝，下到百姓，如此反反复复地关注潞州铜匠，鼓吹潞州铜匠，声名大振的匠人们从此便将铜锡生意一脚扎稳在了天子脚下，潞商的铜匠铺红红火火一干就是二百余年。

清末民国年间，在京城的安定门外、前门外、崇文门外等潞商的铜匠铺最多时发展到 130 余家，泰山号、泰德号、泰兴号、宝山号、永盛号、和丰号、天盛号、源裕号、恒泰永等等数不胜数的老字号，他们为雍和宫铸铜佛、为颐和园铸铜殿、为外国驻华公使馆铸铜招牌，也继续为京城的老百姓铸造些锅碗瓢盆的小铜锡器。

京城里的潞商铜锡铺，从明朝进入天子脚下到民国末年，何以能坚持数百年，久盛不衰，除去良好的信誉、优质的产品之外，还有的是一代传承一代，同乡联系同乡，父传子，兄传弟，手艺不断档，店铺不关张。即便一旦铺内出现什么变故，马上就有应急的措施，绝对不能影响到铜铺的声誉和生意，这一点经营之道，我们在潞商铜匠后人保存下的一些文物资料中就能看出。恒泰永也是潞安府长治县在前门路西的一家铜锡店，民国二十五年（1936年）四月初，掌柜的原连贵故去，为不影响买卖，其同族三弟原连升于四月初七日马上就将铜铺里的货物盘点，列出货底清单，报告伙计和家乡同族，随即接任掌柜职务，同时于四月初九日将恒泰永的股份再分配，这份原始的股单写道：

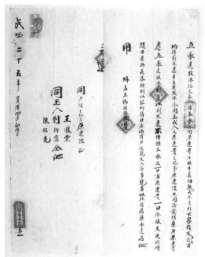

京师潞商相关文书

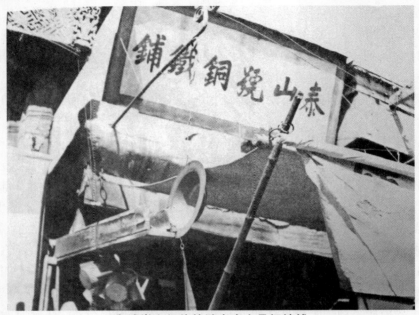

京城崇文门外的潞商泰山号铜铁铺

立永远股份的文字人恒泰永，今因原连贵在柜年长功勋浩大，不幸辞世，众伙友念在有功在前，不忍革去其股份，今同玉成人父原连贵三胞弟原连升共同议妥，情愿与原连贵立永远股份八厘，以图久远不朽，恒泰永在一日有原连贵一日俸禄支使，钱项随生意而长落，余利以公所得，日后倘有户族亲友人等争竞者以此据为凭，永远为证用。另外立家居股贰厘。同户族三胞弟原连升正，同人王凤灵、刘新齐、陈继光同正，民国二十五年夏历四月初九日，北平恒泰永立。

京城前门外的"合义号"、"恒泰永"等等，只是潞商铜铺中的一员，同许许多多的铜锡铺一样，它们虽然早已在历史的长河中销声匿迹，唯一庆幸和表示谢忱的是，事过百年，我们今天仍然能从先贤珍藏的旧照和文物资料中见到潞州家乡商人留在京师经营的足迹和辉煌的过去。

114

五　天子脚下有会馆

作为首都的北京,明朝时就有了会馆。

潞州商人以经营铜器、铁货、锡皿、煤炭、烟袋等行业活跃于天子脚下的京城,业绩卓著,名震寰宇。富裕后的潞商们明朝曾筹资建会馆于此,建馆的宗旨是联络京城同乡,共铸辉煌事业。沧桑岁月,过去了多少年轮,过去了多少岁月,会馆坐落在京城何处? 规模多大? 建制如何? 很久以来不为长治人所知。不久前,《中国青年报》撰文,按北京城市规划,大栅栏区的房屋建筑即将拆除,宣武区文物保护单位"潞安会馆"包括在内。几位青年投书报社呼吁政府,城建开发应考虑保护文物。一篇文章反馈给我们的消息是"潞安会馆"至今还存在。

促成此次进京寻访"潞安会馆"之行,首先要感谢文字信息所带来强大的文化冲击力、感召力、吸引力。

八月的北京,虽已入秋,然而老天爷仍然是骄阳似火。当我们穿过琉璃厂文化街,往返几条胡同,步行来到宣武区大栅栏街道工委时,汗水已经湿透衣衫。说明来意,工委书记一听我们来自山西,专门寻访家乡的遗迹"潞安会馆",非常重视。又是开电扇,又是查资料,又是找地图,嘴里还不停地介绍:"天下真有奇巧的事,今天你们算是找对人了。我从小就在这个会馆里长大,一住就是二十多年。那时候,会馆住的都是长治人,上世纪六七十年代,我常吃长治人做的饸饹、拨子、酸菜、壶关羊汤、潞城甩饼。""特别是会馆里的戏楼对我印象太深了,雕梁画栋,高大巍峨,戏台顶棚上的藻井层层叠叠、金碧辉煌。当时,经常有中央美院、建筑学院的师学生来写生;戏台上的大红石柱我们三四个娃娃,手拉手都抱不住,那绝对是建筑艺术的殿堂。九二年我们家离开会馆;二〇〇〇年珠市口大街扩建马路,戏楼连同会馆的圆弓式大门被一起拆掉了。雕刻有'潞安会馆'四字的门楣石也去向不明,现仅存

115

前、中、后三院。不久,这些房屋也将在城市改造建设中被拆除。"不觉之间,谈话时间已过去 40 分钟。同工委书记握手言别,顾不得京城的高温酷暑,手持地图,穿街过巷,迈步直奔目的地。

珠市口西大街 43 号,潞安会馆旧址所在地。我们最终找到了它。错落有致的灰墙绿瓦,低矮的大门临时搭建,早已不见"会馆"往日的巍峨。它坐北向南,现存的前院五间房屋为清代建筑,住有四五家居民;穿过该屋右山墙,步入中院,北面为正堂五间,东西厢房各六间,南面为过房四间,其房屋窗户上的木雕、砖刻仍留有浓烈的清代遗风。中院共住居民十多户。院落里高高低低、大大小小的临建厨房将古老的旧斋团团围着,建筑物昔日里的风韵,全然不存。会馆的后院多年前已改造成民居,今已无法从会馆通过。潞安会馆前、中、后三院有房屋 32 间,占地面积约 1500 平方米。

昔日里同乡的聚首、昔日里潞商的宣泄、昔日里熙攘的商会也早已成为

潞安会馆的董事长刘伯川全家民国初年在会馆后堂门前的"全家福"

烟云。旧时进进出出的潞商们今又何往？

　　潞安会馆的住户中，目前有三户为长治籍的潞城、壶关、长治县人。东厢房的宋大妈，祖籍长治县中村人，今年 71 岁，上世纪四十年代末随同丈夫来到会馆居住，如今已和会馆风风雨雨相伴 50 年。就在我敲响宋大妈房门的一刹那，她还用的是满口京腔，当听到我来自家乡长治时，她马上就改口说着一口浓浓的长治话，使我倍感亲切，真正是"鬓发霜白、乡音未改"。宋大妈的老伴侯先生，长治县李坊村人，今年 82 岁。十多岁就在京城收购经营铜制品，常年往返于北京长治之间，从山西收购铜料，到北京制成铜器，足迹踏遍了半个京城。他们是会馆里目前年龄最长的长治籍人，其他几户已是长治籍第三四代的年轻人。潞安会馆的过去，从宋大妈的访古、叙事中得知了不少。

　　潞安会馆创建于明朝。有早些年存在老会馆里的清乾隆十一年（1746年）的《重修炉神庵老君殿碑记》记载为证："都城崇文门，有炉神庵，存前明张姓碑版。吾山右之贾于京者，多业铜、铁、锡、炭诸货。其伏魔殿、佛殿前后，修举于潞商。"明代，在京师的会馆本无几家，寥若晨星，而潞安会馆即在其中。当时，会馆的作用在万历年间沈德符撰写的《万历野获编》书道："京师五方所聚，其乡各有会馆，为初至居停，相沿称便。"明时，潞商已是我国著名的地方商人之一，各地、各行当无处不留有他们活动的踪迹。京城与山西接壤毗邻，潞州商人"近日月之末光，沾雨露之洪泽，服贾于京城者，实繁有人"；"京师大贾多晋人"。明万历间的潞绸年年进京朝贡；清朝乾隆时，潞城三井村的牛氏家族在京城的"泰德号"、"泰山号"等铜铺为故宫铸铜缸数百口，为雍和宫铸铜佛数十尊，获利巨丰；长治县经坊村的陈氏家族在前门的"恒盛裕"、"恒盛泰"、"东和丰"、"西和丰"四大铁货铺，"日进斗金"，陈家将从北京赚来的钱，在长治县经坊村购置房产七八院，修造了一条千余米的"陈氏大街"；平顺、壶关等县到京城

刘伯川与其太太在会馆居室

平顺羊井底村刘伯川的老宅门

贩运煤炭、制售煤球者更是不计其数；长子县的剃头匠，在京城走街穿巷，人多如繁星。日积月累，潞商资本日见雄厚。就是在这样的经济大环境下，潞州的铜、铁、锡、炭等商帮购地建房，在京城创立了地方性的同乡组织"会馆"，目的是"以敦亲睦之谊，以叙桑梓之乐，虽异地宛如同乡"。多少春秋，几多岁月，每逢过年、中秋节或每月的初一、十五，同乡欢聚一堂，祭神祀祖，聚餐演戏。

民国初年，已经是医学学士的长治平顺县羊井底村的刘伯川，在会馆内常年设立"伯川医院"，为商旅京城里的长治同乡看病抓药。医术高超、待人诚实的刘伯川，在京城晋人中颇有名气。寓京的晋商一有头疼脑热、感冒发烧，都会来到同乡潞安会馆中找他，其诚信待人，童叟无欺，在晋商中名声颇佳，颇具人缘，使珠市口大街上的潞安会馆前来看病者人如潮涌。为让大家都能看得上病、看得起病，刘伯川特意培养了两个徒弟和自己的儿子嘉猷、嘉良学习传统的中医药。末代皇帝溥仪，也经常把刘伯川请到紫禁城，抓药看病。溥仪的老师陆润庠还亲书巨匾"杏林妙手"，其舅父手书金字"仙心佛手"赏赐潞安会馆里的刘伯川。民国大总统徐世昌病愈也题匾"三世良医"高挂潞安会馆大门；民国要员、山西籍的阎锡山、孔祥熙等在会馆里的过堂、后堂都留有书法墨宝。一直到解放初期，这些名人墨迹大多还保存在会馆之内。

会馆董事长刘伯川还在会馆内成立北京中西医学研究会，组织京城名医，每星期进行一次免费大义诊，以弘扬中国传统医学文化。辛亥革命后，刘伯川还在此附设万国红十字会，进行西医外科创伤救治。一来二去，潞安会馆和伯川医院在京城名声大振。无形之中，为潞商起了广告宣传作用。刘家后人保存至今的老照片，帮我们触摸到了潞安会馆昔日的繁盛。

潞安会馆祭的是炉神太上李老君。宋大妈讲：炉神的位置即会馆中院北房正堂。因太上老君能把孙悟空炼个火眼金睛，自然让潞州的铜、铁、炭商人

118

伯川医院药广告（正反面）

敬畏。这些行业天天要同火炉打交道，祈求老君保平安。上世纪六十年代，"文化大革命"期间，会馆里的炉神、匾额、石碑和其他文物被红卫兵当作"四旧"砸毁。同乡也大多回了长治。明清时期，长治来京为官、或来京经商、或来京求学、或来京游览、或来京办事者，大多以会馆为落脚点。长治县经坊村的铁货商人陈慎德、沁县人吴淞两人留学日本前夕，长子县大堡头村的张景栻，民国三年留学日本早稻田大学时，他们过往京师，多在潞安会馆落脚。

　"亲不亲、同乡人"，在乡人的眼目中，会馆就是身在异乡中的"故乡"，一跨入了会馆，顿生还乡之感，见同乡之人而喜，就是素不相识，一旦用乡音聊天，犹如兄弟在异乡相遇。用同乡之友谊这条纽带，把会馆内外家乡人紧紧地联系在一起，同甘共苦，团结互助。

　傍晚，就在我们要辞别潞安会馆时，宋大妈还是挽留我们吃口家乡饭，再叙叙故乡情。她不顾身患脑血栓疾病，送我们出会馆的大门，并再三叮咛要将京城里的潞安会馆告诉家乡人；也请上世纪六十年代从北京回去长治的老乡，写写潞安会馆的历史，或提供会馆的老照片，共同呼吁保护古物；在会馆拆除前，有空常回咱会馆看看。

　她对长治同乡人的那种亲情、乡情，溢于言表。

119

六 京城潞商大酒缸

　　"小小酒馆一坐,大碗潞酒一喝,坐着站着不说,吃饱喝足痛快一个。"只要见到一坛坛的白底黑花的大酒缸,只要见到平民商贩进进出出,没什么说的,这一准是京城大小胡同、犄角旮旯无处不在、无处不有、名扬都城的潞商"大酒缸"。

　　清朝民国时期,大酒缸是遍布京城的一种平民化的小酒馆。因馆子里为酒客预备的并不是方方正正的酒桌,更没有洁白讲究的帘布,有的只是一口口的大酒缸,缸的上面盖着厚木板,板上涂上红漆,旁边或者放着小板凳,或者砌起土台子。酒客要到此喝酒,或坐、或伏、或卧、或大缸上一靠,喝酒的情调可谓放纵、千姿百态。一顿狂饮过后,酒客图的就两个字"痛快"。唯屋里左左右右放的都是"酒缸",经营非常简单,既不讲究设备,也不注重招待,有的只是古代饮酒的奔放遗风,和更具"平民"的典型特点,服务员清一色的山西汉子,顾此,该行当的经营者们统统都得到一个朴实的店铺雅号"大酒缸"。

　　大酒缸最早出现在北京城应该是明末清初,成书于清嘉庆二十四年(1819年)的《都门竹枝词》已有大酒缸的记载:"烦襟何处不曾降,下得茶园上酒缸。"道光二十五年(1846年)京师大学者杨静亭在他的《都门杂咏》中也言:"严冬烤肉味堪饕,大酒缸前围一遭。"这位杨先生看来吃肉喝酒后,酒的甘甜、肉的鲜美让他长久难以忘怀,为后人留下了赞美潞商大酒缸的精湛诗篇。一坛坛潞酒的运京、一批批潞商的传承,一直到民国末年,大酒缸在北京至少已有二百多年的历史。

　　开设经营大酒缸者均为清一色的山西人,且以潞安长治、平顺、壶关人最多。在北京的闹市中心大量分布,几乎北京城内一些重要街道都有,如东四、西四、鼓楼以及城门口附近的大街小巷处处可见。《燕都》记载:"东四牌楼十字路口迤南路西有山西人经营的大酒缸两家,每日门庭若市。其门外有卖炸虾、爆肚、爆羊肉等佐酒肴品的摊商数家,顾客摩肩接踵,使东四市面形成一个饮食业的繁华中心。"大酒缸的字号一般不被百姓所提及和称谓,譬如西单牌楼有名的"三义勇大酒缸",人们只说"到西单牌楼大酒缸喝酒",很少有提到"三义勇"此酒铺名称的。掌柜和伙计的名字人们更是不会记下,进到"大酒缸"完全是直呼"老李"、"老张"和"老王",因为平民酒馆没那么多的讲究。春夏秋冬,一年四季到大酒缸喝酒者也多为下层社会之平民百姓,尤以半袒汗臂,肩扛烂衫的小商小贩和出苦力的劳动者为主要服务对象,在这里平民百姓可以谈天说地,可以论古道今,最主要的是酒缸铺里时常

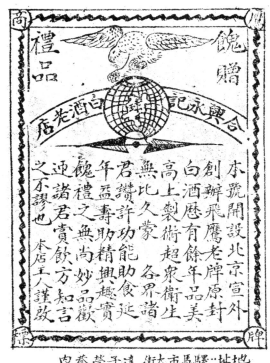

礼品　馈赠

之不謬也　君賓飲方知歡　本店主人謹啟

迎饋諸君　年益壽　君贊之無尚　無比久蒙　高上製術超　白酒歷有餘年　本號開設北京宣外

京都潞商"合兴永"大酒缸销售白酒广告

内巷誊子遠街大市馬驟…址地

备有自制的新鲜菜,物美价廉,顾客每每到此,都可以落个酒足饭包。一天的劳苦疲惫、苦闷忧愁、一醉解千愁,"晋人善卖"信非虚语。古时人们喝酒讲究大碗酒、大盘肉。大酒缸还是这种风范,如果笃守孔老夫子的"割不正不吃",那最好不必涉足大酒缸。在1934年9月10日,京师《大公报》一位记者同样按捺不住"大酒缸"的诱惑,酒足饭饱后,大笔一挥写下:"这些大大小小的大酒缸之中,可以实地考察出形形色色的社会风尚,同时也能使你亲身得到民间的真风情,所谓到民间去的朋友们,正好到大酒缸走走,有种种从民间流传出来的材料,贡献给你们。"

大酒缸不愧为大酒缸,卖酒是吆喝生意的最高境界。而出售的酒中又以白干为主,山西汾酒、潞酒、良乡黄酒、莲花白都在吆喝的叫卖范围。进入大

酒缸，喝酒者更有特色，以斤论两嫌不痛快。普通老百姓不以斤不论两，称酒为"个"。他们一跨入大酒缸的门，向掌柜的开口就是"来一个"，即来一碗酒。每碗酒大约三四两，价值四五枚铜钱。酒客也有用酒坛子买回家自用或送人的。大酒缸里的菜非常简单，除以花生米一类的东西为主外，春天的"香椿拌豆腐"、夏天的几样青菜、秋天的蒸螃蟹、冬天的冻鱼子等等算是及时的食品。

山西特点的面食，猫耳朵、水饺、拉面、荞面、刀削面是大酒缸中的主食。特别是刀削面，是材料与技术的结合，用一团和好的面粉放在左手，右手持刀向下削面，削到锅里的面煮起来，不大不小，不厚不薄，恰到好处。面煮好后，碗内浇上肉汤，便名之曰"刀削面"。

明代壶关陈村烧造的大酒缸

只要酒客人多，大酒缸的厨师一高兴，一团白面头上一顶，双手挥刀飞舞，刀削面下锅的过程更是"龙飞凤舞"的一张中国画卷，此时，酒客吃出的是气氛、吃出的是艺术、吃出的是美景。其实真正吸引酒客的是每碗刀削面仅卖五个铜板的价格，两三碗即可饱腹回家啊。

一个人进到大酒缸，二两白酒，一盘花生米，三碗刀削面，吃的酒足饭饱。酒香味美，物美价廉。低头而入，挺躯而出。吃饭的途径虽然与达官贵人不同，而吃饭的目的与结局，则毫无疑义。

大酒缸的门外，小吃同样是五花八门，品种繁多。小摊贩摆在大酒缸门前的下酒菜，虽然多多少少影响大酒缸自己的生意，但是，很多酒客正是为了酒缸门前的吃食才去喝酒的，再者，这些小摊贩也多为没有大的资本、勉强维持生计的山西小买卖商人。所以，大酒缸的掌柜并不驱逐他们，而是互惠互利。大酒缸门前的小菜摊，主要经营的货色是：爆羊肚、酱牛肉、猪头肉、羊头肉、羊腱子。卖这些肉杂割的小摊主，要长期在大酒缸门前做生意，当时是要向大酒缸纳租的。他们同样有自己的买卖方式，同样打出"真正爆羊肚、真正酱牛肉"的招牌，从不掺假，"真正"二字值得推敲，经得起考验。所以，京城里的很多人本来不会喝酒，但为了去吃爆肚、酱牛肉，只好进得大酒缸，要一个酒，反而偷偷倒掉，最终目的是要吃大酒缸门外的东西。每当秋冬季节，羊头肉、羊腱子上市，大酒缸门里门外更是顾客满堂，热闹异常，路过此处足以能达到让你"闻香下马"的程度。中元节过后，大酒缸的掌柜同样别出心裁，将烤肉的炙子、爆肉的铁铛高高挂在大酒缸的门脸之上，这种招幌的陈列，当时在京城可谓蔚为大观。

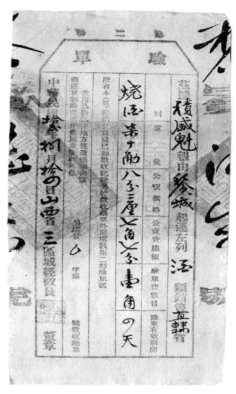

由潞州黎城运往直隶北京的潞酒验证手续

上世纪三十年代，《大公报》的一篇美文曾这样描述北平城里的大酒缸："我们在大酒缸里，可以看到两种相背的现象，好的现象是俭朴之风，坏的现象是酒后丑态百出。而耳朵里听到的多半是民间疾苦之声，里面决听不到令人欣悦的消息，那些沉到酒醉的人们，并不是真正快乐，大半抱着一醉解千愁的态度，这也就是一幅民声的写照吧。"

七　铸造钞版显身手

明朝时,朝廷发行"大明宝钞"。它从明洪武朝开始发行一直到明末,断断续续,历时二百余年,发行流通全国。但历史上的大明崇祯朝是否也发行了纸币,长期以来谜团未解。长治潞城县发现的一枚崇祯宝钞印版,回答了潞商铜匠造版印钞的这一历史。

明崇祯末年,在大明宝钞停用多年后,朝廷又有人力主推行纸币,户部的主持者们似乎也顺应需求,设计、出台了钞版的几种式样,只待朝廷一声令下,发行天下。

崇祯十六年(1643 年),就在崇祯皇帝本人也接受了发行宝钞主张,并设立了宝钞局,朝廷正日以继夜赶造宝钞时,崇祯钞还没来得及发行,大明朝的江山就出现了问题。崇祯钞是如何形制,以往未见资料披露,史籍也无记载。但我们在晋东南潞城韩家园的一户老铜匠家里见到了"大明宝钞崇祯版"的"呈样版"实物。为我们认识、研究明末纸币的历史,潞商铜匠的历史,提供了借鉴。

该版铜质,纵 18.5 厘米,宽 11.2 厘米,重 650 克。版的正面,自上而下铸刻内容是:

大明通行宝钞,伍佰文,四周飞龙和牡丹纹饰,左右篆字"大明宝钞,天下通行",中心绘画五组制钱,版额下部文字为:户部,奏准印造,大明宝钞与铜钱通行使用,崇祯己卯年改铸造,伪造者斩,告捕者赏银贰佰伍拾两,仍给犯人财产。

版的背面,自上而下铸刻三枚"官方"印章内容是:"大明宝钞之印"、"宝钞提举司印"、"户部宝钞司印"。

124

　　此版与洪武大明宝钞相比较,设计铸制风格没有大的差异,只是铸制略显粗简,边式花纹略有变化,龙纹、牡丹纹不同于洪武版,其最大的特点是该版铸制了年份"崇祯己卯年改铸造"字样,这在以往的史料和档案中从未见披露。崇祯己卯年(1639 年)帮我们确定了铜版的准确时代。

　　明朝从洪武开始发行宝钞,之后,不论那个皇帝登基发行纸币,都沿用洪武版不变,始终没有将自己的年号印制在宝钞上,更没有机会突出本朝纸币的版面特点。而此枚铜版一改朝廷祖宗常规,将"崇祯己卯年改铸造"雕刻版上,从小小的一枚钞版设计上,朦胧中能感受到崇祯皇帝既有推行纸币之想,又有改变祖宗之旧法的动议,无奈时间到了崇祯年,内忧外患,明朝江山大势已去,崇祯还没有来得及施展自己的纸币推行思想,更未来得及施展他的货币经济方略,就在满族强大的外来势力攻击下,草草结束了自己的政治生命。

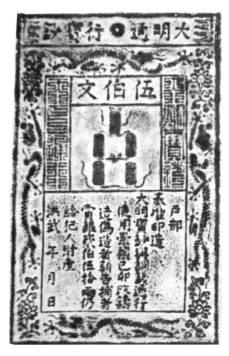 

呈送皇帝审阅的大明宝钞伍百文样版

如此"造而未用"珍贵之钞版,是在什么情况下流入晋东南百姓手中的?

明朝,潞州的商人非常活跃,经商的范围很广,而且,潞商最大特点是有自己丰富的物产,产、供、销一条龙,长期以来就是潞商的经商理念。潞煤、潞铁、潞麻、潞绸、潞铜、潞酒、潞瓷著名于世。不仅仅是制造"潞"字牌的产品,贩运、销售同样形成了自己的"商纲"。明朝万历年间任朝廷工部左侍郎的沈思孝在其《晋录》中记道:"平阳、潞、泽豪商甲天下,非数十万不称富。"《潞安府志》也曰:"彼时物力全盛,商贾辐辏,足迹遍寰宇。"潞州商人的富有,贸易的繁盛,经济的发展,胜过以往各朝。

仅说潞州铜匠,明朝初的洪武二十二年(1389年),永乐二年(1404年)、三年(1405年)、五年(1407年)间,朝廷为北上移都,营建皇宫紫禁城,曾四次移无田之民,赐宝钞,免租,这其中包括了大量有手艺的晋东南潞州、泽州等地匠人进京,人数超万余。明中期时,潞泽商人就在京城的崇文门建有自己的行业会馆"潞安会馆"。山右之贾于京者,多业铜、铁、锡、炭诸货。那时,安定门外的铜匠字号五十余处,多是前店后场,在前门的闹市区同样有经销铜、铁器皿的恒盛毓、恒裕泰、合义广等商铺十多家。供职于朝廷工部、户部铸制钱币的手工匠人也不在少数。这些手工匠人直接参与了为朝廷铸造制钱、纸币宝钞印版的工作。《平顺县志》记载:"打造铜锡银器之小营业,其业铜炉房锡蜡铺者,实撰京津之霸权。"

江河日下的明崇祯末年,皇帝都走投无路,欲往景山了。京城的货币经济更是混乱不堪,钱钞毛荒,宝钞贬值视同废纸。户部铸制的崇祯版合不合格?印版拿给谁去印宝钞?印出的宝钞发行给谁?兵荒马乱、四处逃难的官兵,早已将这些抛到脑后,无人过问。这枚印版是准备呈给皇帝审定的呈样版?还是已经确定认可的正式印版的版样?所有这些,都是一团迷雾。对大明江山都要丢掉的朝廷来讲,印版早已是微不足道之物,废品一个。而此时,对辛辛苦苦铸出印版的潞州铜匠来讲,眼见自己的产品随着大明朝的结束而变为"废物",自然是"敝帚自珍",趁着兵荒马乱,连人带物避难回了家乡上党。铜匠的后代们一辈辈地视为"祖宗的荣耀",供奉在祖先的牌位上,密不视人,流传至今。为我们保存下了难得一见的"大明宝钞崇祯版"。

珍藏"大明宝钞崇祯版"的范德库后辈,从明初到清末,铸造铜器的手艺代代相传,辈辈进京供职。范氏家族凭着高超的铸铜技术曾在乾隆初年,得到皇帝的御赐买卖,历时二三年,为紫禁城内的各大殿宇铸造防火铜缸 300 余口,千余斤的大铜缸金碧辉煌。精美独到的潞商铜器,使乾隆皇帝喜不胜收,为表彰潞州铜匠手艺之绝妙,皇帝敕封铜缸"吉祥海门",范德库的家宅御赐匾额"登天铜府"。朝廷官员到此经过,"文官下轿,武将下马"。朝廷的大手笔,皇帝的御书墨宝,就是一则发布于天下的巨幅广告和无形的资财,乾隆的御赐买卖从宫里传入宫外,从京城传遍各地,至此,潞州铜匠扬名寰宇。

八　潞泽会馆洛阳城

　　洛阳,久负盛名的九朝古都,地处天下之中,四通八达。且不说"国色天香的牡丹"吸引着四海宾朋,悠久的"河图洛书"文化典故同样底蕴深厚。自古以来得天独厚的地理位置,让这座古老的城市与商业结缘,与潞商结缘,特色的土壤孕育了繁荣的商品经济。

　　洛阳,从什么时候这里开始有了商业的轨迹,已无从考证。倒是东汉三杰之一的仲长统对洛阳城的描写能帮今人见到古洛阳商业的繁盛。"船车贾贩,周于四方,废居积贮,满于都城。奇赂宝货,巨室不能容,马牛羊猪,山谷不能受。"潞商结缘洛阳开始于明初的几次大移民,洪武二十一年(1388年)移潞泽无业者,其后洪武二十二年(1389年)、正统九年(1444年)、正统十年(1445年)又大量移民,仅正统十年的此次移民就达20万人。明朝万历年间,南来北往,东进西出繁忙的洛阳城中,绸行、布行、铁货行,油店、饭店、杂货店,"三百六十行,行行有潞商"。潞安商人在此处扮演了主角!洛阳城中一场"经商戏"潞商一唱就唱了五百年。从明末到清康熙初年,洛阳城拔地而起两座商人会馆,城西一处"山陕会馆",城东一处"潞泽会馆"。仅有的两处商人歇脚地、聚集地,就全部让晋商写进了山西商旅的史册中。

　　浩浩荡荡的骆驼商旅满载着潞绸、满载着潞铁、满载着风险、满载着金银,一批批穿越这座老城,夏日的酷暑,冬季的冰寒,天脊间与天为党的地方行来茫茫潞商,许久的太行山盘绕,许久的商旅劳顿,许久的日夜兼程,突然间的黄河徜徉,突然间的大平原,人疲马乏也该歇息了。歇脚后的潞商有的继续行商远方,有的则坐贾老城。就这么一小憩,好家伙,洛阳城里就让潞商歇脚歇出了两座会馆,而且都是山西商人自己的精湛作品,风光占尽。单说这气势宏阔、状貌巍峨、富有霸气的"潞泽会馆",极羣飞鸟草之奇观,穷丹楹刻角之伟望。坐落在老城中心,宛若数万潞商大军的指挥中心,及时将天南

128

洛阳潞泽会馆大门

海北的商业信息发布。门楼、戏楼、钟鼓楼,楼楼雕梁画栋,透出的是潞商的富气,账房、厨房、议事房,房房用料讲究,映出的是潞商的和谐之气。占地15750平方米,百余间的房屋一跨三院,建筑面积3600平方米。碧瓦灰墙写春秋,座座石碑叙商史,步入其间心旷神怡、扬眉吐气。

潞泽会馆的戏台下一通清乾隆年的碑刻上,我们找到了潞州、泽州商人从明末到清初在繁荣的洛阳城商界"唱主角"的金石丹青。全洛阳城数百家潞商,仅乾隆二十一年(1756年)在会馆中建关帝庙一事,48家绸布商捐献白银26784两,39家布商捐银6077两;14家杂货商捐银1100两;54家油坊捐银240两,还有扪布行、还有广货行、还有铁货行等等,3米高的石碑上潞商大名密密麻麻,让你眼花缭乱、屈指难数。这仅仅是会馆里一通石碑的潞商捐款史和碑刻,其它的事迹、还有多少潞商捐了几何银两? 让研究者慢慢徜徉其间翻阅那段历史吧! 潞商就是这样,经过数代人的不懈努力,他们用

潞泽会馆大门匾额

赚来的白花花银子,将一座庞大的潞商中枢"潞泽会馆"描绘在了中原大地的洛阳老城里。

有位洛阳的学子叫瑞木者,在其著的《会馆文化》一书中也承认晋商霸居洛阳商界"唱主角"的观点。这位先生是这样写的:"晋商控制了洛阳的各行各业,计有绸布商 46 家、布商 38 家、杂货商 14 家、广货商 12 家、铁货商 5 家、扪布坊 53 家、油坊 57 家,合计 225 家。"

晋商也好,潞商也罢,他们原本就来自同一片故土,有着同样的诚信精神。潞商在洛阳商迹可圈可点,何止 225 家商业铺面,同在一座洛阳城里的《山陕会馆》一处捐款碑,全碑开列洛阳晋商 652 家。六百余家的商队,两处晋商会馆叙述着这样的商训:"一人智慧无多,纵能争利亦无几何,不务其大者而为之。若能时相聚议,各抒己见,必能得巧机关,以获厚利。叙语之地,正可坐论一堂,以谋商业之公益。通商之事,咸于会馆中是议。"

历史的沧桑,岁月的流逝,潞商在古都洛阳的辉煌也许更多是停留在有限的文字记载和老者的口碑里。但是,至今保留在洛阳城中的两处晋商会馆遗存,却以凝固的乐章向后人唱响那曾经的潞商繁华和喧闹。

130

九　京师潞商再回眸

在中国的商业历史发展进程中,明清两朝直到民国,数百年间,活跃着一支被誉为"天下第一商"的商旅,足迹遍布我国的大江南北,从事的行业涉及金融、饮食、服务、医药、运输、铸造等数十个行当,他们代代传承着祖宗的事业,发扬光大,独占商界之鳌头。一位美国学者在其《贸易报告》书中这样描述道:"只要有麻雀的地方,你就能见到他们经商的身影。"这就是山西商人。

很久以来,在收集、整理、触摸到的晋商历史文化资料中,潞州商人作为晋商的中坚,许许多多深邃的有关潞商文化、潞商特性和潞商史迹,一直盘绕在脑海,深深地震撼着我们。如何对这样一支"潞、泽商人甲天下"的商队去走笔行文?如何对这样一支"非数十万不称富"的商界劲旅去评定?当通过对潞商的了解、认识、感知和总结后,我们会发现,历史的岁月并没有淹没潞州商人的足迹,在人们的记忆当中同样清晰地留有潞商烙印。回眸潞商所走过的道路,"辉煌"两个字突然出现,潞商的足迹、潞商的精神、潞商的经营、潞商的业绩、潞商的作风等等都有着闪光点,用"辉煌"去作结论,也是太恰当不过了。

一

在北京的河东会馆里有一通乾隆二十五年(1760年)的石碑记道:潞商"近日月之末光,沾雨露之洪泽,服贾于京都者,实繁有人"。不错,潞商敢为人先,走出去经商的首选目标就是天子脚下的京城。创市场,就是要创京城这样的大市场,这样的大天地。京城是"帝王之都,皇宫大臣的乐园,国家的经济中心"。历史的经验告诉潞商,谁占领了制高点,谁就有了制胜的法宝。为此,早在600多年前的元朝末年,潞州荫城的铁货就随一位叫李执中的官商打入了北京城，他经营铁货的铺名叫"恒盛毓"，东家是位大名鼎鼎的礼部尚书，在这样得天独厚的条件下，大树下面好乘凉。"恒盛毓"有礼部尚书打下的坚实基础，轰轰烈烈一干就是数百年，同时，铁货商们抱着朝廷中的这条大腿，又把家乡潞州的同行业带入其间，明末清初，在京城的繁华区先后涌现出了"裕兴泰"、"东和丰"、"西和丰"、"庆顺永"、"万泰隆"等数十家铁货庄，源源不断地将潞州铁货供往都城，一代代地发扬光大。到了清朝咸丰年间，潞州铁府长治县经坊村的陈家，再次把握好了难得的经商机会，出奇制胜，发展成为铁货商人里的龙头老大，陈家第四代陈慎德，从日本留学回乡，继承祖业，在京城一开就是四处铁货庄铺，天津两处。陈家将赚到的白花花的银两，运回铁府，不仅仅在老家经坊建了陈氏一条街，青石铺路千余米，还建有藏书楼、梳妆楼、闺阁楼，房产数百间，在潞州城莲花池捐银数百万，建"琅环福地"藏书楼一座。而且，资本逐渐扩大，民国时，从京师到潞安城沿路都有陈家的铁货买卖，陈家后代留学日本的铁货巨商陈慎德从京师到潞州往来根本不用住店，沿路三五十里就有一个他家的铁货铺，何时累了，何

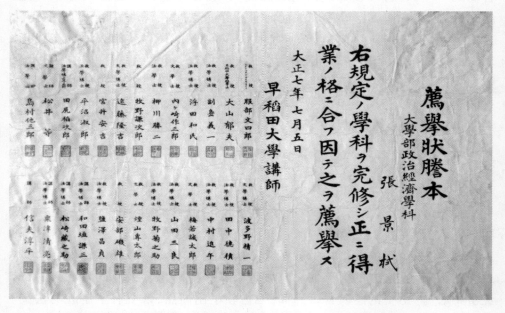

曾经居住京城潞安会馆内的留日学生张景柭的早稻田大学毕业证书

时可在自家的铁货铺休息。屈指可数仅仅是铁货巨商陈慎德一家的资产当时是何等之巨？经过陈家三四代商人的资本积累，资财已达上亿两白银，可谓"富敌王侯"。

二

清朝时，有一位皇帝很器重潞州商人。他认可潞商的原因也很简单，那就是潞商的信义厚道和勤奋尽业，更被他们做出的各类铜锡用品之手艺高超所折服。这位皇上就是乾隆帝。从这位皇帝身上潞商凭借自己的实力和努力"赚"到了一次御赐的买卖。这是乾隆十五年（1750年）的事，一日，乾隆帝外出巡访回京，路过安

清乾隆年间，潞商铜匠为紫禁城铸造的铜缸

定门外，叮叮当当的做铜器的声音吸引了他，只见 50 余家铜锡铺干得热火朝天，匠人们手中的铜产品个个精妙绝伦。有了那次对潞商手艺的亲眼目睹，乾隆便将紫禁城要铸造 300 口鎏金大铜缸的买卖交给了在京城的潞商去铸造，并允许铜匠在大铜缸上铸刻铜锡铺的字号作为纪念。在两三年的时间里，一口口铸制精美、金碧辉煌的大铜缸陆陆续续往皇上居住的紫禁城里的太和殿、中和殿、东宫、西宫门前两边一放，那简直就是一个活的广告，用不着潞商自己开口说话宣传他们的产品。精妙绝伦的铜缸，使得乾隆皇帝兴奋之极将一块御笔写就的"登天铜府"巨匾赏赐给为他铸造铜缸的潞商铜匠领头人"泰德号"的掌柜范德库。悬挂在潞城东邑乡窑上村范家的这块御匾，

潞商三庆永铜锡铺宋金玉名片

当时更是轰动了整个潞安府，每每有文武官员来此，在范家的门前总是"文官下轿，武官下马"。上自皇帝，下到百姓，如此反反复复地关注潞州铜匠，鼓吹潞州铜匠，声名大振的匠人们从此便将铜锡生意一脚扎稳在了天子脚下，潞商的铜匠铺红红火火经营二百余年。到民国初年，在京城的安定门外、前门外、崇文门外潞商的铜匠铺最多时发展到 130 余家，有泰山号、泰德号、泰兴号、宝山号、永盛号、合义号、天盛号、源裕号等等数不胜数的老字号，他们为雍和宫铸铜佛、为颐和园铸铜殿、为外国驻华公使馆铸铜招牌，也继续为京城的老百姓铸造些锅碗瓢盆的小铜锡器。民国版的《平顺县志》记道："打造铜锡银器之小营业者，业铜炉房锡腊铺者实攫平津之霸权。"

三

打入天子脚下的潞商，深知团结合作的力量，深知形成商帮的重要性。明末，京师活跃在各个行当的百余家潞州商人店铺捐银千余两修建了同乡们的聚集地"潞安会馆"。目的就是"以敦亲睦之谊，以叙桑梓之乐，虽异地宛如同乡"。多少个春秋，每逢过年、中秋节或每月的初一、十五，潞州同乡欢聚一堂，祭神祀祖，聚餐演戏，谈古论今，交流商道。会馆内，一通清朝乾隆十一年(1746 年)《重修炉神庵老君殿碑记》石刻文字是这样写的："吾山右之贾于京者，多业铜、锡、铁、炭诸货。"此碑拓现收藏于北京图书馆。

潞安会馆的董事长、长治平顺县羊井底村的刘伯川，字德泉，潞商中的佼佼者。他在主事会馆其间，除按时组织同乡商会的许多方面事宜外，还在会馆内设立了"伯川医院"。因刘伯川的医术高超,在京城晋人中颇有名气。寓京的晋商一有头疼脑热、感冒发烧,都来会馆中找他,其诚信待人,童叟无欺。末代皇帝溥仪,也经常把刘伯川请到紫禁城,抓药看病。溥仪的老师陆润庠还亲书巨匾"杏林妙手"赐给潞安会馆里的刘伯川。民国大总统徐世昌也题匾给潞安会馆,民国要员、山西籍的阎锡山、孔祥熙等在会馆里都留有墨迹。刘伯川还在会馆内成立北京中西医学研究会,组织京城名医,每星期进行一次免费大义珍,以弘扬中国传统医学文化。辛亥革命后,刘伯川还在此附设万国红十字会,进行西医外科创伤救治。一来二去,潞安会馆和伯川医院在京城名声大振。无形之中,为潞商起了广告宣传作用。

四

潞商也不只是赚大钱、只是为皇宫服务的大商人,这其中同样也有很大一部分是靠优质服务赚钱致富的。他们的职业不论高低、贵贱,从小到大、从游商到坐贾,服务的对象上至王宫大臣、下到平民百姓。潞州的长子理发匠就具备这一特点。

"剃头挑子不大,担着满朝别驾;不管王侯公子,抓住屹脑说话。"一首《剃头谣》,它在上党地区的长子籍理发行业中广为流传数百年。歌谣形象生动具体地描述了清朝时长子剃头匠人就靠一门手艺、一只剃头刀、只身在京师等大城市挑着剃头担子、游街穿巷、为王侯公子剃屹脑理发的行商生活。

"抓住"别人的脑袋理发服务,歌谣只是唱出了剃头匠人的精神境界,但在清朝时的现实生活中,剃头匠人并没有那么趾高气扬的社会地位和经济收入,身份是很低贱的。他们大多数人收入微薄,仅够糊口而已,没有固定的门面,穿着打扮极为贫寒,仅有的固定资财就是一副剃头挑子和手中"嚓啷"、"嚓啷"作响的剃头铜器幌子。游行于街头巷尾、马路边沿,招揽生意,属"游行手艺人"范畴,他们是完全一个城市贫民的面貌。

清朝嘉庆时,长子全县从事理发谋生者有近三千人,占全县总人口的百分之三强。从业地点在北平、天津、张家口、太原、大同、阳泉、长治、晋城等城市。在长子县有个传统习俗,一般有生活自立能力的汉子大都要出去创创世界,靠自己的手艺打天下。清朝中叶,在京城内很多手艺精湛的长子剃头匠被皇宫、王府的官员请去剃头理发,他们能说会道、敷衍官方,不仅仅是理发了事,而且有一套推拿按摩的技巧,理发之后能使你全身舒坦。凭这些手艺和官员对匠人产生的绝对信赖而拿到"腰牌"的剃头匠,可直接出入宫廷、王府宅院,为当朝大臣、公子爷们服务。正如文章开头所言:"给王侯公子剃头,就是拿着他们的脑袋说话。"《北京市志稿》记载:民国21年(1932年),肩挑经商者至今未废,凡理发业之店员,连同沿街游行者及澡堂等处之理发匠,全市不下四五千人。据查访,这其中山西长子人氏就占百分之二十多。他们一部分匠人通过辛勤工作,从游商到坐贾,购置门面,落户京师。

潞商是部写不完的书,不论是给紫禁城铸铜缸的匠人、也不论是给王侯剃圪脑的理发匠,他们在历史发展的长河中,已离我们远去。但数百年来他们的经商业绩和许许多多的商人事迹还很多很多,潞州商人的贩绸历史、运盐历史、输铁历史、烧瓷历史、造酒历史都有待我们去发现、挖掘、整理。

天下潞商

第四编　上党物产天下美誉

一 红绿彩瓷开先河

人类使用陶瓷的历史已很久远，新石器时代，陶器的发明使用，是社会文明进步的一个重要标志。

又经过数千年的岁月，时间到了千余年前的我国北宋时期，在古上党潞州的八义镇，人类在陶瓷烧制史上的又一标志性进步诞生了，以红、绿、黄低温釉为主色调的"红绿彩"瓷器成为它的成熟和鼎盛期，这里出产的瓷器不仅是广大民间百姓日常生活的用具，而且由于彩瓷烧制的精美适用、做工考究，也曾一度成为上贡朝廷的御用品。漫长历史岁月的洗礼，上党八义镇完整的"红绿彩"瓷器实物如今只能在美国、日本和国内几处国家级的博物馆见到。物以稀为贵，由此彰显出"红绿彩"瓷器在我国陶瓷发展史上地位的重要。它的出现以及在民间的广泛使用，"开创了我国五彩瓷器之先河"，在中国陶瓷发展史上写下的是重重的一笔。

一

"红绿彩"瓷器是我国磁州窑系继剔花、白底黑花等装饰技法之后，创新的一种独具特色的装饰艺术。它是在高温白釉或白釉下黑彩瓷烧成之后，再由白釉之上以红、绿、黄等彩勾画或添涂出纹饰，第二次入窑以低温烧成的瓷器。专家、研究者将这种装饰艺术称为"宋（朝）加彩"或"金（朝）加彩"，一个加字体现了这类瓷器二次烧成的特点（北京大学秦大树副教授在1979年第10期《文物》《论红绿彩瓷器》语）。

八义窑址坐落在如今的长治县八义、东山两村之间的大片地带。这里距长治县9公里，山岭绵延，沟壑纵横，村子周围烧制瓷器用的高磷土、煤炭、水等资源异常丰富，陶清河由南向北穿村西而流过，为千余年前八义镇的烧瓷工匠提供了得天独厚的物质条件。也成为宋金时磁州窑系一处名副其实的"官庶皆用其瓷器"的重要产瓷基地。上世纪三十年代,村里的百姓修房建屋时陆续发现有 70 余处烧瓷窑址。我国著名陶瓷专家陈万里上世纪五十年代考察长治八义窑后,在其著述中多处提及这里彩瓷的研究价值。上世纪五十年代和九十年代,国家及山西省考古研究所先后在此处考古,又发掘 30 余处烧瓷窑址,在八义镇先后共发现瓷窑遗址 108 座,发现的"红绿彩"瓷片标本更是不计其数。《山西市县志》、《文物世界》等书籍有记载。

由著名陶瓷专家冯先铭教授主编、国家文物出版社出版、中国陶瓷学会组织编写的极具权威性的《中国陶瓷史》,以众多出土的陶瓷文物和考古资料为依据,用大量的笔墨记载阐述了八义镇烧制"红绿彩"瓷器的研究价值和辉煌历史。在我国的瓷器烧制史上,八义镇烧制的"红绿彩"瓷器可谓中国瓷器的"浓墨重彩"。

二

从长治市里出发,经过 1 小时的行程,驱车进入八义村。该村南北纵向 1

宋金元明四朝,长治陶瓷匠人的烧窑遗址"八义窑址"

公里范围,目前,古窑址区已全部被村民的房屋所压盖,除有个别地点因深挖取土,暴露出烧瓷遗迹外,地表已看不出窑址痕迹。在村的北头,高丘之上,坐北向南有一处大庙,村里的百姓都叫它"龙虎庙"。据说是为纪念宋金时期八义村为朝廷烧造"龙床虎枕"而建庙祭奠,历代维护修葺,至今香火不断。"龙床虎枕"即用龙的形状烧造龙瓷床、用虎的形状烧造虎瓷枕。当时,专供应宫廷使用。龙瓷床到目前没见有实物传世,虎瓷枕倒是在国内外多家博物馆有珍藏,且《中国文物报》、《考古》、《文物》许多专业报刊有磁州窑系"虎枕"发现的报道。在庙的周围我们没有找到相关"龙床虎枕"的碑刻记载,只是当地百姓祖祖辈辈传下的口碑。有老人口述,村里以往曾经常发现能代表八义窑烧瓷水平的"红绿彩"瓷器,如今完整的实物无迹可寻,但村里地表零散的能见到古时装瓷胎的匣钵和碎瓷片。大庙的西南方100米,有一处山西省人民政府1965年设立的"八义窑址"文物保护标志。风雨剥蚀,给石碑打上了时间

明朝长治八义窑烧制的红绿彩瓷

的烙印。

出八义村,继续向南行三五里路,即到达东山村。顺着村中的羊肠小道向东南行进,此时你会惊奇地发现,被雨水冲刷过的路面,星星点点、大大小小的碎瓷片让你目不暇接。用手轻轻一抠,一片红绿黄相间的彩瓷标本随手可得。几条道路之上,发生着同样的收获故事。真的不能不让在场的收藏家们相信眼前的事实。兴奋变作亢奋,激动溢于言表。片片碎瓷,拿在手中,细心琢磨,发现它们谱写和组成了千余年来陶瓷工匠一段段拉坯、成型、上釉、烧窑、再上色、再烧窑,二次烧窑后诞生的"红绿彩"瓷器的历史。

红色、绿色、褐色组成了花草、鱼虫、人物、文字。瓷片上的图案争奇斗艳,绚丽多彩,异彩纷呈。此时此刻你会深深地感受到八义的乡间小道处处

是"五彩斑斓"的"红绿彩"瓷片世界。就在该村的南坡,一农户新建房屋山墙的背后,我们还发现了许多宋金时期烧窑时装瓷胎的匣钵和烧过的煤灰坑、破损的窑砖。根据器物的时代特征,通过对碎瓷片的初步整理,我们可以看出,"八义窑址"宋金元三个朝代一直都在烧造白釉为底色的"红绿彩"瓷和白釉黑花彩瓷。器物有碗、盘、瓶、钵、碟、盏、罐、彩釉小人、动物玩具等等。有的器物做工非常精细、考究,有实物瓷片为证;但有的器物较笨拙、粗糙,这一现象说明了八义窑的瓷器产品"官庶皆用",优劣不等。

金朝观音造像的八义红绿彩瓷

太阳即将落山,我们来到村口。年近古稀的胡兴则老人和六七位村民,见到我们手中捡来的一片片"红绿彩"破碎瓷片,言道:"这算什么宝贝,村里的田间地头、房前屋后、沟沟坎坎只要一动土,到处都是,头几年,国家和省博物馆的考古人员在这里挖取了两三麻袋,不稀罕。八义窑的烧瓷历史比这碎瓷片要辉煌得多。"他们边说边指着村西的一出古宅院,讲起了八义烧造"红绿彩"瓷器的古老传说。

这处老院子大门紧锁,杂草丛生,横石当道,不知多少个春秋没有人入内。大门门楣上雕刻有三字,因字体古怪,又模糊不清,我们疑为"烧陶城"。村里的百姓叫它"烧瓷城"。村民七嘴八舌,话题就从这座神秘的"老城"引出:相传,金朝官兵入侵潞州,金人守城将领早闻八义烧造"红绿彩"瓷器闻名于世,为讨好皇帝,即命令八义的窑工为金朝太宗皇帝完颜晟的宫里烧造御用实用器物,这应该就是八义瓷器进入宫廷的开始。时间大约在公元1130年左右。随着金朝对我国北方统治的不断加强,潞州的地方官吏给金朝廷的

献媚也不断加深,有一年,潞州知府突然要求八义的窑工为金朝廷烧造瓷器"龙床虎枕",龙床要求能躺皇上;虎枕要求能舒服入眠。几年的光景,八义窑的虎枕烧出不少,个个红黄黑色彩相间,朝廷、王公、大臣、地方官用去不少。但就是皇上龙床屡烧屡败,在潞州官员的逼迫下,为烧出龙床,窑工们不得不想尽了各种各样的办法,但都以失败告终。老窑工为祭炉,迫使女儿纵身投入火炉,待火停器物出窑,龙床还是东倒西歪没有成功。老窑工被杀了头,无奈老窑工的徒弟还得继续师傅的未尽事宜。又是多少次的失败,终于有一天徒弟发明窑中"支点法"将龙床烧好,停火出窑的头天晚上,徒弟未将这一喜讯告诉任何人,独自一人左思右想:师傅也杀了、心中的恋人、师傅的女儿也祭了炉,自己还在傻乎乎地为别人烧龙床,世道太不公平。悲愤之下,将瓷窑用土填了起来,默默远走江西景德镇。因当时在八义瓷窑为皇上试烧御用龙床的窑口百余座,人们始终不知道是那一座成功地烧出了"龙床",乱刨乱挖终未有结果。

就是到了清朝末年,村里的人们还依据祖辈们讲下的故事,不时地寻觅。有位农夫虽然没有寻见龙床,但刨出了一窑"红绿彩"碗,虽破碎居多,仅几个完整之碗,在京城出卖,就捐了个县令。故事传得有鼻子有眼,致使"红绿彩"瓷器的价值历代不菲,收藏家梦寐以求。

再说这座古老的"烧瓷城",八义镇东山村的胡老汉说,老一辈人讲,明清时期,村里不断有人寻物觅宝,一天,有人真的找到了为皇帝烧制的龙床,因器物过大,精妙绝伦,此人无法下手处理,更怕引来杀身之祸,于是花重金买了此处的地皮,在上面修建了这座"城"。一住几代,地下的事情代代秘不示人。一直到解放初期,"城"中出了个南下干部,恐于战争年代不测,南下时告诉了远房亲戚,此事就这样便被传开。"烧瓷城"至今还保存完好,城下是否真有龙床?不得而知。对故事里的事,我们将信将疑,很多也无从落实。但总感觉应该费些笔墨,将这鲜为人知、史籍中不曾有的资料如实记录,最终是想,随着我们对八义窑不断深入地研究,定会水落石出。这大概也就是我们此次八义之行正要找的民间百姓对八义镇烧瓷文化的底蕴所在。同样也是解读八义镇历史上烧制"红绿彩"瓷的又一页诠释。

就在我们从八义镇古窑址采风回到长治这段时间里,说来也巧,在两三年的长治市旧城改造当中。我们又先后在市区的东大街、英雄南路、石头街、梅辉巷、炉坊巷等多处旧城改造建筑工地的基土之中发现了大量的同八义窑烧制年代相同、风格一样的"红绿彩"瓷片,在这些"红绿彩"瓷片中具有立体造型的人物瓷器让人们备受关注,特别是人物的脸部刻画,做工非常精细、考究,巧夺天工,栩栩如生,非同一般。我们从基土中见到和采集有多件观音菩萨、仕女、童子、动物等实物瓷片可以证明这一点。

宋金时期八义窑烧制的
红绿彩人物造型的瓷器

三

《中国古陶瓷图典》(冯先铭主编,文物出版社出版)道:"红绿彩,瓷器釉上彩之一, 是北方磁州窑系所开创的一种装饰方法。彩料有红、绿、黄以及金、银彩等,多在白釉碗、碟上加绘红、绿等彩的花鸟纹,在宋、金窑址中出土比较丰富,以往的窑址调查中,宋、金地层不分,因此,白釉红绿彩旧称宋加彩。"

《中国陶瓷史》(冯先铭 主编 文物出版社出版)记载:"山西长治八义窑,在窑址采集到了一些红绿黄彩绘碗的标本,纹饰布局具有地区特色,以花卉为主,多数画折枝花,里口红彩画粗细线纹二至三道,线纹之间以绿彩点饰,分布在四面,外部露胎处呈紫色,足上有五个支钉。""景德镇的元青花作品是否有北方磁州窑系画工劳绩,是一个值得注意和探究的问题。"

《中国名瓷欣赏与收藏》(周丽丽,上海科学技术出版社)一书说:"从传世的宋代彩色釉瓷器看,其色泽除绿、黄、褐、黑、白外尚有红彩,从这个意义上讲,当属五彩瓷的先声。"

《古陶瓷》(陈德富,四川大学出版社)写道:"我国五彩瓷器起源于宋元时期的磁州窑系的红绿彩瓷。"

《中国古代瓷器基础知识》(江西省文化厅文物处)记曰:"彩瓷首创于北方,后来陆续传到景德镇等南方窑厂,景德镇的制瓷工人吸收了北方的工艺技术,并加以综合,改进和提高。"

《山西省博物馆馆藏文物精华》(山西人民出版社)很明确地提出:"长治八义窑烧制的红绿彩瓷,色泽鲜艳,笔意豪放,充溢着浓郁的民间艺术风格,是磁州窑系中名贵品种,为后世的彩瓷发展奠定了坚实的基础。"

山西民间古陶瓷收藏展览会在太原召开时,我们收集来的八义窑"红绿彩"瓷片标本奉献给大会共享。这些碎瓷片标本,备受来自祖国大江南北陶瓷专家的青睐,更为广大的陶瓷收藏家、研究人员提供了三晋大地所特有的"红绿彩"瓷器"一睹为快"的机会。展览大厅内,"红绿彩"瓷标本用真实的身躯,静静地对每一位在它身旁停留的人们述说着潞州八义窑"红绿彩"瓷精美的工艺和辉煌的过去。

专家、学者和收藏家在对一片片陶瓷琢磨研究的同时,也对"红绿彩"瓷器的未来陷入了深深的思考。许多专家提出了好的设想和中肯的建议,大家说道,八义镇如今的地理环境没有破坏,有山、有水、有高磷土,高速公路也从村西穿过,交通甚为便利;更有千年悠久的烧瓷历史,宝贵财富应当很好地利用开发,众多的学者认为,长治市县的各级有关部门是否可以考虑恢复几处窑址,将宋金时代老祖宗的烧瓷绝活继续发扬光大,继续为我们服务,继续为当地经济创造财富;是否可以考虑发掘出几处窑址,征集陶瓷实物,率先成立一座现代化的"中国彩瓷博物馆",这样一来,一是为国际国内的专家学者提供一处研究的基地,二是为上党开辟了一处新的旅游景点,三是为当地政府搭建了一个弘扬上党古老传统工艺的文化平台,又增加了人们了解上党历史、认识魅力长治的机会。这样,在各级地方政府的共同努力下,长治烧造彩瓷再创辉煌的历史,指日可待。

二　上党烧造琉璃美

如果要让我们去描述一下上党地方物产里有什么是最美丽的东西，人们毫不夸张地要首推五彩缤纷、光怪陆离、绚丽多彩的建筑装饰艺术品——上党"琉璃"。

它一千余年前一经诞生出世，就成为高贵奢侈的产品，让皇家独享。多少代帝王无论是在其身前还是在其百年之后，只要营建自家宫殿和陵寝，都没有舍得忘记将上党烧造的琉璃顶在他们的皇冠之上，去炫耀皇权之威严、琉璃之精美、琉璃之妖媚、琉璃之辉煌。岁月年轮的洗礼，琉璃留下的是让万乘之尊的帝王们为之垂青、为之骄傲的美。

使用琉璃、垂青琉璃，帝王们的举动以至影响到寺庙、道观、尼庵将修行之居住处也用琉璃装扮得漂漂亮亮，其间透出一股崇善的美丽。建筑上的琉璃和艺术，带给人世间哪里仅仅是建筑艺术上的奇迹，更重要的是让世人徜徉建筑构成的琉璃艺术空间里，得到视觉上的舒坦。

琉璃，作为实用器和建筑部件的历史距今已有 1500 年，考证实物遗存发现，唐朝之前琉璃就已在上党地区出现。现存晋东南平顺县王曲村的我国仅存的唐代四大建筑之一天台庵，其琉璃屋脊是目前能见到的"唐朝琉璃"文物实物资料。

琉璃一词，最早出现在《孝经》、《广雅》等典籍，这时古人对琉璃的解释为"珠也"，从字面上的理解、解释似乎琉璃有光滑的性质，我们在汉唐以前的遗址中时有发现琉璃质的饰珠，饰珠中心有一穿孔，它们有蓝色、绿色、赭色等，饰珠上还有白色、粉色、红色等比珠小很多的琉璃点饰物，其具体的用途大概就是用绳索串联作为装饰品使用。我们在随后比《孝经》、《广雅》等史籍晚点的《汉书·地理志》里找到了琉璃的记载，其曰："武帝使人，入海市琉璃。"《汉武故事》也记载："武帝好神仙，起祠神屋，扉悉以白琉璃，光照洞

145

彻。"此时，琉璃已经有了用途，汉代琉璃已作为建筑构件记载在史籍里。时间到了北魏，就琉璃的说法，一部叫《魏略》的书记载道："大秦国出琉璃。"而在一部叫《魏书·西域传》中记载道："北魏太武帝时，大月氏国人商贩京师，自云能铸石为五色琉璃，乃采矿于京师附近山中，于京师铸之，即成，光泽乃美于西方来者，乃诏为殿，容百余人，光色映彻，观者见之，莫不惊骇，以为神明所作。"时间到了隋唐，关于琉璃的记述是："西方输入之琉璃，最为我国人所宝。隋大业年间，尝招致大月国之琉璃工人于广东，欲试仿造，而成功不如所期。虽然，缘此而别生一良果焉。盖采其术而加精于陶器，遂为中国名产，数千年专大利于世界市场。"此段就我国琉璃历史的说法，是清人梁启超引自一部叫《东西文明交通说》的记载。

　　蓝、黄、绿三原色是琉璃美丽的外衣。蓝色分茄皮紫和孔雀蓝；黄色分酱

天台庵，唐天祐四年（904 年）始建，遗存位于长治平顺县王曲村，
是国内目前仅存四座唐代木结构建筑之一。屋脊琉璃当为上党琉璃之鼻祖。

黄和浅黄;绿色分墨绿和淡绿。说起琉璃器物的这三种色彩, 皇城根下的老北京的琉璃匠人可有他们的说法和一整套的理论, 蓝色代表着天, 至高无上, 所以天坛、月坛大殿上的琉璃瓦都是天蓝色的;黄色代表着厚土, 滋润万物, 所以紫禁城、颐和园、承德避暑山庄等皇帝居住的地方, 宫殿上的琉璃瓦一律为黄色; 绿色是厚土上的万物, 生机盎然, 是臣民的象征, 所以普天之下的道观、庙宇殿堂上的琉璃瓦就呈现绿色一片。

　　琉璃, 古代称溜离、药玻璃。琉璃是一种用铅作助溶剂, 以含铁、铜、锰和钴的物质为着色剂, 配以石英制成的一种低温釉陶器。烧造琉璃采用二次烧成工艺, 先制坯胎, 把坩泥粉碎、筛选、炼

孩儿枕(残)"至正五年六月十四日潞州李造之, 乙酉年癸未月丙寅日大吉利市", 此为长治发现的带有明确时间、地址、匠人名称的元代琉璃器

泥、成型、晾干后入窑烧制。然后, 根据需要在坯胎上施釉料, 二次入窑烧制成。其烧成温度第一次在 1000℃ 至 1100℃ 之间, 第二次在 660℃ 至 910℃ 之间。彩烧时由于釉色不同, 彩烧温度也各不相同, 如绿釉在 880℃ 左右, 黄釉在 980℃ 左右。而孔雀蓝则还要高一些, 在 1000℃ 左右。烧制好的琉璃成品远观有势, 近看有形, 线条优雅, 色泽艳丽。一件琉璃制品的完成一般要经过 20 多道工序, 花费 10 多天的时间才能完成。这样烧制出来的琉璃作品, 具有制作工艺独特、釉料独特、原料独特、造型独特等特点, 堪称中华一绝, 极具欣赏和收藏价值。

　　琉璃即低温铅釉陶, 铅釉陶于西汉时期就已出现, 当时只烧制一些生活用器和随葬的俑, 到唐代时烧制出了今人所称的"唐三彩", 宋代以后, 其成就主要体现在建筑琉璃的生产上。元代, 琉璃业有了新的发展。到了明代, 琉

璃除仍大量用于宫廷、官府的建筑修饰外,随着寺庙建筑的兴盛,生产规模得到空前的发展,技术之精亦超过以往,道观庙宇、佛塔、供器以及百姓日用工艺品很多都用琉璃制作。

　　琉璃的制作大体要经过备料、成型、素烧、施釉、釉烧等几个阶段。琉璃的原料大都是就地取材或就近取材,以往因缺少有效的原料检测技术和设备,制陶匠人在原料选择上总结出了一套简便实用、行之有效的土办法,有经验的匠师通过"看"、"捏"、"舔"、"划"、"咬"等方式判断泥料的成分和性能。琉璃所用泥料是一种低铝坩土,好的原料呈黑灰色或青灰色,里外颜色一致。用手指将软坩土捏碎,凭触感判断颗粒的细度,细颗粒多的粘土结合性好,可塑性强,干燥强度也高。或者用舌尖舔舐黏土的断面,如果感到吸力大,表明其结合性、吸附性和可塑性都较好。硬质黏土不论是哪种颜色,如果用小刀或铁钉在表层能划出白色痕迹的, 这种粘土经煅烧后会呈白色或微黄色。如果断层不平整,像贝壳一样, 可以粗略地判断这种黏土含氧化铝较高,耐火度也高。将黏土用牙咬感到有蜡状或油脂感,说明其含铝量甚低,塑性也好。咬时如有细砂或一般土状,则含铝量高。 琉璃釉料的配制在这一行业中是最难掌握也最具隐蔽性的技艺,尤其是像"孔雀蓝"这类釉料的配方,匠人视其为"绝技",故有"传媳不传女"之说。釉烧是最后一道关键工序,釉烧失败意味着前面的所有工序全部白费, 烧工完全根据火苗变化的颜色判断窑内温度的高低。

带有清康熙款的珐华狮子局部

清康熙年间上党烧制的珐华狮子

　　北京的紫禁城初建于元朝,《大明会典》记载:"永乐四年，以建北京宫殿,遣大臣往四川、广州、山西督军民采木,及督北京军民匠造砖瓦,征天下诸色匠作。"明、清两朝又继续营建皇宫。座座宫殿错落有致、富丽堂皇、蔚为壮观。杰出的建筑艺术,为世界所瞩目。屋顶上层层叠叠的片片金黄琉璃之瓦,曾为一代代的王朝天子遮风挡雨数百年,依然是那样绚丽多彩、金碧辉煌。这样,琉璃作品当然成为天子头顶上至高无上的"顶级艺术之产品"。

　　就在上世纪五十年代初,大规模的故宫维护、修葺开始了,正当维修工匠翻起宫殿屋顶上片片金黄的琉璃瓦时,一个惊人的发现摆在了古建专家和施工单位的面前,这宫殿屋顶之上的"琉璃瓦"原来就产自古老的山西上党大地。

　　五十年代初,著名陶瓷专家陈万里先生在考察了山西、北京等多处烧造琉璃遗址后,在 1956 年《文物参考资料》第 7 期上撰文《谈山西琉璃》,文章

考证了北京琉璃厂一带的苏姓琉璃匠人和侯姓琉璃艺人是山西琉璃艺人的后裔的论证观点。

琉璃作为宫殿建筑上的奢侈品是从元朝建都开始的。《北京琉璃文化》（文物出版社）记道："琉璃窑乃元代为建大都宫殿而设，据说由山西潞安（今长治市）迁来的琉璃赵，在京西的琉璃渠村建窑，专门烧制琉璃瓦。但是，到了明代，建皇宫所需的琉璃瓦数量非常大，赵氏生产能力有限，生产的制品供应不上朝廷的需要。"

收藏琉璃的藏家有这么一句行话："家有珐华、不愁吃花。"要说琉璃制品较为普通好见、易收藏的话，但作为琉璃产品中的"珐华"的价值可就大大地不同了。这是因为，一是"珐华"制作较琉璃要精美得多，二是"珐华"只在明朝之前烧造，清朝初年失传，"珐华"器物传世罕少。珐华一词，应该初始于山西晋东南的方言。由于珐华作品多在成型的坯胎之上再挤粉泥而成。原意为粉花、粉画。由于晋东南人珐粉不分，外埠人误粉为珐。明景泰年官家珐琅彩罕迹于民间，色彩鲜丽斑斓，珐华彩亦雍容华贵，色泽釉彩及其刻绘艺术有过之而无不及，将粉画转名珐华亦未尝不可。总之，珐华为误传，这美丽、善意的荒谬倒也给山西珐华陶瓷增添了些许神秘色彩。

珐华陶瓷由琉璃演变而来，属琉璃陶瓷的一个支系，当时有晋地琉璃遍天下一说，无论皇宫庙宇，商宅官府，山西琉璃无处不在。明朝之前，晋省许多地方的庙宇、道观等古建筑是琉璃与珐华陶瓷完美的结合体，如长治的城隍庙、平遥的城隍庙、大同明洪武十三年筑造的九龙壁便是。山西窑口众多，这与山西得天独厚的自然资源有关，柴、煤、瓷、泥瓷石 俯拾皆是，太行山之西，汾河之东不可或缺地融入了琉璃珐华陶瓷。

琉璃在上党烧造的窑址，一是潞州以壶口壶神头为中心的四周村落；现在仍可在这里见到明、清、民国长治琉璃匠人烧造产品的数十处古旧窑址，1988 年我们曾在市郊壶口村"壶关到长治"公路立交桥工地发现了元朝琉璃婴儿枕（残缺）一件，通体色彩由孔雀绿和浅绛黄色组成。长 40 厘米，宽 16 厘米，高 14 厘米，琉璃婴儿枕底座烧刻阴文"至正五年（1345 年）六月十四日，潞州李造之，乙酉年癸未月丙寅日大吉利市"等 27 字，这是一件有明确烧造地址、制造人、制作时间，典型的上党地方琉璃珐华器皿。同时在壶口村农户的残墙废垣上的一处屋脊，其上明确地用赭色烧造"乾隆二十二年六月壶神头造"12个文字,珍贵地记录下了清乾隆年(1757年)长治的琉璃烧造地仍在壶口村壶神头四周沟壑里。早年,流散海外收藏家手里的一对琉璃珐华狮子,通体三彩,高167.5厘米,其中一只右肩上烧造有"康熙二十三年(1684年)并大殿一时造,西王召祖传,琉璃匠严加纶男永庆,师兄杨一龙男世昌,师弟茹明纪"等39字。永德国际拍卖公司1997年拍卖成交价87560美元。二是泽州阳城的城关和后则窑村为琉璃烧造的窑址。在阳城元、明、清三朝烧造琉璃较著名的就要数城关的乔家和后则窑村,城关的乔家明朝时的作品,2006年夏,在晋城古玩城《珐华陈列馆》陈列,一件琉璃珐华花盆记载了明朝阳城城关的乔家烧造珐华物件的历史,该花盆长24厘米、长16厘米、高14厘米通体绿色,盆侧开光黄色、中心浮绘孔雀蓝两头瑞兽,右侧开光黄色内心书刻"阳城县东关乔维新、乔维峻施"。时间一直到上世纪五六十年代,在此烧造琉璃作品的老艺人叫乔承先,1957年,乔老艺人还曾出席在首都北京召开的全国第一届工艺美术艺人代表大会,受到毛泽东、朱德、周恩来等中央领导的亲切接见。

当年采访老艺人乔承先时,乔先生说:琉璃釉的配方技术是绝活,并不是一般匠人都能在琉璃坯胎上使釉。很古时,老祖宗就定下了规矩,"传媳妇不传闺女"。因为闺女迟早要嫁给别人,不能让闺女将绝活带到别人他姓家族,而儿媳妇是嫁到咱家的人。在乔家的祖先为掌握琉璃中的"孔雀蓝釉的配方",装了三年的哑巴才从河南一个叫神镇的地方偷学到手,遗憾的是到乔承先这一代时,"孔雀蓝釉的配方"早已失传多年。

千余年来,因琉璃的制作在晋省境内分布广,匠师多,山西被称为琉璃艺术之乡,主要以潞州、阳城、太原、平遥、河津、介休等地为主。太原至迟在明代万历年间就已生产琉璃,以迎泽区马庄山头村最为集中,当地烧琉璃的有苏、白、张三大家族,以苏氏家族最有影响。据老人说,苏姓早年从洪洞大槐树移居到了苏家湾,后来到迎泽区马庄村,不久又分出两支,一支往北去代县吴家窑,一支去了北京。阳城烧造琉璃始于元代,在山西众多门派的琉璃匠师中,阳城乔姓是其中人数最多、延续时间最长的一支。从明正统年间开始,一直到清顺治、康熙、乾隆、嘉庆年间,传承关系明确,辈份系列清晰。如今,后则腰村的阳城建材陶瓷厂仍为当地乔姓人家所开办。河津琉璃生产始于明代万历年间,从河津东窑头吕氏家族保留的部分牌位中,可以找到乾隆以后吕姓琉璃匠师的名字和传承关系,吕姓是当地生产琉璃的世家。

　　高耸入云的皇宫大殿之上的上党琉璃,目睹了太多的历史瞬间,经历了太多的一个个皇权的沉浮,而它自己的千年身世和历史又有几人去书写,几人去翻阅?

明末潞州烧制的珐华精品

三　千里铁府铸春秋

铁,石与火的结晶。

铁被人类发现和作为工具使用的历史距今已有三千余年。大量的考古资料证实,春秋时期,铁已经在许多地区普遍使用,从那时起,我国社会逐步进入了"铁器时代"。人们的劳动和生活最终让先进的铁器替代了落后的石器和铸制成本高昂的青铜器。划时代的伟大进步,大大提高了劳动生产率,大大推动了人类社会的文明进程。不能遗忘的是,在这一伟大的人类社会进

上世纪五十年代荫城老街铁货店铺门面

步过程中，早已被誉为我国著名"铁府"的长治荫城镇，以其得天独厚的煤铁资源，紧跟时代的节拍，在人类铁文化历史发展的每一章节中，铸就了一页页的鸿篇巨著。

带着崇敬荫城铁文化的心情，步入这座古老的镇子。目的就是要亲身感受一下数千年以来"铁府"曾经有过的"日进斗金"的经济脉搏是如何跳动的，体验一下厚道勤劳的山里人是如何走出太行闯天下、进京城、在天子的脚下大把大把地将钞票装到粗布口袋里的，看一下山里的汉子又是如何用赚来的银钱在京城前门大街建起了"恒盛毓"、"裕兴泰"、"和丰号"那一座座雕梁画栋、经营铁货的老字号的，上党铁之历史，潞州铁之文化，长治铁之魂魄等等所有这些都深深地吸引着我。

长治县荫城雄山脚下，春秋战国冶铁遗址出土发现的铁质农具"耒耜"

郁郁葱葱的荫山脚下，景致是如此的美丽。眼前出现的是古镇荫城建筑的神韵和铁府的灵魂。山前坡下，一层层密布的木结构灰砖店铺，林林总总，错落有致，这些数不胜数的明清古老建筑集中在一处叫后圪廊的地方。后圪廊，当地的人们也习惯叫它铁货巷。漫步其间，你会发现，巷的宽度仅仅三米多点，但蜿蜒曲折四五百米内，店铺门面一个挨一个，绵延不断。它与老东街、馆街、北街相连，四通八达。虽然，后圪廊两旁大大小小的店铺早已没有了往日的红火和熙攘。如今已是门窗紧闭，个别地方残垣断壁。但座座巍峨、考究的明、清店铺建筑中，透出的是一股股富有的神韵；前店后场，一进两跨院、三跨院，气势庞大。砖是磨过的砖，石是雕过的石，木是有纹饰的木，砖雕、木雕、石雕，每个建筑物件上都留下的是精雕细刻，鬼斧神工。四梁八柱、里三层外三层的做工，蔚为大观，没有钱是换不来这些建筑精品的。在铁货巷六区 32 号的大门上方，一块清朝年间的巨型木匾古韵犹存，隽秀苍劲的"瑞盛钉店"四个金字依稀可见。六区 19 号黑漆的大门上满满的铁钉子千余枚，钉出的是铁花团、铁如意等精美的图案，怎能不让外来人稀罕呢，可谓"铁府、铁钉、钉铁门——牢靠"，足见铁府资源的富足，铁文化的厚重。六区1号，旧门脸的上方用木料雕琢着"不欺三，滋利生"、"货无二价，童叟不欺"的经商古训。总之，在这里，只要你细心留意，用心琢磨，铁府处处可见"凉冰冰的铁"，写就的是"红红火火"的历史篇章。

见到我手中的相机不停地"咔嚓"，热情好客的铁府人便主动围拢上来，问长问短，问为什么要拍这破旧不堪的老房子？是不是要拆除改造？一听我们是为写老镇昔日"千里铁府，万里荫城"的辉煌历史而来。好家伙，男男女女、七嘴八舌，都能侃侃而谈，都能说出一段段老镇过去的铸铁史和铁文化。

在长治城区发现的北宋"大观元年隆德府"铁书

一

古时，潞州以荫城为中心，辐射晋城、阳城、高平、壶关、陵川等多县镇的铁货，其铸制历史悠久，源远流长。春秋时，这里属晋国。《左传》昭公二十九年就有"遂赋晋国一鼓铁，以铸范宣子所为刑书"的记载。《孟子》中有"以釜甑，以铁耕"的言语。在荫城镇的荫山脚下，春秋时的农耕器具耒耜和铁镈，在炼铁遗址中也有实物的残件收集在农户手中。战国时，这里的实用铁制品已经很丰盛，仅在1955年长治分水岭战国墓中，一次就出土铁凿、铁锥、铁斧、铁铲等17余件。这证明战国时在长治一带，铁已经可以用来制造各种生

155

产工具(见 1957 年第一期《考古学报》)。秦朝,这里的采煤、冶炼已初具规模。汉唐时,潞州已用铁铸钱造币,明万历《潞安府志》记载:"汉唐以来,取当地所产,铸铁为钱,公私相杂。"1990 年上党钱币研究会在长治与高平两县的交界处羊头山发现汉代铁质"半两"铸钱范模一具;1999 年在长治炉坊巷唐朝铸币遗址一次出土钱币数万枚,其中,铁质"开元通宝"钱 146 枚。宋朝时,朝廷升潞州为隆德府,上世纪九十年代,在长治西街一王姓居民家中祖传有"大观元年(1107 年),隆德府左第五界,丁亥年正月一日"等确切文字记年、记地名的"铁书"一通。《明史·食货志》及《续文献通考》典籍中记载:明朝洪武五年(1373 年)全国 13 个铁冶所,潞州荫城即为其中之一。此时期铁府铸造的铁货实物我们同样见到不少,代表作品多集中在晋东南寺庙里的铁佛、铁钟,有一铁瓦实物应该称铁器中的上品,瓦的正面很明显地铸有敬佛的文字:"锦衣卫信官高宁同妻郭氏造瓦一个,正德七年三月吉日。"清朝至民国年间,荫城铁货发展到鼎盛时期。据荫城镇桑梓村西庵庙、石炭峪村玉皇庙碑刻记载:清乾隆、嘉庆年间,"荫城铁水奔流全国",铁货交易年均一千余万两白银。

那时,荫城、壶关、长治共有各类铁炉 1879 座,制铁工人 13039 人。"高平铁、晋城炭、离了荫城不能干"。由于荫城的铁货早已创出了声誉,所以,高平铁货也好,晋城、阳城铁货也罢,当时,晋东南南部荫城周围的陵川、高平、晋城、壶关、阳城等几县生产的铁货均都集中到这里,然后以"荫城铁货"的总称售出。荫城成了铁货的集散地。每年经过荫城铁货市场销出的生熟铁货达 2000 万斤,全国 20 余个省使用荫城的铁货产品,同时,远销印度、不丹、尼泊尔、朝鲜、日本等十多个国家,素有"千里铁府,万里荫城"之称。

荫城的铁矿、煤炭资源同样丰富,质地优良。为这里制作铁货产品提供了得天独厚的条件。古往今来几乎家家有铁炉,户户会打铁,村村能见到堆积如山的古代炼铁炉渣。无论白天黑夜,荫城的乡村大小街巷里,随时可听到风箱的呼哧和铁锤的丁当声响。往往是夫妇儿孙形成家庭作坊,祖辈相传手艺,代代经营,前店销售,后场铸造,铁货源源不断地由商家贩运到各地区。这里的铁货制作工艺高超,规格精巧。窟窿庄的铁锅,铸出时呈灰色,使用后油浸火熏成黑色,盛水不锈,遇潮不腐,做饭不结锅巴,不变味,不变色,不损营养成分,俗称"窟窿庄的铁锅没窟窿"。南宋村生产的水沧钉,专销江南,入水不锈,头圆心空,厚薄均匀,永不掉盖。荫城生产的铁钉,人称"三绝",上尺绝,长短粗细分毫不差;上秤绝,几个一数准秤平;上木绝,镢入木生锈,牢不可拔。难怪"瑞盛钉店"的招牌至今还高高地挂在荫城的老街,经久不息。

荫城的铁货多达 2800 个品种,分生铁货、熟铁货两大类,有锅、勺、壶、盆、钉、锤、绳、刀、剪、锯、斧、犁、铲、桶、铃、锄、匙等等各种杂货几十个项目,每个项目又按轻重、大小、款式及用途分为数百个品种。

荫城铁货不仅仅种类多,物美价廉,而且他们善于经营,讲的是诚信,吸引着众多的外地客商落脚荫城,使这里成为名扬中外的大型铁货集散地。清朝中叶,荫城有大大小小的铁货庄近 400 家,其中,外地商客 70 余家,近 500 人。常年住在荫城的客商有东北三省的"关东客"、北京天津的"京客"、陕甘宁的"西府客"、太原大同内蒙古的"上府客"、云贵川的"西南客"、广东广西的"两广客"、河南安徽湖北的"河南客"等等。街头巷尾、熙熙攘攘、客商云集,镇上的客栈、饭店百余个,一直营业到深夜,那时的荫城就有了不夜城的美誉。荫城的东街因此也有了"馆街"之名。全镇铁货日成交额高达

1951 年长治县铁货参加土产规格培训的纪念章

3000 余两白银,故此荫城也有了"万里荫城,日进斗金"之称。

二

在荫城镇,老师出身的李仁贵老先生,他为我此次采访作了向导。见我手中拿着一封早期由京城前门"恒盛毓"铁货铺寄往家乡荫城的信函,他便激动地说:恒盛毓,东家姓李,很早就在京城设立铁货庄,清朝、民国时期"恒盛毓"的名声大振,远扬华北地区,铁府妇孺皆知。铁货生意做得最早、规模也最大。相传李家为唐朝李世民后代,封荫后落户上党,始有"荫城"地名的开始。《潞安府志》中也有"荫自汉有之,封及父祖,自唐始","长治荫城,居民皆姓李,唐韩王之后"的记载。李家到了第 18 代便将铁货买卖做到了京

解放初期上党山区的冶铁炉

城，祖上出过大官，是京师的"礼部尚书"，同时也是"恒盛毓"的东家，元末时的东家叫李维馨，清末东家为李金兰，解放初期的东家是李香厅，掌柜宋安根。数百年的苦心经营，使"恒盛毓"生意越做越红火。因此，很早就有顺口溜道：潞州铁货出南门，首数李家"恒盛毓"。

听着李老先生的讲述，我们随他一同来到了"恒盛毓"在荫城镇的老宅院，这里如今已分割成四个院落，古建筑原先的风貌格局已被打破，仅仅只有明代的两层楼的堂屋、大门门楼和两旁雕琢精美的门墩石还保存完好。李家后人李毓平的爱人招呼了我们，她边讲李家的历史边取出了李掌柜清朝时在京城的旧照，虽发黄的照片上的李金兰已看不大清楚摸样，但其身上的长袍马褂、貂皮外套足以显露出潞州铁货商人当时的富有、风光和气派。李老太此时又翻箱倒柜，小心翼翼，为我们找出了长期以来一直密不视人、不知传了多少代的家传珍宝，老祖宗从京城带回家乡的一块木质御匾，将尘封了很久的包裹打开后，木匾上"元礼部尚书"五个雄健的大字显露在我们面前，岁月剥蚀的木匾上虽朱漆金字多已脱落，但刀刻楷书功力深厚，古朴苍劲，历历在目。木匾周围装饰已残损和朽软，可用料讲究，质地为上等的花梨木。两面雕刻了完全相同的文字内容，整体考究，简洁明快，故从其形制研究，它当时的作用应该是礼部尚书出行时，仆人高举的象征和代表身份的"开道牌匾"。

　　李家的祖传之说法有没有依据呢？翻查《潞安府志》，元朝在京当过"礼部尚书"者，潞州确有其人，而且同荫城有着关联者两位，都姓李。《府志·进士篇》中记道："李执中，官集贤学士，累官礼部尚书。"这位李姓尚书诞生在元朝的早期，因为其父亲是宋朝被朝廷封荫的李世美。《府志》是这样记述的"宋朝，李世美，李执中父，封集贤直学士，赠陇西郡泊。"

　　还有一位叫李惟馨。《府志》坟墓篇曰："元朝，李尚书墓，名惟馨。在郡城南六十里荫城镇。"这位尚书是何部的尚书，不明确。而前者倒是有确切记载的"礼部尚书"，且与目前李家珍藏的文物实物文字内容相符。由此看来，李执中这位元朝礼部尚书他应该就是铁府李家"恒盛毓"老字号和木匾"元礼部尚书"的主人。而李惟馨尚书从当地相传的口碑资料中看出，也应是李氏大家族的后代，而且，他做尚书去世后，由京师回故里就安葬在荫城。

　　李氏的家史也好，大量的文物实物证据和史籍记载也罢，所有这些都充分说明，早在600多年前的元朝，潞州荫城的铁货就随这位李执中，打入了天子脚下的京城，而且，它的东家是大名鼎鼎的礼部尚书，在这样得天独厚的条件下，大树下面好乘凉。"恒盛毓"有礼部尚书打下的坚实基础，轰轰烈烈一干就是数百年，同时，铁货商们抱着朝廷中的这条大腿，又把家乡的同行业带入其间，在京城的繁华区先后涌现出了"裕兴泰"、"东和丰"、"西和风"、"庆顺永"、"万泰隆"等数十家铁货庄，源源不断地将潞州铁货供往都城，一代代地发扬光大。到了清朝咸丰末年，铁府经坊村的陈家，再次把握好了难得的经商机会，出奇制胜，发展成为铁货商人里的龙头老大，在京城一开就是四处铁货门面，天津两处。陈家将赚到的白花花的银两，运回铁府，不仅仅在长治老家经坊村建了陈氏一条街，青石铺路千余米，还建有藏书楼、梳妆楼、闺阁楼等房产数百间，在潞州城莲花池捐银数百万，建"琅环福地"藏楼一座。而且，资本逐渐扩大，民国时，从京师到潞州沿路都有陈家的铁货买卖，陈家后代留学日本的铁货巨商陈慎德从京师到潞州往来根本不用住店，沿路三五十里就有一个他家的铁货铺，何时累了，何时可在自家的铁货铺休息。铁货巨商陈慎德的资产是何等之巨，三四代人的资本积累达上亿两白银。

　　京师里的潞州铁货，宫廷里使用，民间也使用，再加之铁货本身质量上乘，经营讲诚信。这就使得潞州铁货名声大振，代代传承。在我们收藏到的许

多封清朝、民国时期由北京寄往荫城的信函中,上面加盖的邮戳只写"华北荫城",完全省略了"山西长治",双方商人即可平安收到信件。由此一点看出,铁府荫城当时在全国名声之大。

三

潞铁在走过它的辉煌之后,衰落的灾难降临到它头上,是从民国初年开始的。当时,连年不断军阀混战,交通阻隔,运输停滞,铁货积压,生产日益萧条。外面的世界,兵荒马乱,铁府能够走出去搞运输铁货的人越来越少。此时,潞州的铁货比明清时销量和输出量大大下降,荫城一带的铁炉减少 200 余座,铁货行铺由 350 家减少到仅剩 34 家。民国中期,随着西方工业革命的不断深入,机制铁货的大量进口,抢占中国市场,洋铁货成本低,物美价廉,而此时潞州铁府的铸造技术仍然停留在落后的手工操作上,这便导致北京、天津、上海、广州等南北方各大城市对上党的铁货需求量锐减。抗战爆发后,日军占领上党各重镇,荫城铁货更是雪上加霜,铁府 80% 的铁炉停产,销售铁货的店铺纷纷停业关闭,常住荫城的外地客商逃难出走,仅有零星几家店铺,也只是勉强维持生计而已。

一次次的重创,接踵而来,怎么也没能让铁府的汉子们再喘上一口气,再去重整旗鼓。落后的铸造技术,未变的经营方式,是铁府的汉子们始终再没有迈出太行山。所有这些,最终一直到现在,铁府的铁货生意始终没能红火、兴隆起来。

四

落日映红了古镇铁府,荫城旧街错落的老屋在霞光里回放着铁的乐章,古铁曲是那样的深远悠长,而富有诗情画意,让人回味无穷。坐在返城的客车里,回头再望荫城,红红的天,红红的山,写就的是红红的铁文化。

回去的客车路过荫城、王坊、窟窿庄等乡村,马路的两旁,还能看见乡村铁匠们铸造的铁炉、铁锹、铁锅等铁货零零散散地摆放在农户百姓的门前买卖。如今,铁府的铁货买卖同往日相比,不可同日而语,显得萧条和冷落。就目前潞铁面临的这一不景气现象,我们政府有关部门是否可以考虑,在发展地方经济、振兴地方产品时,借"建设长治经济"的强劲东风,再燃潞铁之火。

变零零星星的手工作坊为集中生产,集中开发,扩大规模,创新潞铁新品种,进行潞铁深加工,提高技术水平,集中营销,借助于广播电视、报刊等媒体大力宣传潞州铁货之优越性、实用性以及请相关专家撰写可行性报告,研究铁元素对人体健康的作用,搞一些铁文化的科普宣传。同时,在铁府荫城利用开发现存的明清老铁货铺旧址,加以维修保护,成立"潞商铁文化博物馆",征集昔日潞铁实物、潞铁史料、历史旧照,以此为爱国主义教育基地和旅游开发之景点,从而大力弘扬、歌颂潞铁在我国冶炼史上的重要贡献和铸铁历史长河中之文化,让更多的人认识潞铁,了解潞铁,使用潞铁,让更多的人从使用潞铁中得到更多之益处。让我们大家共同努力,不断振兴潞铁产品,弘扬潞铁文化,不久的将来,必能再见潞铁之辉煌。

四 潞州城中酒价高

　　酒产于潞州而得名"潞酒"。一千余年的酿造历史,使得潞酒在地方典籍《山西通志》中有了"酒之美者"、"汾潞之火酒盛行于世"的记述,足见潞酒在我国古代早已驰名天下。

　　早在唐朝时期,潞酒就形成了自己独特的地方风味。唐景龙元年(707年),李隆基任潞州别驾时,潞州一带连年丰稔,人民安居乐业,潞州四周各县酿酒业很是兴盛,座座烧酒坊产酒供四方。李隆基登皇位,视潞州为发迹之地,开元十一年到二十年(723—732年)几年间先后四次祭泰山来潞州,以"宴父老"。当地的官员将潞酒作为贡品献上筵席,太平盛宴,潞州欢歌,人声鼎沸。"宫里府外灯连彩,街头巷尾笙和歌。夜阑霜起归者少,陌路相逢醉人多。"大诗人的几笔勾画,将当时的潞州酒宴盛况表现得淋漓尽致。潞酒醉倒了堂堂的大唐玄宗皇帝,醉倒了潞州城的官吏,醉倒了唐朝的那段潞酒的历史。

　　潞州飞龙宫里,灯火通明不夜天,玄宗皇帝在潞酒的作用下,愉悦达到极致。从潞州别驾到大唐皇帝,发祥之地潞州的臣民哪能忘记。一道圣旨,两次免征潞州租税八九年,使百姓得到了休养生息的机会,丰衣足食的生活,纵酒之风炽盛,大小酒坊发展到近百座。而且,当时潞州的酒产量是相当的大,仅从潞州大都督府长史郏士美一人私厨每月费用的开销情况就能够反映出来,"米六千石,羊千首,酒数千斛"。唐代的斛,是十斗为一斛。一个长史一月"酒数千斛",何止一位郏士美,那么多的潞州官吏又要饮去多少潞酒?可以想见一座潞州城各官吏用酒的奢靡,酒产量的庞大。从此,潞酒的经营历代经久不衰。

　　明朝,潞安城中的沈王府,终日歌舞升平的奢靡生活,醉生梦死。万历皇帝都在饮酒作乐,酒醉二十年不理朝政。沈府里的纨袴子弟对潞酒从没舍得放弃过"醉求"，潞州酒商们一坛坛的美酒年年上贡孝敬。沈王府里的简王之孙辈安王朱铨铼，天性崇儒重道之人，喜吟咏，在王府里还成立了诗学社，一直到万历末年诗社都很兴盛。饮潞酒、作情诗成其一生嗜好。他对潞酒的评价看来最具权威了，一日，几杯潞酒下肚将其醉了个找不见北，他酒兴大发：先是小序一曲："潞州鲜红酒，盖烧酒也，入口味稍美，易进而作剧，吻咽间如刺，或云即葡萄酒遗法也。"之后，半醉半醒的潞州安王作诗一首："潞州城中酒价高，胭脂滴出小檀槽。华胥一去不易返，汉使何烦种葡萄。"安王在想，早知潞酒能将人带入长长的美梦中去，汉朝的使节何必千辛万苦地操劳引进阿拉伯的葡萄呢？潞酒不是完全可以取而代之吗？此时，潞州的红酒足以让这位安王进入醉生梦死的境界。再好的潞酒，再好的潞酒历史都没能使安王忘掉一个真理，好酒自然价就高！

酒多了，人醉了，但潞商们经营酒的智慧点子不会缺少。

一方尘封五百年的潞酒老广告，就算潞安商人的一套古老招术。管你安王醉与不醉，潞商的酒广告可得告知天下。"潞府，永隆升记，铺在潞安府大街路西开设酒局，自造鲜红碧绿潞酒，发行不误主顾，价钱随时，货真价实，永不哄人，凡赐顾者，须认印票为记，永记。"方寸天地间，五十七个字，纪录了下了明代潞安府"潞酒"的历史。

广告词中的一条"潞安府大街"为我们确定了时代。它的存在时间应该是明朝嘉靖八年（1529 年）之后到明末这段时间。因为潞安府是明朝廷于嘉靖八年（1529 年）升潞州为潞安府的，而"大街"的叫法也广泛始于明末。明人田汝成的《熙朝乐事》记道："自此街坊箫鼓之声，铿訇不绝矣。"从明弘治《潞州志》中我

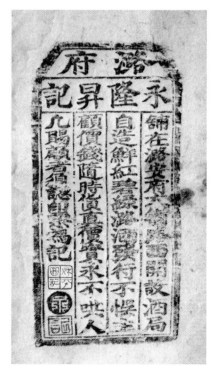

明代的潞酒广告

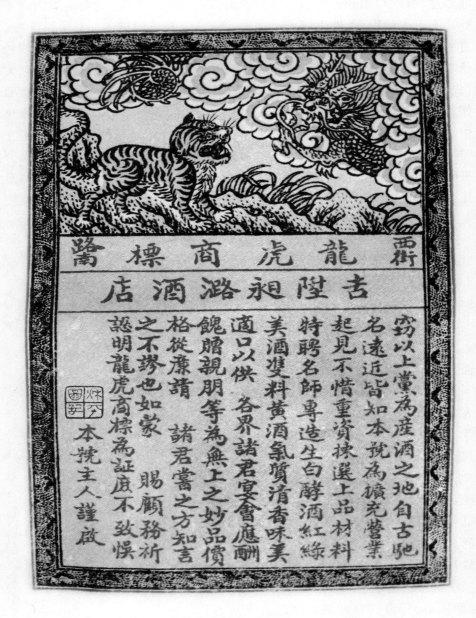

清朝潞安府西街造酒商人的广告

164

们也可看出,在明弘治(1488-1505)时期的长治街道中有著名的令公、绸坊、绫坊十八巷,但还没有"大街"的称呼。

嘉靖八年(1529年)潞安府设置后,府衙前面纵贯南北方向的道路方才逐步形成四通八达的"潞安府大街"。到了清朝,"潞安府大街"前面改叫"府前街",后面叫"府后街",清末民国"潞安府"废,政权掌握者叫"政府"。这时候的府衙前面又谓"府坡街",如今"府后街"还在,而"潞安府大街"的位置应该是现在的"昌盛一条街"。

明朝,潞安城中的造酒业已很发达,以"潞酒"为总称,各司其局的小酒作坊,类似于"永隆升"等这样名堂的酿酒者左左右右、一家挨一家、不计其数,这就形成了它特有的"酒局"模式,《礼》中所讲"左右有局,各司其局"。潞安城中的这些造酒手工业者,他们自己经营的产业不叫酒务、酒坊、酒市、酒户、酒家、酒铺,而恰恰是按"左右有局,各司其局"相沿革下来的"局"的模式称作"酒局"。如明弘治《潞州志》中管"税课"者称"税课局",另在明朝时的诸多笔记小说中见到称"酒局"的印证。

广告中的"自造鲜红碧绿潞酒"一句,说明是明朝产品。鲜红潞酒,主要原料是用潞安特产山楂果酿造;碧绿潞酒,主要原料是绿豆。这些"鲜红碧绿潞酒"只有明朝或这之前在潞安大量生产,之后,潞酒的品种以各类"白酒"见长。广告中提到的"鲜红碧绿潞酒"早已是故事里的事,酿造方式失传已两三百年。一句"鲜红碧绿潞酒"充分反映出只有在明末清初,潞安酒类产品才符合"鲜红碧绿潞酒"的时代特征。

清朝,潞州白酒更是兴盛,无论是酿造白酒的厂家,还是销售潞州白酒的零售店铺,都超过以往各朝,西街一带以"潞酒"为总称的酒铺买卖林林总总、屈指难数。当时的潞酒广告制作得也非常考究,词语耐人寻味。一枚潞安西街路南"吉升昶潞酒店"的"龙虎商标"广告读来不同一般。

窃以上党为产酒之地,自古驰名,远近皆知。本号为扩充营业起见,不惜重资,拣选上等材料,特聘名师,专造生白酵酒、红绿美酒、双料黄酒,气质清香,味美适口,以供各界诸君宴会应酬,馈赠亲朋等为无上之妙品。价格从廉,请诸君尝之方知言之不谬也,如蒙赐顾,务祈认明龙虎商标为证,庶不致误,本号主人谨启。

上世纪七十年代潞酒在市场销售的场景

实际上美味的潞酒质量,是胜过虔诚广告语句的有力法宝。有质优价廉的产品,最终,潞酒能够畅销不衰,靠的还是质量。

潞酒一醉已千年,飘香四溢数代尝。多少酿酒人书写过自己酒商的老字号、老地名、老方言、老广告?又有多少酿酒人知道自己潞酒的历史辉煌?让我们静静地去品味潞酒的甘甜、醇美和它的神奇故事吧。

166

五　万机织绸衣天下

　　明代,潞安的长治、高平、阳城一带生产的"潞绸"与苏、杭二州齐名。大家徐光启编写《农政全书》道出了丝绸"西北之机,潞最工"的感言。流传万历年间的名著《金瓶梅》的作者笑笑生不惜笔墨,全书从头到尾二十余处生动描写了百姓官吏"士庶皆为衣"的潞绸的各种用场。不知是万历皇帝读书后产生了对潞绸的爱慕感触?还是岁岁上贡朝廷的潞绸从万历的曾祖辈起就早已将皇帝的身躯暖了个舒坦?反正,万历年潞安上贡朝廷的潞绸是供不应求,这从山西巡抚吕坤领回朝廷"坐派山西潞绸"名细中即可看出一二。明朝的"坐派"叫得表面堂皇,其实就是奉万历皇帝御旨增派加工潞绸的织造任务。万历三年(1575 年)坐派 2840 匹,用银 19334 两;万历十年(1582 年)坐派 4730 匹,用银 24670 余两;万历十五年(1587 年)坐派 2430 匹,用银 13000 余两;万历十八年(1590 年)坐派 5000 匹,用银 28060 两。仅仅十五年的时间,潞安共计上贡万历皇帝潞绸15000 匹,用去的白银 80060 两。皇上形为风,百姓移为俗。如此多的潞绸上贡朝廷,百姓同样嗜好穿着潞绸为荣耀。年年监造潞绸的山西巡抚吕坤,这位 15 岁能诗,39 岁中进士,一生著书颇丰的地方官,茶余饭后歇息下来著写他的《去伪斋文集》时写道:"潞绸也,士庶皆得为衣。"明朝隆庆年进士、曾任山西按察使、时常穿用潞绸的大文人郭子章,一位饱学之士、高产作家、学富五车、才高八斗的人物在万历年编纂他的《圣门人物序》说道潞绸时感言颇深、挥毫疾书:"潞城机杼斗巧,织作纯丽,衣被天下。"

　　如果说为朝廷铸币、造陶土砂锅这样的事是在充分发挥潞安的地方资源特点而进行的话,那么万历数十年潞绸的上贡就不是如此简单了。山贫地瘠的潞安要织绸数万,却没有可供皇帝大量享乐的潞绸原料,织造丝绸的原料得靠去他省购进。《潞安府志》中就有了"丝线取给山东、河南、北直等处"

明嘉靖年织造的带有潞安绫坊巷墨书的潞绸

168

的记载。强烈的朝廷和市场的需求,潞绸生产最盛时,潞安、长治、高平府县城中13000余张织机在工作,从业机户"奚啻数千家",织机昼夜不停。不停的织机换回的是十倍利润,长治县令在他的《论物产》说道:"夫天下未有十利之事,观于潞绸信之。"万历年间,潞安年产潞绸在１０万匹以上。

为做好皇帝御赐的这笔买卖,从山西巡抚大人到潞安城里小小的机户,织造出的匹匹潞绸需经巡抚、布政司、通判、知府、知县、机户众多的监造人员层层把关,并在丝绸匹头画押为记,不得有丝毫差错。万历二十七年(1599年)潞安知府刘复初,因一时疏忽将上贡的潞绸织造尺寸搞错,"以贡筐降知府",遭到了连降两级官衔的惩罚,朝廷还下令典史官,将刘知府的事件记录志书,告诫后人。这并没有完事,朝廷又派出"织造内臣"赴各处督造催征。精美的物产滋养着明王朝的人们,生生不息。万历三十七年(1609年)潞安有户86234,人口379949,他们当中从事冶炼、铸造、烧窑、织绸、贩运者约在4万人以上,占总人口十分之一者以手工业、商业资本在创造利润,资本主义萌芽诞生。

由此,延伸出买卖潞绸相关商品的店铺在潞安城里比比皆是,从明末潞安南街绸缎店的一个老广告可窥见其风貌,广告是一家叫"义盛成"绸缎鞋帽发布的,透过内容可使买卖的顾客一目了然店铺所经营的特色商品:"本号今在潞府南街开设,自造式样绫缎布帽靴鞋,寿鞋寿帽具全,货真价实,请认发票为记。"我们通过广告的文字,清清楚楚明白潞安绸缎商人当时不仅仅只是简单地将一匹匹成品潞绸售出就完事,那样利润太低,他们总是千方百计用潞绸加工成鞋帽、衣裤、寿帽寿鞋等等五花八门的绸缎商品出售,从而提高潞安生产绸缎的利用率,最终目的是追求利润的大大增加。

绝非偶然,就在这方广告包裹之下,两幅古人睡觉枕头左右两端的"枕顶"丝绸被同时发现。两块丝绸未曾使用,外围黑色,内心明黄色,黑黄两色丝绸之间用三针一组的丝线绣结,大小均等,绣工精细。两幅丝绸长22厘米、宽23厘米;平纹组织;经密度90经线、60纬线/1厘米。两幅丝绸都有不同程度的霉烂、残缺和风化。

在这两幅丝绸上,古人用白描的表现手法进行绘画,同时墨书有文字内容。第一幅展现的是,在一处门庭里绘有四人,一妇人上身穿着"水田衣",这种上衣的特征是领口精绣一圈花饰;下身穿"月华绣裙",该裙的特征是十二

上党高平开化寺"织绸"壁画

条绣带从腰间直垂脚面;妇人右手指腹在对左旁的官人说些什么,庭堂台阶上的两位官人手提腰间玉带又在听着什么,三位官人朝服上的"补子"、头顶上的"乌纱"已亮明其显赫身份,右一官人朝服上的"补子"我们可清楚地看到刺绣的"锦鸡"内容,这说明他为二品大员。"乌纱"即"幞头",裹头用的丝绸巾子,以漆纱做成,两边展角,展角越长官职越大,从唐朝兴起,历代沿用到明朝,是官位的象征,也叫"乌纱帽"。在这幅丝绸作品中,特别珍贵的是,除了古人的绘画技巧娴熟、构图疏密得当、纹饰精美、用笔巧夺天工之外,给我们还留下了极为难得的文字考古资料。该图的右上角墨书有"大明嘉靖□□□□",后几字无法确认;左下角墨书有"潞安绫坊衔(巷)"。"潞安"即现在的长治市,大明嘉靖八年(1529年)朝廷升潞州为潞安府,始有"潞安"之称。这也就是说此幅丝绸作品的确切生产年代应该在大明嘉靖八年(1529年)之后。"绫坊巷"如今在长治市的地名中已不存在,翻阅明弘治版(1488–1505)《潞州志》有载:"演武巷、锦坊巷、绫坊巷……为城中十八巷。"从史志中可看出,明朝弘治年之前"绫坊巷"已有,从字面内容分析绫坊巷似乎与织造丝绸有关,该巷称谓何时消亡已不可考。另一幅丝绸的绘画内容展示的是,一妇人头戴凤冠、身着诰命朝服、怀抱一婴儿座居大庭中央;庭堂门外,左右两旁,两位官员头戴乌纱帽、身着朝服、手持朝板,妇人前面的又一位官员头戴乌纱帽,身着朝服成躬身形态,手持"文诰"似乎在宣读着什么。

明朝初年,朱元璋在各地实行驻藩制,明永乐六年(1408年)其二十一子朱模驻藩潞州,为沈王,子孙世袭数代。以上丝绸中绘画内容是否沈王家中故事?不得而知。但可以肯定的是,丝绸中绘画内容绝非贫民

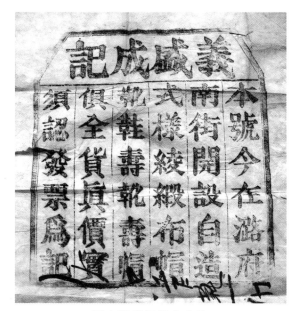

明末潞州绸缎庄广告

清代官服上的潞绸补子

百姓,豪华、考究的庭堂也非平民可居;潞安城中身居二品的官员能有几位?能戴上凤冠、穿着诰命朝服的女子潞安城中又有几位呢?丝绸中绘画内容到底要说明什么?一幅绸缎"枕顶"为何下如此功夫墨书绘画、而又没有舍得去使用?反而包裹整齐秘藏民居张家花园墙壁夹层数百年,不为后人所知?两方潞绸遗物上所有这些人文密码,如何破译?在旧城改造拆除工地老宅院时,最终有幸触摸到明代潞绸产品的是一位"拆房建屋"的民工大哥。

潞绸之美,潞绸之丽,不只是发生在潞安民间的这些潞绸故事,这样地喜爱潞绸;细细阅读、品味潞绸的往事,历史上确实再没有哪一位皇帝像万历这样对潞绸痴迷、像对恋人那般地情有独钟。他执政皇权 48 年,坐派潞绸半个世纪,潞安年年织绸,百姓岁岁上贡。仅他一人用去了多少潞绸?用"不计其数"做答案,万历皇帝当之无愧。就在公元 1620 年万历就要架鹤西去的那一瞬间,这位当了一辈子万乘之尊的万历皇帝弥留之际,始终也没有将他享用了一世的潞绸忘记,大殓内的万历一手摁下的是十二个五十两的黄金大锭,另一手托上的是来自山西潞安的六十四匹丝绸。当338 年之后的时光之箭穿梭进入公元 1958 年的时候,由中国科学院郭沫若院长亲自主持的明朝《定陵》开始发掘,就在考古人员徐徐打开万历棺椁的那一时刻,他的陵寝不再寂静,皇帝身边一匹匹精美艳丽的潞绸再次向全世界昭示出了它"衣天下"的辉煌和灿烂。

六　几度潞绸下西洋

明季,潞绸年年织造,岁岁上贡。朝廷官宦在穿戴,世间百姓也在使用,所以就有了潞绸"士庶皆得为衣"的说法。潞绸供应不只在泱泱之中国,她曾无数次漂洋过海,数度下到西洋番国,夷人长期以来所称的"丝绸人"(silk peopie),自然包括了"西北织机,潞最工"的长治、高平、潞州的大量丝绸工匠们。

中国美丽的丝绸出口到西洋诸国大致有三条途径,一是从明朝初年的洪武皇帝就定下了朝廷用丝绸来对外赏赐的旧制,二是从永乐朝开始的郑和七下西洋带出的大量丝绸和瓷器。这第三条路径大概就要算是很早以来从未停息过驼铃声的古老"丝绸之路"了。

明朝《太祖实录》是记录洪武朝的百科全书,从明洪武朝定下来的丝绸赏赐老规矩中我们发现了这样的文书,"命工部制文绮细帛衣二千袭,以备赏赐","诏工部罢天下有司岁织缎匹,凡有赏赉,借给绢帛"。随后的大明朝《英宗实录》也记载道:"洪武、永乐间,各处府县岁贡彩缎,工部验中,方送内库,且无贿嘱及包揽之弊,故皆精密鲜明,足称朝廷赏赐,亦不虚费百姓财力。"朝廷的文本大典,字里行间不是"赏赐"就是"赏赉",总之,人们从中看出了这样的一条丝绸产、供、销的作业流程图,"匠人织绸、地方上贡、朝廷赏赐"。仅仅是明朝《明实录》里相关赐丝绸的记载,从洪武到永乐皇帝"赏赐"各国番使的事例就多达万余次,如"洪武五年九月,赐占诚阿达阿者文绮纱罗四十匹","永乐三年冬十月,赐老挝来朝人等钞五百五十锭,绮帛三十六匹","永乐九年九月,赐满剌加国钞四十万贯、锦绮纱罗三百匹、绢千匹","永乐十五年八月,赐苏禄国罗锦文绮二百匹、绢三百匹、纱一万锭","永乐二十二年四月,满剌加国王回国,赐宴于玄武门,赐钞三万二千二百七锭、锦六段、彩缎五十百表、纱罗二十二匹、绫四十六匹、绢五百三十六匹、绵面三

倡导下西洋的永乐皇帝

百九十二匹"，如此等等，什么锡兰山国，什么琉球国，什么占城国，只要有使臣朝贺，得到的总是一匹匹美不胜收的丝绸。永乐元年（1403 年）至三年（1405 年），在帖木儿帝国的都城撒马尔罕主持大使工作的克拉维约（clavijo）得到一批美丽的中国丝绸时，在其回忆录中情不至禁地这样写道："最好的商品特别是丝绸、缎子、麝香、珍珠是从中国运到撒马尔罕的。据说中国人是世界上技艺最高超的工人，中国主要的城市大都北京距撒马尔罕有六个月的路程，其中有两个月要经过空旷的草原。在我任大使期间，有八百骆驼满载货物从大都来到撒马尔罕。"

大明永乐一朝，使臣、正统兵郑和从永乐三年（1405 年）到宣德五年（1430 年），二十余年间曾七下西洋，百余艘大船、两万七千多人的船队，一船船的瓷器、一匹匹的丝绸，与爪哇、苏门答腊、马六甲、婆罗洲等三十余国进行互惠贸易，他又带出国界多少潞绸？不要说朝廷的反对派后来将郑和的下海日记、海图、账册等众多的珍贵资料全部烧毁，即便是没有焚毁，如此大规模的六七次世界商贸行动，恐怕要说清楚船上承载的"潞绸"具体数目，也还需专门作为课题进行探究了。倒是英国人吴方斯（frances wood）在其《丝绸之路 2000 年》中将郑和当年下西洋时，一只描绘有中国明朝时织绸工匠生产丝绸的场景彩瓷瓶保留在了他的资料中，栩栩如生的画面，可让后人一睹五百年前织绸人的风采，缕缕丝线投过工匠们的汗水，编织成一匹匹绮丽无比的锦绣。

这一阶段的山西潞安府产织丝绸的盛况，让我们翻阅一下历史再作了解，潞州桑丝的种植情况是"洪武初潞州六县桑八万余株，至弘治时九万株有余，嘉靖年桑丝折绢二百八十匹"。鸟瞰整个一座潞安城包括高平、长治周围几县的两三万丝绸匠人日夜为朝廷生产织造。"明季，长治高平潞州卫三处共有绸机一万三千余张，十年一派，造绸四千九百七十匹，分三次运，九年解完。"静耳再听潞安城,大街小巷"匠户轮换,不分昼夜,登机鸣杼",一片的丝绸织造声,声声不息。而时任山西巡抚吕坤大人此时又快马从朝廷领回"坐派山西的潞绸"名细,任务之重、耗银之巨更让人触目惊心。"坐派"就是奉万历皇帝御旨增派的潞绸。要全部统计出大明朝二百余年潞绸之上贡数据,恐不是这一段文字和这几页稿纸所能计算清楚的事。

　　众多上贡朝廷的潞绸出了国门,下到了西洋,惠泽了各国番夷。看看每年都在监造织绸的潞安知府大人就"潞绸出口"是如何记载的吧,监造织绸的当事人周再勋这位潞安知府在编写《潞安府志》时,将大明一朝潞绸丰盈的盛况、出口番夷的事实情不自禁地书于笔端:"绸,在昔殷盛时,其登机鸣杼者,奚地奡数千家,彼时物力全盛,海内殷富,贡篚互市外,舟车辐辏者转输于省直,流衍于外夷,号利薮。"最清楚不过的笔墨,周大人寥寥几笔帮我

明永乐年间大明宝船下西洋

明朝丝绸、瓷器下西洋后,收藏在(英)吴芳斯资料里绘有"织绸场景"的官用瓷器

们一下就点明了潞绸不仅仅是"转输于省直",而且大量"流衍于外夷",获利丰厚。数百年后,近人王毓铨主编《中国经济史》时同样写道:"山西潞安府是当时北方的丝织业中心,产品潞绸驰名全国,早已是优质的贡品,直输京师,还是与国外互市之主要物件。"

五百年前的潞绸,不论是作为皇帝对外夷的"赏赐"也好,还是郑和下西洋的交易,还是通过古老的"丝绸之路"留下其足迹也罢。总之,潞绸的存在早已超出时空、早已超出国界、早已超出其商品的价值。它作为沟通中国与海外各番夷的商品纽带,所产生的国际影响是深远而广泛的,她在人类发展史、商业史、对外贸易史上,书写下的是辉煌和精彩的华章。

七　潞商金锭缴税忙

　　历史自有商人以来,买卖人在自己赚钱的同时,他们的角色似乎就是朝廷身上的"口袋",朝廷、官宦随时用钱可随时来掏。商品经济社会只要存在,这个法则多少朝代好像就没有改变。不知何时,古代文人觉得朝廷这样直接去掏商人口袋行为过于直白,他们就创造了"税"这个高雅的朝廷动作,那就是将丰收后的庄稼"禾"拿来上贡朝廷"兑"现。

　　明初洪武年的潞州也确实富足。潞州领六县9.6万户,6 4 万人口,耕

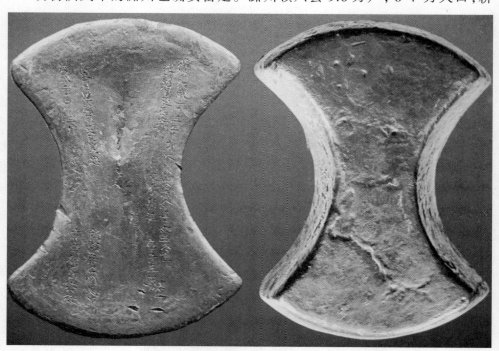

明洪武潞州上缴秋粮税的五十两金锭

地面积 41.6 万顷，百姓在田间地头劳作的同时，这块古老土地上百姓劳动的对象已不只是"春种秋收"，劳动的对象方式慢慢出现质的变化，挖矿、采煤、冶铁、酿酒、织绸、烧瓷、贩运等手工业开始发达，繁荣的手工业占去大量的劳动力，这些行当的从业者在潞州每年约七八万人左右。农业与手工业出现明显的大分工，萌芽的资本市场利润突显，"商十倍于吏，吏十倍于农"；"铁匠动动手，养活十几口"；"夫见潞绸有十倍之利"。且不说从事这些行当的潞商自己赚了多少银子，单单从潞商各行当特别是种田的农夫上缴朝廷的税收，足以让人惊呼！叹呼！

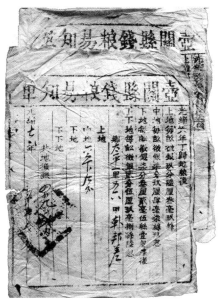

清朝壶关县上缴钱粮的单据

　　明朝洪武初年潞州上缴朝廷的夏麦税 5.8 万石，秋粮税 22.4 万石。到洪武二十三年（1390 年）的秋粮税，潞商开始用"现金"折合秋粮这种兑现的方式给住藩晋府的朝廷上税。全国别的州府都以秋粮实物上缴朝廷，而富足的潞州商人此时有十分之一的劳动力从田间地头游离到采煤、冶炼、烧瓷、织绸、贩运等行业，或者说他们从来就是种地和经商两兼顾，手头赚回了白花花的银两，但田间地头的秋粮反而不足上缴朝廷。商品经济的繁荣，资本的萌发，劳力从田间的游离，便导致潞商有大量现金，而无充足秋粮上缴的社会经济新情况。潞州的秋粮税只好折合成一枚枚的"五十两金锭"孝敬朝廷了。

　　"潞州五十两金锭"上面的文字述说了那段潞商富足的历史轨迹。"潞州洪武二十三年折收秋粮，赤金五十两五钱重，提调官吏冯禹，司吏李朝梃，库子王士成，长史司、鉴销司吏马九思。洪武二十四年九月日进，颜验银匠阎思中，煮辟银匠赵公敏。"金锭实物所反映出的潞州商品经济走向是，洪武二十三年（1390 年）折收的秋粮税，在洪武二十四年九月（1391 年）潞州商人用一枚枚的金锭完成了上缴朝廷的税收任务。

时间到了明万历年间,辅政大臣张居正的"一条鞭法",不无借鉴了潞州的此种变徭役、秋粮折合现金孝敬朝廷的缴税方法,直接了当,方便易行,在全国推行。"税金"两字由此而诞生后,朝廷对商人的情感似乎倍加"亲切"起来。商人经商到那里,朝廷就追随你到那里,看看万历二十八年(1600年)户部尚书陈蕖对皇帝的一段奏折就可明白:"言利小人奏收商税,一到地方狼吞虎咽,截索等于掠夺,搜刮甚于抄封,商旅裹足,民心思乱。"再看万历三十一年(1603年)山西巡按汪以时的参奏:"税监孙朝擅于右岭关等处抽税,课及薪米,殃及鸡犬,包四万五千之额,解而不抽。悖旨虐民,莫此为甚。"反正,明朝的商人是朝廷的口袋,银子随时用随时掏。

从明万历朝廷"变秋粮征银"开始,一直到清末,朝廷定下的老规矩还在照例征收不误。拿潞安府壶关县太平里九十六甲的韩邦差来说,在光绪六年(1880年)"丁归地粮役"的"钱粮税"内容规定:"上地每亩征银九分六厘三毫九丝;中地每亩征银七分九厘四毫七丝;下地每亩征银七分三厘二毫五丝;下下地每亩征银二分五厘九毫八丝。"到光绪十六年(1890年)时,韩邦差有中地六分、下地九分,朝廷政府共征缴他的秋粮银两四两九钱二分。这份清光绪《壶关县钱粮易知单》韩家一代代相传至今。

一份份的《钱粮易知单》,一枚枚的潞州上缴秋粮税五十两金锭,如今它们早已远离喧嚣的社会赋税,远离来来往往的货币经济大舞台,静静地在汾河岸边的省博物馆里昭示着潞商富裕的足迹,然而当年上缴税金的一个个潞商今又在何方?又能述说些什么?早已化作泥土的明代潞商们此时正用他们宝贵的遗存书写出一页页的潞商赚钱缴税的历史。

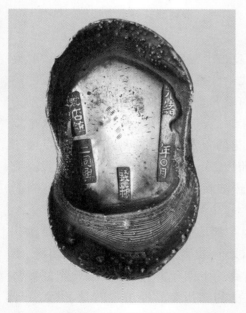

清末潞商上缴朝廷的"钱粮"税银五十两银锭

八　"堆锦"捧回国际奖

　　长治县县长和潞商堆锦艺人李模在青岛的海港码头已足足等待了两天,海风迎面,吹拂着澎湃的心情。他们等待着由大洋彼岸巴拿马驶来的客轮也最终迎面而来。这一天,恰恰是"长治堆锦"艺术品"梅兰竹菊"在 1915 年第一届巴拿马国际博览会上获银奖的整整 30 天后。此时此刻,面对着碧蓝的大海, 手捧着国际大奖的李模老艺人早已将澎湃的思绪拉回到古老而悠远的"长治堆锦"创作的历史长河典故之中。

　　堆锦,也称堆花。其在长治的历史久远,相传,早在我国唐朝时已有堆锦艺术品的出现,这与上党地区久远的种桑织丝有着渊源的联系。因堆锦的主要原料就是丝绸,是丝绸经过"上色、飞边、絮棉、压捻、叠褶、粘贴"等数道工艺而形成人物、花鸟、美景的浮雕艺术品,享有立体中国画的美誉。特别是在我国明朝,朝廷的需求,上贡潞绸的兴盛,万台织绸机昼夜的织造,也给潞州"绫罗绸缎"附属加工业和延伸产品"堆锦"带来了空前的发展环境。这时期长治的堆锦产品存世罕珍, 我们发现和收藏到的有"福贵吉祥"、"事事顺畅"、"春夏秋冬" 等等寓意吉祥的堆锦作品。清朝长治的堆锦作坊约十余处, 多集中在潞安城南部的绫坊巷、炉坊巷四周, 尤以李家堆锦名声远扬。

　　李家堆锦的出名,源于李家幸运、聪慧的传承人李模。清同治七年(1868 年)李模出身于长治城里炉坊巷,从小聪颖,受艺

著名堆锦艺人李时忠先生

于父辈学习堆花,"门里出身、自会三分",十多岁时就善琢磨、勤思考,表现出超人的堆花天才和本领。李模中期创作的堆锦作品较前辈推陈革新,特别是对丝绸用料有大胆的扬弃,打破堆锦完全依赖丝绸的惯例,发扬和光大了中药"通草"在堆锦中的应用,使完全依赖丝绸进行创作的堆锦,一改旧貌,作品的审美、观赏及寿命都大大提高,官吏百姓喜闻乐见。李家创作的堆锦作品特点,一是"通草"较丝绸柔和、雅观,更逼近人物的皮肤质感,进行人物造型的创作,尤其是肖像的制作,效果大大超过先前;二是"通草"自身具反腐力,天然中草药在堆锦里镶嵌,避免生虫,延长了作品的收藏寿命;1915年获国际大奖后,长治以李家为代表的堆锦作品名扬四方,其有影响的堆锦作品主要有,1928年至1929年为南京国民政府政要堆塑多幅肖像,1930年至1932年赴太原为都督府阎锡山创作堆锦作品,1933年为潞安城里的荷兰、英国等传教士堆制多幅教皇、神父的肖像作品。

青出于蓝而胜于蓝。就在李模的堆锦创作进入高潮的清光绪十五年(1889年)时,李模儿子李时忠在炉坊巷李家老宅出世,又是一次的父传子

长治收藏到的明末堆锦作品"吉祥富贵"

承过程，父辈手把手地教，儿子专心致志地学，25 岁时的李时忠，在 1915 年巴拿马的获奖作品创作过程中，也融入有他的堆锦创作手艺。由此，李时忠传承父业，作品精巧美观、细致鲜艳。上世纪三十年代，他们的作品主要是用来为潞安地

**1915 年长治堆锦获得的
巴拿马国际博览会奖章**

区的富商豪贾祝寿、娶亲、贺喜及送礼使用。李模1934 年病故，时年66 岁。1945 年长治解放后，以李时忠为代表的堆锦艺人们组织了合作社，随后，手工业者和堆锦艺人又加入手工业生产社，1954 年，此时的李时忠作为

长治市的政协委员、油漆裱糊工艺生产合作社的社员，带领 4 人组成一个堆锦小组，专做堆锦作品，几年当中堆锦作品层出不群，影响深远。在国际方面，代表作品有赴朝鲜慰问团赠给金日成的"雄鹰展翅"，有为本市国营三四二工厂赠送苏联专家多幅"世界和平"、"友谊长青"等堆锦；1958 年在前苏联领导人访华期间，长治的"和平与友谊"堆锦作品赠与赫鲁晓夫；1960 年李时忠与族弟李时俊受聘到北京人民大会堂，耗时数月，制作大型堆锦作品"杏花村"，参加山西厅的设计装帧工作。这期间长治堆锦作品还曾参加《中华全国美术展》、《江西山西两省手工业产品展》。第一届广交会召开时，长治堆锦作品作为出口特产在国际间交易。1961 年 10 月堆锦作品受到国际友好联邦阿尔巴尼亚代表团的观摩赞扬。上世纪六十年代后期，长治堆锦作品的创作思路是"打倒一切封、资、修"，"思想领先，政治挂帅"。主题以毛泽东主席的各种生活、工作场景为创作素材，堆制出了无数个质量上乘、形象逼真、制作精湛的领袖题材作品，诸如"葵花朵朵向太阳"、"永远忠于毛主席"、"人民爱戴毛主席"、"红彤彤太阳永不落"、"毛主席去安源"、"情深似海毛主席"等等。这些作品无不包含着以老艺人李时忠为代表的长治堆锦在新形势下的一些创作思想、创作手法。1967 年李时忠在长治病故，时年 77 岁。

长治堆锦，作为艺术品同时又是商品，其产品价格一向以"物美价廉"著

清末长治堆锦"富贵锦鸡"

称于世,广为百姓喜闻乐见。但是,价值与价格倒置时,问题就出现了。我们翻阅到"长治市五星油漆厂"1958 年 9 月 12 日的一份珍贵的档案资料,可见到当时一幅幅精美的堆锦作品创造诞生后,在市场上销售的价格情况。"秦香莲一片售价 170 元,八仙过海一片 100 元,歌唱和平一片 45 元,八仙两片 50 元,世界和平三片 30 元,鹭鸶戏莲两片 30 元,各种花卉 12 片 30 元,三星图两片 35 元,新堆花四片 12 元,小堆花品一片 8 元",这份档案同时记载了"五星油漆厂从 1955 年到 1957 年共堆花 64 片,三年来共销售 33 片,洋 1006 元,现存堆花 29 片,洋 837.56 元,赠送堆花 2 片洋 65 元,共出三人工资 2042 元,堆花原料 158 元,现存原料 36 元,一切除尽剩洋 255.35 元。"资料显示,一个堆锦厂在三年时间当中仅仅只有 64 片的产量,平均一年只能堆出 20 多片,这些说明了什么?

　　作为艺术品的长治堆锦,首先肯定的是,它是一项耗资、耗时、耗力、耗工的艺术创作过程,制作难度极大,不是人人可做的简单产品和商品,精湛、高超的手艺是其必须具备的条件;另一方面反映出的是,堆锦出现在商品市场后,其价格二三十元,价格低廉得如此惊人,老艺人三年"三人工资 2042元",一人三年平均工资 980 元,创作激情从何而来?堆锦产品的厂家又如何用如此低价格的产品去维持生产和艺人的生活?不得不承认,严酷的市场行情,长期制约着长治维锦艺术品的兴盛发展道路。之后,出现的情况是堆锦作品只好逐年锐减,以致原本只有两三家的长治堆锦制作厂停产关闭。

以往对长治堆锦的历史研究中,只知堆锦如何地精美,如何地绝妙,哪里知道一幅堆锦作品经过艰辛的创作之后,换回的是如此微薄的利益,如此凄凉的市场。档案资料的发现,告知人们一段鲜为人知的长治堆锦不能兴盛的原因所在,值得深思。

近日,获悉长治堆锦正在积极申请联合国非物质文化遗产,这是长治人的进步、长治人的大事,衷心期盼今后更多的人了解堆锦、认识堆锦、喜爱堆锦。让长治堆锦"堆"出新思路、"堆"出新画卷、"堆"出新辉煌,让长治堆锦前程似锦。

九　上党蛋粉撼地球

　　一只重不足 50 克的鸡蛋,是"战争"这个支点,在第一次世界大战期间,让小鸡蛋撼动了地球。战火燃烧、硝烟弥漫中,地球上骤然间短缺了供应、短缺了粮食、短缺了奶粉、更短缺了人们生存的信心。太行山间,一唱雄鸡天下白,上党地区的打蛋产业制造的"蛋粉"直接出口欧洲,呼唤了饥饿的肚子、呼唤了创伤的战士、呼唤了生活的希望、更为潞商呼唤回了大把大把的银子!

　　上党,一处很了不起的小地方,就连她的地壳都有几处很特别的地方,特别就特别在她是用方圆几丈深的鸡蛋壳厚厚堆积而成,茫茫一片白色,动

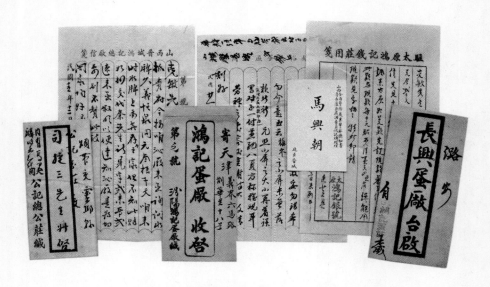

潞州打蛋商人寄往天津口岸的商业信函

手向下挖掘三天都难见到黄土的影子。潞安南大街的"同益厚"、西大街的"长兴"、壶关固村的"德义"、沁县的"长兴"、晋城的"鸿记"、"益兴"、"裕民"等等数十处打蛋厂，都是用蛋壳铺下的基业，用鸡蛋打出的天下。

第一次世界大战期间，欧洲战场的炮火尚在嘶鸣，惨烈的火焰摧毁了大量的农田，交战各国粮食遭到毁灭性的打击，战事紧张，导致数百万的军队和平民食品供应严重短缺。协约国纷纷到未受战争侵扰的地方寻求粮食和食品，美国的面粉、丹麦的糙米、中国的蛋粉很快被吸干库存，整个地球出现饥荒。1916 年，天津口岸出口"蛋粉"的价格直线飙升，每百斤竟涨至一千

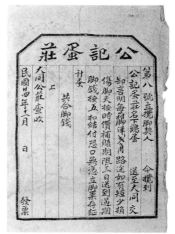

脚夫与上党打蛋厂签订
的运输合同

银元左右。然而，形成强烈价格反差的是在山西上党地区，用于生产蛋粉的原料鸡蛋，城里每个仅卖制钱二文，乡村每个鸡蛋即使卖制钱一文也不易售出。当时，长治北石槽村长期在外跑生意的兰修武将这一重大商机告知长治

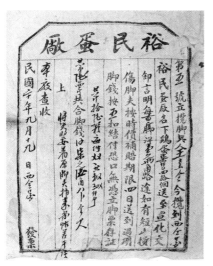

裕民蛋厂签订的运输合同

师范学校当教员的亲戚裴宝堂，得到这个信息，兰、裴二人认为开设蛋厂是个一本万利之举。裴便向贾书农提出合伙开设蛋厂的建议。贾书农是阎锡山省府秘书长贾景德的叔父，而贾景德又有担任秘书长在政界上的势力。贾书农曾担任过潞安上党书院山长，与裴宝堂有师生之谊，贾景德与裴宝堂系山西大学堂同学，又曾一同留洋日本。贾景德于民国二年竞选山西省议会议长时，裴出力不小。贾任晋北观察使时，委任裴为第一科科长。裴与二贾叔侄之间关系素极深厚，所以提出开设蛋厂之事，贾家叔侄慨然应允，托裴全权处理。裴宝堂立即辞去师范教员之职，在长治城内

南街路西觅妥地址，招收工人近百名，引进一架人力绞黄机和烤黄炉，兴工办厂。蛋厂很快便宣告成立，挂牌取名"同益厚"，成为上党第一家蛋厂。

长治新型蛋厂成立后，同益厚即在上党各县大张旗鼓地收购鸡蛋，在潞安城里以银币一元收购鸡蛋六百个。当时一块银币换制钱一千二百文，到乡下能购鸡蛋一千多个。一进一出，单单同益厚分庄收购鸡蛋一事，精明计算，利润收入就不菲。蛋厂里的六七十名妇女操作主要靠手工打蛋，实行工资管饭制度，劳动十小时能挣到二百至三百文钱。利润的驱动，蛋厂昼夜机器轰鸣，生产出第一批蛋粉后，运至天津，获利达百倍。初试告捷，雄心大振，裴家便扩充厂址，增加人员设备，扩大生产规模，以获取更大利润。果然，首期结账，同益厚蛋厂就获利达数万。战争带来机遇，利润推进发展，蛋厂规模越来越大，资本积累越来越多，很快成为上党巨富。同益厚蛋厂的兴起，不仅使裴、兰两家赚足了大把大把的银子，而且也使裴本人有了进身政界的"资本"。1919 年，裴宝堂凭着经济上的实力以及他与贾景德的特殊关系，又竞选国会议员成功，当上了徐世昌的议会议员。同益厚蛋厂的成功，如同无声的号令，吸引和刺激了上党打蛋业的迅猛发展，一时间，上党地区的蛋厂如雨后春笋一般，相继开设。晋城鸿记洋

解放初长治区沁县蛋厂徽章

货庄的马兴朝开设鸿记蛋厂，并设分厂"长兴"于潞安西街、沁县城关和长子鲍店镇；长治师范学监李玉树与兴业钱局驻津办事员康承庭开设德和蛋厂于长子；同益厚筹设分厂于沁水，邱仰浚开设义和蛋厂于沁县，秦铺虞开设德记蛋厂于壶关。其它各县如陵川、沁水、高平、黎城、屯留、襄垣、武乡、榆社、辽县等，也多由各县绅商组织起打蛋厂。1928 年前后，上党打蛋厂和鸡蛋收购庄大大小小竟发展到百余家。据资料统计，每日由上党各打蛋厂运往天津港口的"蛋粉"百余吨，整个欧洲战场的"蛋粉"供应，上党的产品占到总量的 80% 左右。特别是晋城"鸿记"蛋厂的总经理马兴朝是精明之人，商界的佼佼者，打蛋厂赚钱后，迅速扩张，扩大规模，在上党打蛋界克敌致胜，后来者居上，崭露上党打蛋业头角，几个超凡的经营方略可圈可点，使潞商为之

骄傲。一是直接打通与欧洲的国际贸易渠道,在天津租界六马路荆华里十八号设立"鸿记欧洲销售部",出产的蛋粉直接运往天津港口,取消层层盘剥的中间环节;二是为使资金周转方便快捷,在省城太原活牛市街设立"鸿记银号",直接处理来自欧洲至天津至太原的款项;三是回避同行间收购鸡蛋的恶意竞争,百余家的蛋庄都在上党的十几县收购鸡蛋,定然导致求大于供,鸿记另辟蹊径,将收购鸡蛋的步伐迈向了全山西及周边河南、河北等地这一更大范围内。仅民国二十六年五月九日这一天鸿记收蛋的价目表资料显示,共有"大同庄、阳高庄、天镇庄、应县庄、神头庄、浑源庄、平鲁庄、繁峙庄、右玉庄、下关庄、大营庄"等 34 个鸡蛋收购庄在为"鸿记"收购鸡蛋。晋北、晋中各县收来的鸡蛋,距上党路途遥远,为避免损失,马兴朝便在大同、柳林、榆次、丰镇等地县设立"鸿记蛋厂"分庄,进行"蛋粉"的直接加工生产,大大增强了蛋粉的质量产量;四是招募大量的廉价贫民脚夫三百余人直接运输鸡蛋和蛋粉,最大限度降低产品运输成本。从鸿记的分庄"裕民蛋厂"与脚夫王喜金的一份合同中就可看出运输的脚费是很低廉的:"裕民蛋厂,第五号,立揽脚契人王喜金,今揽到西全营裕民蛋厂名下鸡蛋七千零四十个,送至宣化交卸,言明每百斤脚洋壹元两角,路途如有短少损伤,脚夫按时价补陪,期限四日送到,过期脚钱按扣结付。空口无凭,立票存证,共计十陆箱,共陆百四十斤,共合脚钱柒元五角八分,本厂查收,民国二十年九月十九日西全营发票。"

随着欧战的结束,上党打蛋业的黄金时机已经过去,天津蛋业出口基地渐见衰退,而长治乃至整个上党地区,也由于蛋厂的增多,鸡蛋价格由每元二百个陆续涨至每元仅收四十个。迫使各家蛋厂产量缩小,关键的是原料成本大增,利润不断下降。1930 年,阎、冯倒蒋失败后,阎锡山去往大连,晋钞贬值,一两年内使得上党的蛋业生产一落千丈,各家蛋厂萎缩停业,以致纷纷倒闭。但晋城"鸿记"、潞安"同益厚"两家资金实力雄厚者,力排众难坚持了下来。这是因为晋城的"鸿记"蛋厂总经理马兴朝时任山西全省警务处兼警察厅秘书和清查盗匪处调查员,有头脑、有背景、有根基、认人多、路子广,投靠在山西实业厅马俊厅长的门下,仅仅在全山西各地的"鸿记"蛋厂和分庄就有三十余处,而且,通过天津口岸直接与欧洲商团进行买卖,做的是国际贸易;潞安城里的"同益厚"蛋厂董事长裴宝堂早在上党蛋业兴起之初,利

同益厚蛋厂董事长在潞安西街的
"潞阳春"茶食店广告

用其议会议员、山西盐务总局局长、天津造币总厂厂长等特殊身份,用打蛋厂赚取的巨额利润,在长治城内不断扩充资本,开设有集昌祥银号、义长顺绸缎庄、潞阳春茶食店铺,并以同益厚为主要股东,召集其它零股,接办了长治、晋城、高平、长子各县的官盐店,另外还有钱庄、当铺、布庄、纸店和洋货铺十多处。经营的买卖生意几乎涉足上党地区的各行业,风吹草动是不会影响"同益厚"买卖的。

所以,上党打蛋业的衰落,并没有在经济上造成"鸿记"、"同益厚"的多大损失。世局的变换,商界的风风雨雨,虽欧战结束,但二战又起,国内国际上的"蛋粉"供应需求始终未曾中断,晋城的"鸿记"后由司克敏负责经营,长治的"同益厚"打蛋厂一直由北石槽村的兰修武总经理经营到长治解放。上世纪五十年代,上党地区的城镇打蛋业逐步缩产停业,转产为食品加工厂。沁县蛋厂进行公私合营,资产重组,成立了"山西省长治区沁县蛋厂",继续生产至六十年代初。随着世界新型"奶粉"业的诞生和不断深入,叱咤世界食品市场、经营半个多世纪的上党打蛋业最终退出了历史的舞台。

十 潞麻一熟天下贱

在上党这块古老的地方,很久很久以来,人们一提到"大麻"这种农作物,自然而然地就联系到它在潞州的非凡历史。由于"潞州大麻"在上党的种植历史久、范围大、产量高、利用广、影响深,因此而得名的"潞麻"似乎就成为自古以来潞州所特别拥有的物产,有上党"特别物种"之美称。潞麻年景的好坏似乎也直接关系着天下大麻产量的好坏,一年当中只要潞麻丰收了,各地的麻皮使用就不用发愁了。故此,"潞麻一熟天下贱"成为潞商嘴里的一句谚语,传唱千年不衰。

人类至少在唐朝之前、以至更早的时间就发现了"大麻",并利用其产生

上世纪五十年代潞麻在上党收获的场景

191

上世纪四十年代制造"麻纸"的匠人

的柔韧纤维为自己服务。唐朝时的农业专家韩鄂纂写的《四时纂要》一书中说道人们如何"种大麻"、"辨麻种"、"沤大麻"、"防虫害"等等有关大麻的历史。他总结了前人经验，明确种麻的最佳时机："夏至前十日为上时，夏至日为中时，后十日为下时。熟耕地七遍以上，生则无叶。良田一亩用子三升，薄田二升。麦黄时种，亦良候也。""麻生数日，常驱雀，叶青即止，布叶而锄。"麻地里插"稻草人"驱"麻雀"之农俗也源于此。麻成熟后，如何取得麻皮？韩鄂老先生讲道"沤麻"最关键，"夏至后二十日沤麻，水欲清。水少则麻脆，浸生则难剥，过烂则不任持，唯在恰好。得温泉而沤者，最为柔韧。"由《四时纂要》一书记载大麻的内容看来，一千五百余年前的唐人对大麻已如此熟习，那么，唐人在大麻的利用和使用上的历史同样也不会很短。为了提醒麻农按时令种麻，在《泽州府志》里古人特意收录了民间传唱许久的《儿归行》："儿归儿不归，年年三月种麻时，此声烦且悲。"在上党麻乡每逢暮春时节，总能听到杜鹃鸟飞来飞去"种麻种谷"的鸣唱。

《潞安府志》载：潞州当地农民"勤农织之事，业寡桑柘，而富麻苎"。长子、陵川、长治县的高河、韩店、苏店几处麻区的种麻经验极其丰富，每年从种前的深耕、培土；种后的间苗、灌溉都有讲究，收割后的沤麻、晒麻掌握的火候富有经验。"多喝一盅酒，沤坏一池麻"，"闲扯几句话，麻池沤坏麻"，"用心沤麻，有吃有花"，"种麻一季难得晒麻一日"，都是麻农常年的经验积累。鉴于大麻对于人类的贡献，上党地区很古就有"荐麻祭祖"的习俗。《潞安府志》"风俗物产"一篇记载道："中元节，荐麻谷于先祖，以诸帛制为寒衣，焚化之或修斋诵经，曰追荐造面羊，以馈女氏。"相传，夏代时，人类对麻有了初步认识，并开始剥麻皮，合股制绳，用于日常劳作中的生产和生活。随后，又用麻皮织布制衣，以代替兽皮。看来用大麻祭祖的意义主要在于先祖发现使用"麻皮"制寒衣取代了人身上的"兽皮"。

　　潞麻在当地也叫线麻，学名大麻。一般的麻苗是雌雄花蕊同株，而潞州大麻则雌雄不同株。雄株不结籽，约一百天成熟，剥皮早，俗称夏麻。雌株结籽，成熟晚，剥皮晚，俗称秋麻。雄株、雌株潞麻若一齐收割、剥皮，那么就统称夏麻。潞麻有其五大特点，一是色泽好、无瑕疵斑驳、洁白光亮；二是质地柔软、无蓬刺；三是纤维细长；四是性韧耐挫折、拉力强；五是皮薄、通条均匀、根梢差率及小。正是由于潞麻有以上优良的特性，很早时当地百姓常常用来搓成细线，合成股线使用，故此"线麻"就得名于此。

　　用大麻制造麻纸发生在唐朝，宋朝书法大家米芾在一次说到他用的麻纸时，这样讲了麻纸的来龙去脉："唐人浆硾六合慢麻纸，写经明透，年岁久远，入水不濡。"这是最早记录麻纸的文字。蔡伦是世界造纸的鼻祖，早在东汉时他创造和改良了纸张，其中纸的成分就包括大麻纤维的合理使用。在上党阳城北留镇后河村，有一处明朝的蔡伦庙，被当地百姓祭祀为上党造纸的老祖宗，庙中石刻记录下当时后河一带造纸业的兴隆，一直到民国年间，后河有138户的麻纸制造匠人，他们以冬春农闲为造纸的生产，年产麻纸在10万刀以上。《阳城县志》后来也将此段史实收录其中，以鉴后人。造纸匠人后代保存的一张上世纪四十年代的"造麻纸"、"织麻布"旧照资料档案帮我们留下了潞商造纸匠人精彩

清代上党高平城内经营丝麻纱线的"天德成"广告

的手艺。

从明清时期一直到近代,得天独厚的潞麻资源,衍生出的麻线、麻布、麻绳、麻袋、麻纸等产品,也孕育出一批批的潞商专门经营、贩卖"潞麻"者,而且,经营"潞麻"的高额利润,使数代潞商走出的"商道"铿锵有力、大名鼎鼎。

闻名海内的晋商渠家,先祖渠济就是上党长子县人,明代洪武初年,他带着渠信、渠义两个儿子,用上党的潞麻与高平的黄梨常常倒换祁县的粗布、红枣等特产,并往返两地间经营大批的潞麻,从中赢利,天长日久有了资金积蓄,在祁县城定居下来。雍正年间,十四世渠百川走西口,也同样没有忘记老家的潞麻和高平黄梨,此时正是惊蛰之日,其父拿出梨让他吃后说,先祖卖麻、贩梨创业,历经艰辛,定居祁县。今日惊蛰百川要走西口,吃梨是让不忘先祖,努力创业光宗耀祖。渠百川走西口经商致富后,将开设的字号取名"长源厚"票号。后来走西口者也仿效吃梨,多有"离家创业"之意,

上世纪四十年代用潞麻织造"麻布"的手艺匠人

再后来惊蛰日也吃梨,亦有"努力荣祖"之念。这正是,贩麻贩出了晋商票号,贩麻贩出了晋商骄子。

再说,潞安府南垂人氏李金介,清乾隆年间经商到山东淄博,开设以潞麻为主货的店铺,从老家上党进货,到山东经商销麻皮,数十年的经营获利不菲,在老家南垂村建起高楼大厦数十间。到1840年,此时恰遇德国和日本势力在山东,外国人将潞麻购回本国用于纺织工业,然后再织成麻布反销中国市场,李金介、李毓之、李贺春祖辈三代接力经营,长治、潞城、长子的种麻户、收购商联手向山东供货,将潞麻源源不断运输海外。年年卖潞麻,月月赚白银。几年工夫,潞安府南垂的李氏家族用潞麻换回的是4000平方米的三座高楼深宅和梳妆院、车马院、长工院、存麻仓库等,青一色的大瓦房75间。好一个潞商的气派。

麻皮的用途很广,视麻皮的精粗程度用途亦悬殊很大,不只是用来造纸、造绳、捻线,做这些都是麻质较差些的麻皮。潞麻因具有良好的特性,是优质品,一直到上世纪五十年代末,潞麻都是做高档纺织品的极好原料,当时,潞麻收割季节一到,北京、天津、上海、汉口、大江南北等数十地市的客商云集上党,常驻当地坐收潞麻,仅1958年的统计数字显示,上党全区这一年的潞麻总产量达600余万斤,平均亩产潞麻150斤,全部行销全国的各大城市及出口到日本、朝鲜、新加坡等国家,潞商经营买卖潞麻的生意异常红火。

上世纪七十年代末,随着世界化纤工业的引进发展,潞麻产品逐渐被化纤产品所替代,潞麻种植随之逐年锐减。

十一　济世同仁大风丸

　　上党有着丰富的地利资源,太行山脉绵延无垠,群山峻岭,植被茂繁,盛产各种名贵中草药多达百种。明万历《潞安府志》中仅"物产"篇记载上党当地盛产的药材达七十种之多。

　　相传,远古时代,神农氏羊头山尝百草就发现了"神草"有医疗治病的奇特功效。随后,漫长的岁月里,民间百姓利用这得天独厚的天然资源靠买卖炮制药材而成为"药商"的行当便应运而生。翻看史籍,药商在上党这块古老的土地上多少朝代里随处都可见到他们留在商界活动经营的身影,只是时光流逝,能够见到的药商史料和文物实物罕少,可以肯定地讲,药商在上党不是什么稀罕的行当,时代虽在更迭,但他们无时不存在和穿行于民间百姓的生活当中,在赚到银钱的同时,又在履行着"治病救人"的职责。

　　明时,潞州的药商经过历代传承发展,这里孕育出了一处全国都数得上的著名"鲍店药材大会",各县都有两三家响当当的药铺。他们形成了潞州药商的辉煌时代。潞安城内的义合堂;潞城的万镒堂、同仁堂、泰山恒、太和堂;襄垣的济生元;长子的义和堂、义兴长;林州在上党直接购货主销河南的鸿元奎药材栈等等数百家的药商店铺先后排在了其行列。

　　潞州鲍店镇,每年一度的药材大会,它发源于明朝中期。最原始的形态根植

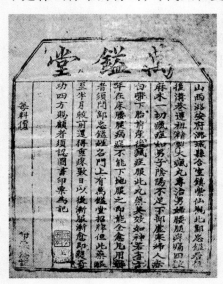

潞城郭氏万镒堂的"大风丸"中药广告

196

于每月村镇里的大小集市，后又集中体现在了每年一度的物资交易大会，它是由品种繁多的物资交易会，逐步演变定型在一年当中九月十五至年底的专业药材交易大会上。明万历年间，药材大会并不大，只有来自上党各县的药商，特别是来自长子鲍店镇周边屯留、沁源、安泽、高平几县的药商，构成了药材大会的主流力量。明末清初，药材大会逐年壮大，规模空前，参加交易的药商其地域范围也不仅仅只限上党周围几县，交易人员大大扩张，在"心为客、客必至；心为财、财必散"潞商商训的信誉召唤下，药商来自全国各地，小小的一处鲍店镇云集场面异常兴隆，上万人的大会，数百种的药材来自全国的四面八方，号称"东走齐鲁、西达秦贵、南至豫苏、北抵绥蒙"。大会之上仅是上党本地产的药材就达百种之多。太行山里的党参、连翘、柴胡、葛根；甘肃的当归、吉林的人参、云南的白药、广西的犀角、四川的川贝等等应有尽有。中成药同样不少，太谷广盛远的"龟龄集"、广升誉的"定坤丹"、太原同心茂的"舒筋散"、广东的"跌打丸"、京师的"六味地黄丸"、潞城郭氏万镒堂的"大风丸"等等，每年大会药材的成交量都在数万两白银。

时间到了清朝嘉庆、道光年间，因药材大会而红火起来的鲍店镇里也发展起了和盛、集成、公义、永兴、三义、和义、长济等十余家坐贾药商队伍，数十年间，药材大会都由他们轮流筹组、策划、安排、接待来自各地的同行进行大宗药材的交易、买卖。有资料显示，清末到民国年间，鲍店药材大会年平均成交金额都在十多万元以上，单上缴税金就在万元。解放后，鲍店药材

太行山所特有的名贵中药"党参"
畅销每年的鲍店药材大会

197

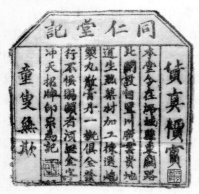

清咸丰年同仁堂潞城分号的广告

大会发展稳定，虽不如以前规模盛大，但有个别案例也能说明鲍店药材大会的成交量是惊人的，1953年，天津新联药行一次就从鲍店药材大会上购走党参8万余斤。历史就是一页页发黄的纸，有时显现出的虽是脆损残缺的故事，但她毕竟帮我们记录下了来自全国药商和上党当地药材买卖商人曾经在上党的繁荣和辉煌。

当年的药商都已作古，当年的坐堂郎中也已安息。所幸的是潞州药商们当年的几帧药铺广告倒是更具体地印刻下买卖药材的药商与购药者双方间的不同商业心理需求。潞商的经营中，广告是其不可或缺的营销手段之一，而潞商中的药商在其药品广告的策划、设计、制作上可谓"精心筹划"、"匠心独具"，语言的表达、使用达到了极致。

潞城卢医山脚下的合室村万镒堂药铺，看她的一则药品广告内容，则反映出了明清时期，上党地区当时用传统中药治腰腿疼痛有特效的"大风丸"在民间的强烈影响："万镒堂，山西潞安府潞城县合室镇崇仙观北，郭忠镒居住后沟巷，遵祖精制大风丸，专治男妇腰腿疼痛，四肢麻木，一切疯症，如男子阴阳不足，下部虚寒。妇人赤白带下，胎前产后疯症。服此丸药其效如神，若有方年在床腰腿病症不能下地，服之即能痊愈，凡用药者须问郭忠镒姓名，门上有招牌，但此药限至半月效前后还得重疼数日，以后渐服渐愈，即护奇功，四方赐顾者须认图书印票为记。"

据考，潞城的大风丸，萌发于明朝嘉靖三十五年(1557年)。当地一位合室村的郭泰恒，懂些医术，但自己又得了腰腿疼痛，久治不愈。病痛迫使他自己深研《千金翼方》、《本草纲目》药理，并利用卢医山上的"中草"资源，反复试验，潜心研制出了"大风汤"，服药病愈之后的郭家，将"大风汤"的秘方父传子授，四百余年代代传承，到第六代郭忠镒在潞城开设"万镒堂"时，郭家已将汤剂改良成方便易携带的"大风丸"，在上党民间及周边京津、河南、河北等地广为传售，济世疗民。

是上党卢医山上千年神草的作用？还是智慧上党药人的才能吸引？还是

京师药医看上了上党这块风水宝地？就在清咸丰年间,京城里响当当的"同仁堂"大药房的分号,又在锣鼓喧天的鞭炮声中于潞城东关挂起了通天的金字招牌,整个潞城宣泄了。金碧辉煌的药铺门前,过往百姓手中接住的是"同仁堂"潞城分号白掌柜笑哈哈递来的一张张"同仁堂"药品广告:"同仁堂记,本堂今在潞城县东关路北开设自置川广云贵地道生熟药材,加工练选炮制丸散膏丹,一概俱全,发行不误,赐顾者须认金字冲天招牌,印票为记。货真价实,童叟无欺。"

　　大药铺"同仁堂"上党开设后,它在推销"安宫牛黄丸"、"牛黄清心丸"、"大活络丹"、"苏合香丸"、"参茸卫生丸"等名贵药品的同时,落户小地方的经营方略也给潞州的药商带来了无限生机,每年从卢医山、紫团山等处采下的名贵药材、特别是"党参"之类的药材60％都供给了"同仁堂"。一处"同仁堂"分号在潞州的运营,让上党的药商们忙碌了半个世纪,药材的"卖"和"买",银子的"进"与"出",如同一台好戏让双方唱了数十年。

　　同仁堂不亏为同仁堂,解读它的老广告,有一股药商自信之气冲你而来,广告文字、口气咄咄逼人,霸气十足。招牌已是"金字"还要让其"冲天"而后快。不过,也难怪"同仁堂"财大气粗,他的鼻祖京师老"同仁堂"清康熙初年就在天子脚下的大栅栏开诊卖药,侍候的是天王老子、皇宫大臣,皇帝有时得病也得让他三分,多年养就的"脾气",在京师经营了百余年,赚了一个世纪的银子,救治了一批批的芸芸众生,这样的背景下又在小地方的上党设立分号,经营药品的广告里自然是一股股的"冲天"口气。理解也好,不理解也罢。此时,我们倒不如再读一读来自潞州襄垣南门外甘村"济生元"山沟沟里老百姓药铺的药品广告倒是更显得大众化、平民化:"回生丹,此丹专治男妇小儿阴阳不和,头痛感冒,气虚胃痛心疼肚痛胸闷痞滞,上吐小泻,

清时上党襄垣济生元药铺的
"回生丹"广告

赤白泻痢，中暑霍乱，咽干口臭，眩晕神乱，急痧心烦，食伤牙痛，每服十五粒，草煎汤导下，为妙神效，药店开设山西襄垣南门外甘村座北向东，西街有济生元招牌便是，光顾者靡不有误。"

1957 年，中国药材公司山西省潞安县公司向上党的广大百姓发出了一纸说明，粘贴各大药铺，宣布了潞城万镒堂大风丸的归属："万镒堂大风丸，创自本县合室镇郭氏，祖遗祖传迄今已有四百余年，畅销各地，远近驰名，药到病除，莫不称赞，近年来在党政领导下，为进一步发挥祖国医药遗产，增强人民身体健康，满足广大人民福利需要，曾不断提高了质量，扩大了生产，但仍不能满足广大人民要求。根据中央卫生部、商业部、全国合作总社的联合指示精神，将我县原供销合作社经营的大风丸从 1957 年 7 月 1 日全面移交我公司经营，将原来自制本药人员吸收为我司医务职员，仍负责制炼大风

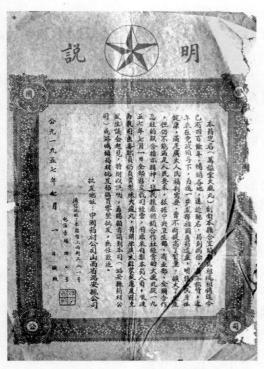
1957 年万镒堂大风丸收归国营的广告

丸，为解除广大群众疑虑及避免发生误会起见，特附以说明，希赐顾者请到本司（潞安县药材公司）或潞城镇药材批发部购买零整批发，无不欢迎。批发地址：中国药材公司山西省潞安县公司，通信地址：长治市上西街 321 号，公元一九五七年七月一日换版。"

上党鲍店的药材大会、潞城东关的"同仁堂"、合室村的"大风丸"已匿迹多年，早先街头巷尾能见到的大大小小中药铺也已被各类名堂的"大药房"所取代，异地间进行贩运的一批批药商早已"改弦更张"。这是社会发展的"新陈代谢"，这是社会的文明进步。如今，更安全有效的各类中西药品成为我们医疗治病的济世良药。

200

天下潞商

第五编　名胜名人商迹潞州

一　兰亭墨宝法兴寺

在潞州长子县东南约二十多里的慈林山峦间，坐西向东有一处气势巍峨的古建筑群，它便是殿堂层叠、红墙碧瓦、规模宏阔之佛教圣地——法兴寺。

这里从唐宋元明清几朝几度修葺、扩建、迁址成为目前规模。历史悠久、佛事兴盛、典故繁衍的法兴寺，大唐初创时就谱写了一段段神奇的故事，流传至今，那就是由都城长安携来的宫廷墨宝《兰亭序》对法兴寺的化缘筹资、不断扩建立下了"汗马功劳"。从此，宫廷宝物伴随法兴寺跌宕起伏一千四百

法兴寺唐朝舍利佛塔

余年,演绎出了鲜为人知的历史篇章。

唐朝初年,一位刺史携带着唐高祖李渊御赐的四件国宝,离开都城长安,告别未央宫,一路风尘仆仆来到了潞州。潞州城里,并没有刺史的身影,他也没有急于去就任潞州刺史这个官位。反倒虔诚地来到长子县山峦起伏、松柏叠翠的慈林山法兴寺,拜倒在佛祖的门下。由此开始,潞州法兴寺的历史与佛家、与皇家、与商家结下了难解的缘渊。

四件国宝,一是这位潞州刺史、皇帝李渊第十三子郑惠王元懿的皇家身

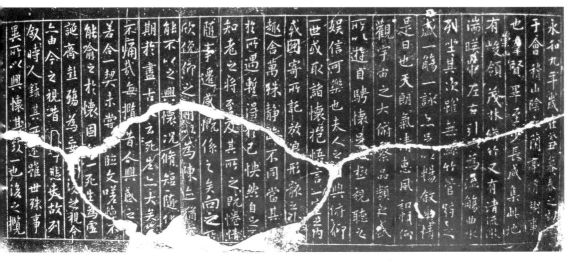

流传民间许久的唐朝《兰亭序》碑刻拓片,2008 年在中国嘉德古籍专场拍卖会上露面

份;二是来自佛国印度的三十七颗佛舍利;三是东晋大书法家王羲之的法帖《兰亭序》唐朝摹本;四是藏经三千卷。慈林山峦,丹河徜徉。一处寺院,芸芸众僧。在郑惠王未来此之前,法兴寺里人烟稀少,门可罗雀,日常佛事仅仅是靠化缘得来的钱粮维持生计。但自长安的四件国宝、特别是《兰亭序》在上党的现身,由此带来了叙不尽的故事,带来法兴寺的生机。

法兴寺在潞州历史上的影响和地位是很大的。宋天圣五年(1027 年)寺内刊刻《宋法兴寺碑》曰:"慈林山,唐高祖第十三子郑惠王元懿为潞州刺史,于寺中造石塔,藏所赐佛舍利三七粒,写藏经三千卷,宋祥符中,高士王景纯隐居此山,与晦禅师为莲社友,其子文康公曙生于此,后署以给事中知潞州,

寺僧赍景纯所撰碑。"康熙版《长子县志》也记载："法兴寺慈林之佛院也。在县南三十里,北魏神瑞元年(414年)建,旧名慈林寺。唐咸亨四年(673年),郑惠王元懿为潞州刺史建,浮图拶僧入霄,为邑胜概,上多巨公题咏碑记,今犹有存者。"

寺院内所藏《兰亭序》的故事一直到清初的《潞安府志》才见有知府大人叙述披露:"王右军书,系唐人摹本,在慈林山,书法绝奇,寺僧苦临拓碎,而

法兴寺内唐朝书法石刻经柱

投诸井,后得断石数片,甃于察院屋壁,为好事者取去。"从史志的记载看出,秘藏法兴寺的《兰亭序》由于其"书法绝奇",必然是招来瘾癖书法的潞州及四面八方人士纷纷踏至求宝,法兴寺"求宝"的结果,一是人气大增,二是香火旺盛,最主要的是得到《兰亭序》法帖的拓片后,孝敬法兴寺的"香火钱"就不能同往昔的"化缘"同日而语了。兰亭拓片换"香火"不能称作商人的"买卖",但毕竟法兴寺的"化缘"收入大增,"香火钱"源源不断。之后便是寺院扩建、佛殿翻新、佛祖金身、壁画彩绘、寺僧巨增、人声鼎沸。

法兴寺所有这些翻天覆地的变化不能不说是源自《兰亭序》拓片的贡献。无数年轮,寺内寺外求墨宝的人们纷纷拓来拓去,导致《兰亭序》被"寺僧苦临拓碎"。深究其因,不单单是众多的书法爱好者求购无数,最主要的是潞州刺史唐郑惠王自身鼓吹和提倡,视王羲之《兰亭序》书法为生命,终日习书不辍,影响了众多的文人骚客。其书法作品传承王羲之风格,风靡上党,成为官吏、富贾匣中宝物。功夫不负苦心人,郑惠王元懿数十年勤学苦练,更有上乘佳作刻石留迹慈林山,这在《潞

安府志》也有记载："郑惠王石记,在慈林山,书法苍劲可观。"

东晋大书法家王羲之的《兰亭序》书法原本珍藏唐王朝皇宫数年,唐朝廷敕令当时最著名的几位书法大家欧阳询、褚遂良、虞世南等人精心临摹几幅,用于赏赐王宫贵族和手握兵权的外地方镇将军。而真迹《兰亭序》被唐太宗视为"掌上明珠",秘而不宣。后与李世民一同葬于乾陵,永诀于世。极受朝廷推崇的国宝,销声匿迹后,民间寻《兰亭序》,觅《兰亭序》,更以能得到《兰亭序》拓本为幸事。这一年,潞州法兴寺里就发生了《兰亭序》"瑴于察院屋壁,为好事者取去"的案例。

《兰亭序》扑朔迷离"为好事者取去"后,法兴寺失去了"化缘"的极好资本,墨宝拓片换白银的"买卖"付之东流,不能不说是件憾事。

法兴寺里的《兰亭序》失踪沉寂数百年后,清光绪《山西通志》就"失而复得"的上党本《兰亭序》作了如此的诠释:"兰亭序上党本,旧在长治县署。志略:明朝醴泉(陕西礼泉)苟好善令长治,于署内瓦砾中得之,笔法瘦劲有神,差有定武风味,盖欧阳信本也,后有董文敏跋及苟好善跋,今在咸阳程杏牧家,建宝兰轩藏之。石尚完好,按定武名拓,稀如星凤,颖上本偶为董文敏所赏,一时并行,乃不久即为令某所毁,令人恨恨。今存于世者,有东阳何氏一百本,然粗硬少姿,识者弗取。惟此刻遒劲而有韵,度为定武派,今海内盛行,然旧拓极难得也。"

此《山西通志》记叙中的《兰亭序》,与法兴寺郑惠王从宫中带来的《兰亭序》,还有东阳何氏一百本《兰亭序》,彼此是否同一件珍宝,不得而知,也无从考证。

无论《兰亭序》在上党的收藏结果如何的坎坷、如何的不幸、如何的"颠沛流离",但人们不会忘记,历史不会忘记《兰亭序》与法兴寺,还有郑惠王对推动上党地区的书法、佛教事业的发展所作出的贡献。

二 乞罢铁钱欧阳修

上党地区高平的王降,一处普通不过的小村落,小小村落在中国版图上很难见到她的坐标,在上党这张地图上进行扫描,这里也只是一个"点"的概念。就是这么一处名不见经传的"点",其丰富的铁矿和精湛的铸币冶炼技术,北宋时牵动了我国著名的政治家、一代散文宗师欧阳修,并为此写下鸿篇钱币经济巨著《乞罢铁钱》,千古传世。

一千六百余年前,由京师汴梁出发,徒步来到河东的欧阳修,何以要魂牵梦绕地乞罢上党铁钱?带着问题,初春四月,我们从高平市出发向西北方向行进。去往王降的公路两边杨柳依依,婆娑多姿。田埂间播种的大嫂告知进入王降村的路线,道路弯曲倒也平坦,十多里的路程,到达目的地大约已是上午十点多钟。村子不大,270多户,近1000人口。村中大庙前,七八个歇息村民当中,我们见到48岁的村支部书记秦志强,说起王降在北宋时就开始铸币、冶铁的历史,秦书记只是惊讶不已,并不太清楚王降用铁铸写的辉煌过去,他只知道王降村的正南方大约一千米处叫"炉上"的地方至今铁矿渣堆积如山、冶铁坩埚横竖遍地,铁渣上"杂草不生、种田难活"。说话间我们一起来到了村南正在修建新房的悦喜才老人面前,73岁的悦老汉放下手里的活,津津乐道,带我们去往"炉上"遗址,他边走边指着脚下的成片成片、僵硬无比的铁矿渣说:"炉上为朝廷炼铁的事,一辈传一辈,具体哪朝哪代?距今几百年?老百姓哪能说得清楚。"接着,悦老汉又弯腰搬起一块硕大的铁渣结晶体说道:"这些再进行熔化又能成铁,附近的小炼铁厂不断地来此购买,一直到1958年大炼钢时,整座的硫铁和铁渣山被挖去了一大半,炼了钢。至今这里的铁渣还剩多少?无法计算。"

王降村的冶铁遗址"炉上",这地方很特别,约2000多平方的高台上,东高西低完全由硫铁、矿渣堆积而成,薄薄的一层黄土是近年村民覆盖上去的,要试种田禾。偏西的铁矿渣山上建有元、明、清三朝的官府冶炼工匠们的作坊场所, 四十余间不同朝代的建筑群组成院落,而且均为上下两层结构,特别是中院十间上下两层的

北宋铜质庆历重宝

明朝楼房建筑,用料十分讲究,工匠留在建筑物上的手艺技巧相当精细。这处地方考证其用途,应该是明朝廷置的"铁冶所",据《明太祖实录》:"洪武七年(1374年)四月,命置铁冶所官,凡十一所,每所置大使一员,秩正八品,副使一员,秩正九品。"但遗憾的是房屋所有门窗早不翼而飞,顶塌墙倒,空荡无物,荒草丛生,多少年来,村里的百姓一直都未有人敢来利用和居住。"炉上"再向西七八百米处,有"洞贞观",考其寺观建筑风格,应为元末明初遗存,空空寺观,已无道家。据说里面供奉的是炉火之神"太上老君",他能将孙悟空炼成火眼金睛,那朝廷匠人冶铁、铸币之事,在"太上老君"的保佑下更是小菜一碟了。难怪乎寺观世代修葺,为百姓崇尚、敬奉,香火不断。

北宋的欧阳修关注河东上党铸造铁钱的经济事迹, 发生在庆历四年(1044年),这年 38 岁的欧阳修时任朝廷的太常丞、知谏院事。太常位尊事繁,下设丞,为太常的副职。这年五六月间,他接受朝廷"计度废麟州及盗铸铁钱并矾课亏额利害"任务,"命公使河东"六十余天。此次来到上党的欧阳修为朝廷办理了两件大事,一是精算了泽州的铁钱铸造数量、利润及铁钱交易流通中的问题,上奏折要求朝廷罢铸铁钱;二是发现了上党当地的进士、精算数学、通天人祸福的大家刘羲叟,举荐到朝廷为官。单说欧阳修《乞罢铁钱》中的货币经济言论贡献非凡。首先,

北宋铁质庆历重宝

他将河东的晋州、泽州在庆历三年(1043 年)全年铸造大小铁钱汇集了总数目,"臣寻至河东取索晋泽二州铸钱监及诸州军,见使铁钱数,又将都转运司到庆历三年一年都收支钱数,大铁钱自起铸至目下,其铸到四万四千八百余

贯,小铁钱自起铸至目下,共铸到一十一万七千七百余贯"。然后,欧阳修就为当朝皇帝开始算账,而且,越算越觉得铸造铁钱的"利害"事关重大,不如提倡朝廷考虑多铸铜钱,罢铸铁钱。"泽州大钱计用六千四百余贯,省铜钱官本,铸成大钱一万六千余贯当一十六万余贯铜钱,凡用六千四百余贯本,得一十五万三千八百余贯利。其利二十三倍有余。"一贯贯的钱数,让大家目眩、费解,但欧阳修总的观点是想说明,朝廷铸大铜钱比铸大铁钱合算,铸铜钱是铸铁钱23倍的利润。当然,这当中欧阳修还计算了泽州铸造小铁钱的成本,而且,铸造小铜钱的利润是小铁钱的两倍。在他的这篇货币经济高论中,我们还收获了北宋庆历初年时"铸钱监"每日、每年的铸币和利润情况。"铸造工课约算两监,逐日共铸不过四百贯文,一岁不过铸得十六万贯,内除六万贯为官本外,只获得净利十万贯。"算来算去,欧阳修反正是要建议朝廷罢铸铁钱,为什么?他还有理由:"一是小钱利薄不足,铸大钱犯法者日多,皆可以罢铸;二是今开厚利之门,而致人死,法则诱愚民以趋死,若贷其死,则犯者余多;三是币轻物贵,惟奸民盗铸者获利,而良民与官中常以高价市贵物,是官私久远害深,其可罢。"事实上,北宋庆历年的铁钱铸造数量在欧阳修的呼吁下,铸量确实大大减少,至今收藏研究钱币者都会发现,北宋铁钱品种繁多,庆历铁钱却罕见。当时,在"罢铸铁钱"的问题上,还有一位与欧阳修思想相同者、上党当地的泽州知府李昭遘。"昭遘,字逢吉,饶阳人,授馆阁,累迁陕西转运使度支判官,知泽州,初,阳城冶铸铁钱,民冒险输矿炭,苦其役,为奏,罢铸钱,百姓德之。又言河东铁钱真伪淆杂,不可不革。"《宋史》里记载了泽州知府

上党高平王降村宋代铸币遗址

李昭遘罢铸铁钱的一些情况。

庆历朝过后，当朝者并没有照着欧阳修的《乞罢铁钱》谏言去坚持到底，不仅庆历年的铁钱没有完全停铸，而且，这之后的"至和重宝"、"治平元宝"、"熙宁通宝"、"元丰通宝"、"圣宋元宝"、"大观通宝"、"政和重宝"等铁钱越铸越多，越铸而越不可罢停。

北宋王朝结束了，欧阳修的河东之行也只是上党冶铁铸钱大典里的一个注脚，在冶铁铸币的历史长河中，王降这处地方仍然铁流不息，她不仅仅只是北宋王朝在此冶炼铸币，当炙热滚滚的铁水咆哮地进入

遗址上发现的铸币坩埚

元代时，政府哪能忘记继承前朝的惯例！哪能忘记用铸铁创造"财富"的小村落王降！铁矿渣堆积如山的王降依然出现了朝廷铁冶铸币机构"铁冶提举司"的设置规模宏阔，超过前朝，数十年冶铁没有间断。《元史》记载："太宗八年(1236年)，立炉于西京州县，拨冶户七百六十煽。立炉于交城县，拨冶户一千煽。元贞二年(1296年)，置山西铁冶提举司，大德十一年(1307年)，听民煽炼，官为抽分。正大元年(1308年)，复立河东提举司掌之。所隶之冶八：曰大通、曰兴国、曰利国、曰惠民、曰益国、曰润国、曰丰宁。"这其中的"益国"就在泽州高平的王降，"润国"在潞安府的炉坊巷。

明朝，王降的冶铁仍然处在冶炼生产之中。洪武初年，冶铁机构同样称作"益国"存在于王降村"炉上"，大约是在明永乐年间，益国冶的位置北移，有所变动，并结束了冶铁之事。《泽州府志》记载很明确："益国铁冶，北十里王降村，元大德间置都提举司，益国冶至正中废，明洪武初徙冶县北二十里，永乐中奉工部勘合罢炉冶事。"潞州润国冶、泽州益国冶明初冶铁质量受朝廷青睐，且每年的产量也很高，从《明太祖实录》得知："明洪武七年(1374年)四月，命置铁冶所官，凡十一所，各所岁炼铁额：潞州润国冶、泽州益国冶岁各一十万斤。"

"炉上"冶铁，所铸造的产品，历来保密。"益国冶"为朝廷铸币的事更是

209

不能对外宣扬。所以,很久以来王降村及周围百姓只知"炉上"炼铁历史悠久,但具体到冶铁后所出什么产品,则一无所知。

来到村口,秦书记和悦老汉介绍着高平冶铁的历史。"在高平的村镇里,见到硫铁渣山并不稀罕,冶铁需要铁矿、煤矿,而高平四周不缺的就是煤和铁,煤铁从古至今非常丰富,仅著名的煤窑就有北沟、大凹、冯庄、庞村、苏庄、石门、桥家等百余座。高平的铁矿更多,在龙顶山、南米山、白方山、黄王山等地方。"翻看1917年日本出版的《山西省志》发现,上党泽州高平在清末时,冶铁产业仍然不减前朝,而且,相当的发达。当时,此地有蔚泰昌、福金山、隆兴山、魁兴山、永泰山、晋生昌、隆泰义、裕泰昌、益盛永、山和义等等炼铁炉坊30余家,铁炉292座。一座铁炉按"采掘、运输、冶炼、铸造、加工"生产用工百人计算,清末上党泽州这里从业的铁匠人数应该在三万以上。

上党王降,炉上益国冶,还有那熊熊燃烧的冶铁炉火,一切的一切早已熄灭有年。当此次调查就要结束,我们即将告别它们时,身后巨大的渣山泛着血红的铁色,青中透赤,红中见青,仿佛益国冶依然"炉火冲天",仿佛此处的地表温度比别处高了许多。漫步经过村民院落,此时才发现几处院墙、低矮的猪羊圈、田埂边沿多有零星的大块铁矿垒砌而成,此时此刻,脚下是铁,周围是铁,脑际里浮现的还是《铁花》词:"洪炉入夜熔潞铁,飞焰照山光明灭。忽然倾洞不可收,万壑千岩洒红雪。世间怪事真有此,百炼柔钢成绕指。"用铁铸就的深厚文化是此次上党王降村调查带给我们最大的收获。

三　茶马互市吴承恩

历史展现在世人面前,往往总是那么扑朔迷离,然而,又是那么清清楚楚。明万历年的《潞安府志》清清楚楚地记载,桐城人氏吴承恩任潞安府通判,专门管理粮运农田水利养马之事。谁曾想这位通判,却又扑朔迷离地写出了不朽的名著《西游记》,好好的管理养马之事就行了,可生活中的"茶马互市"又偏偏给吴先生提供了个"玉帝封官避马瘟"的创作素材,管马的地方小吏吴承恩。嘉靖二十九年(1550年),年过半百考贡生;嘉靖四十四年(1565年)才在潞安府当了个通判职务的三把手;万历三年(1575年)七十岁的他始创《西游记》,牧马写书两不误,过了一把著书立说之瘾。这瘾还真的过大了,吴老先生一不留神在管理潞安府"茶马互市"的生活当中写来写去六七年,写出了世界名著《西游记》,吴承恩死后十多年,《西游记》才在民间广为抄刻流传,为后人留下了一顿丰富多彩、受益不完的文化大餐。

明朝初年,朝廷的商品经济的方略中有一"茶马互市"的大生意,就是大量的商人购进江南之茶叶互换蒙疆朔北之马匹。天长地久马越换越多,换回内地后,如何管马?就成了问题。洪武六年(1373年),朝廷由此产生了主管此项茶马买卖的专门机构叫"太仆寺",唐原亨为寺卿,监丞孙瑛为少卿。朝廷还真重视此事,特别制定了养马之法。江北一户养马一匹,江南十一户养马一匹。颁行天下。

大明皇帝朱元璋更是千方百计谋"马事",不仅在洪武六年(1373年)十一月,特别颁旨,"凡民间畜养官马者,每一匹免输田租五石"。同时将一位姓马的大脚婆姨封为"马皇后"。好似要震慑全国马事一样地认真。总之,明朝的买卖商人议事日程里不能离开马。"马事",从皇帝到子民成了举国商业管理的大买卖。到洪武二十二年(1389年)时,市场上"茶马互市"的马价是这样的,"上等马一匹与茶一百二十斤;中马茶七十斤;驹马茶五十斤"。

朝廷如此好马,地方小吏哪有不养之理。不要说朝廷还有御赐的利益,就是无利之买卖,朝廷一旨令下,那也得执行。从嘉靖末年到万历初年,潞安的"茶马互市"异常繁荣。每年从蒙古、高丽千里迢迢运抵潞安的马匹两三千,每日里,潞安府的通判首先要在潞安城北门外五里一片空旷之地"捉马验货",吴老先生手持《马经》,将马分出三六九等,分配给各户养马之人,之后,大批量的马匹还需官府饲养。出潞安城南门方圆数十里,官府专门养马的基地就有五处之多,随时等待着朝廷官马的入住,一排排马坊南北两界,喂马石槽不计其数,饲马人员在三四千人以上。这时候,名不见经传的潞安地名里,让朝廷养马的大事这么一忽悠数十年,产生出了"五马、捉马、马坊头;石槽、南槽、北石槽"一处处为朝廷养马喂马的村村寨寨。

事事有讲究,行行有规矩。养马也非易事。马之瘟疫的年年流行,就是让潞安养马商人最头痛、最棘手的大事。好不容易从朔北换来的马匹,好歹不

唐《百马图》 故宫博物院藏

212

能有伤亡,每有马匹伤亡都是在丢掉白花花的银子。谁能不急?《太宗实录》中就有朝廷对兵部大臣的一段指示:"养马之民,遇有马死,令其补买;乃去家离业,购于远方,至有历年不返,毙于道路者,朕甚怜悯。令太仆寺,凡缺马者,免其偿。"从这份来自皇朝的文字中商人们早已意识到官府之马不能有任何的三长两短,后果必然是"至有历年不返,毙于道路者"。

唐朝《百马图》局部

　　潞安府里的通判吴承恩,大家就是大家,他读通了潞安的历史,苦钻了《马经》的道理,了解到早在唐朝时潞州就有养马的牢固根基,传统就是经验。看看万历年地方史《潞安府志》的记述吧:"上党山高地狭,自昔宜于畜牧。唐朝李万江住牧津梁(今高河津梁寺村),畜马蕃息,其形如鸭而壮,世谓津梁之种马。元朝李植尚书,惟馨之族也,亦以谷量牛马,富甲诸州。"上党牧马的历史从唐朝开始就有记载,唐人画家也早有《百马图卷》作品的传世,古人绘画笔下的一匹匹骏马姿态各异,或奔、或跑、或饮、或食,群马之中只见一只孙猴"避马瘟"高台稳坐示马儿,匹匹壮马百依百顺。潞安府里,管马有些日子的吴通判不知何时在上党民间访问到"猴子与马同圈饲养",可为马避瘟疫的秘方,总结多年经验证明,这一招还真灵。可遗憾的是其中的道理真的又说不明白。小小的官吏,人微言轻,"马避瘟疫"的秘方和经验如何传授给广大的长治养马商人? 于是乎,吴通判笔下的创作人物"玉皇大帝"人们该是最认可的吧! 那就让玉皇大帝在《西游记》中封孙猴子为"避马瘟"。玉皇大帝发话,谁人不听,天廷上的天马"避马瘟"都管理得舒舒服服,你人间的土马,让"避马瘟"料理,还有得病的时候?这一问题果然在民间得到很好的解决。于是乎,万历年间,潞安的官员和养马匠们就在城南的马坊头营建一处"玉皇庙",塑像玉皇大帝专门监管"避马瘟","避马瘟"则看管着一匹匹的军马。在城东营和西营建造了两座"马神庙",庙里请来了马的祖宗"天驷房星神",由潞安的驻军编制"卫",每

213

逢初一、十五进行祭祀,以企盼当地养马之事顺顺利利。风俗相沿,传承更迭,时间到了清朝康熙初年,长治县令对明万历年潞安府里的吴通判养马著书《西游记》敬佩有加,还特意将潞安城马坊头营建的"玉皇庙",城东营和西营建造的两座"马神庙",长治县荫城的"牛王庙"一处处地写进了《长治县志》,足以显见当时明朝廷倡导的茶马互市的兴盛,牧马养马在潞安的繁荣,大家吴承恩笔下《西游记》里"避马瘟"在上党民间的影响深远。正是有了这些栩栩的养马喂马的生活阅历,正是有了潞安深厚的民间风俗文化蕴含,吴老先生的《西游记》创作思路那还不是神来之笔,思绪恰似奔腾的漳河,源源不断吗?

明朝的"茶马互市"和吴老先生早已是故事里的事,但吴承恩笔下的《西游记》还能让后人重温"避马瘟"的风采,"猴子与马匹同圈饲养"的秘方在民间沿用至今不衰。潞安明朝养马之地的捉马、五马、暴马、马坊头、南石槽、北石槽与养马相关的村落一直到现在仍故名依旧,只是尘封的历史让人们渐渐忘却了那一段骏马嘶鸣的过去和跳动的历史脉搏,那就让吴老先生厚重的《西游记》一回回地去述说潞安久远的牧马故事吧。

四　万历潞商无布衣

中国的商业史读起来比较心累，而又可悲，商人创造的是财富，流下的却是眼泪。有着儒家传统的泱泱大国，从孔子家乡到孟子故里，中国的士大夫们打心眼里就有了看不起商人的陋习。孔子常在私下与其弟子嘀咕商人为"小人"，孟子更胜孔子一筹，干脆在《公孙丑》中大笔一挥，把大商人呼作"贱丈夫"。

好一个孔孟之道，好一个儒家文化，孔子这么一声嘀咕，孟子这么一声疾呼，宛若巨石，硬硬地砸在了商人的头上，砸得无数代商人喘不上气来，足见商人之可悲的地位。在圣人眼里，万般皆下品，唯有读书高。秦汉时，商人名字不得载入政府的"黄册"而是被打入另册，一代有市籍，三代失自由；后晋时，商人被辱没到极致，朝廷要求商人必须头上缠巾，额头书名，让市人一眼便知"贱人"姓氏名谁，更惨的是外出经商之人穿鞋不能一色，一脚穿白、一脚只能着黑。纯属让商人在人世间变为怪物一个而后快，居心叵测啊。一直到明朝朱元璋时代，商人的头还是没能抬起来，胸脯没能挺起来。朝廷规定，务农之家可穿绸纱绢，而商贾之家则只能穿布衣。"朝为田舍郎，暮登天子堂。"重农仰商一直以来就是朝廷"一根筋"的想法。"布衣"成了商人的专利。

总算在大明万历初年，十岁小皇帝身边的大臣张居正辅政，推行一条鞭法，身处太行山里的潞安商人也算跟着牛了一把！他们站在高高的潞安城上大声疾呼，去它的布衣吧，织绸城里何愁无绸衣，潞绸已"士庶皆可为衣"了。

从明洪武皇帝封其二十一子朱模到潞安住藩当沈王开始，二百余年的日日夜夜里，潞商们每日见到沈王府出出进进的就是"王公宫室、车马、服食之盛"，眼馋的就是"王宫之仪，世禄纨袴"。万历年间的潞安府里，万余张的织机，日夜不停，年产十万余匹的潞绸，知府都认可有十倍的利润，咋得就单

215

山西洪洞明应王殿"买卖商人"壁画

单少了潞商们的这几件绸衣？笑话！

潞商"盖长治附郭，习见王公宫室、车马、衣服之盛，而生艳心，易流于奢。今郡俗之靡，正以士庶而效王宫之仪节耳。世禄纨袴，富商大贾，乘此斗靡，遂至江河不返，虽郡大夫屡政于上，乡先生力挽于下，其奢靡，而不先正其名分"。万历初年的《长治志》如此这般地夸耀了潞商一凡，看来主编《长治志》的大官人同样不服"商人布衣"这口恶气。

潞安的"富商大贾，乘此斗靡"，他们在这块"年年织绸，岁岁上贡"盛产绸缎的地方，尽情地穿着华丽的衣锦与王公宫室的爷们开始"抖富"，潞商们或贩铁、运煤、织绸；或制瓷、酿酒、种麻；或干脆一股脑地去铸造"万历通宝"，不论什么行当，总之，他们要用赚来的大把大把"大明宝钞"换回数辈商人都没有享乐过的奢靡生活。何止是脱了布衣穿绸衣！何止是买卖牛马贩运铁！此时的潞安府里，一匹匹驼队载回白花花的银子早已变成一座座规模宏阔、雕梁镂栋、用料考究、装饰奢靡的"孟家花园"、"张家花园"、"万家花园"、"申家二十四院"，沈王府外、街巷两旁一处处豪宅拔地而起，鳞次栉比。潞商抖富之举，大有与"沈王府邸"比高低之势。潞商阔气归阔气，沈王府邸的王朝之气势是永远不能超越的，朝廷祖制不可违。万历年的潞安城沈王府邸不愧王者风范，"前庭七间两厦九架，中堂七间九架，后堂七间七架，门屋三间五架，门用金漆兽面锡环。兽梁栋用斗拱檐角，彩色绘饰，门窗枋柱用金漆，廊庑庖库舍一览无垠"。这样的气派，那一样也没有离开过潞商们的给养。

万历年间，连朝廷户部的官员都说了话："富商大贾乘肥衣锦，日倚市门，而以权贵为之囊橐。"万历二十年（1592年），在朝廷任工部左侍郎的沈思孝著述《晋录》时，这样描述道："潞安城里，没有数十万自己就不要称富，这里豪商大贾甲天下。"工部左侍郎的一幅"潞商富天下"的挥毫泼墨画卷，供今人尽情地翻阅。

阔气富有的潞商哪能只满足"脱了布衣穿绸衣"，你看他们的深宅大院内，车马啸啸，婆姨妖娆，子孙满堂，雇佣摩肩，老少接踵，门庭若市，个个衣锦。热闹了潞安府，热闹了数十代潞商人的富裕之路。

五　赈灾富商万寡妇

潞安城亦有闹饥荒的时候,历史的轨迹不总是"风调雨顺"。史籍有载,也有不载者。记载可查的大灾有汉永康元年(167年)的上党地裂之灾;后周广顺二年(952年)的泽潞山中,树枝尽折,死者甚众之灾;元至元十九年(1282年)襄垣、潞城、壶关之蝗,稼草木俱尽,民饥相食之灾。明成化十八年(1482年)潞州大雨连旬,漂流民舍,溺死之灾;万历十四年(1586年)的潞安大灾,可谓是空前灭顶之灾,仅有两万余户的潞安城里,死人三万余。

大灾已经过去二十六年后的万历四十年(1612年),进士出身,任潞安知府的周一梧,在编纂书写《潞安府志》时,触及那年的天灾,大堂里案桌前的他回忆往事,还是心有余悸,写下了这么几句话:"万历十四年,荒疫并作,四门出尸三万余,遣户部员外郎王之辅赍币金赈济。""潞安郡守李公杜,面对郡城中的荒疫,乞籴于邻里,为粥以食饿者。以晓愚民,严禁抢掠,百姓胜似感动,宁死没有盗窃者。"周知府在提笔记录大灾疫情的同时,也为他的前任李知府捏着一把冷汗。

一方有难,定是八方支援。朝廷如何救济?知府如何千方百计?先且不去叙述,只是派户部员外郎王之辅带了点钱也好,只是做粥以食饿者也罢,那是朝廷官员他们分内的事。就说潞商遗孀万寡妇一人济粮一千石,开仓放粮救百姓,"郡守李公杜善为粥以食饿者",这粥米看来也是万寡妇所捐吧!潞安城里婆姨之善举十里八乡传为佳话。一石千斤,千石百万斤,万寡妇不愧是万寡妇,仓廪百万、富可敌国的她大灾面前做出了大义之举。周知府寒窗苦读著春秋,万历四十年的《潞安府志》还真是值得称颂的佳作,他将万寡妇的善举作了不朽的立言。

"万历十四年大祲,长治有万寡妇捐粟一千石,凶荒时所不免也。所贵积而能散,不为守财奴,斯富足称矣。""越百年而岁祲,不知凡几才见一万寡妇,睹者以为民俗渐不如昔。"百年不遇的灾疫,几凡才见的万寡妇。这一年,哪里仅仅是让潞安的灾民有救,知府李公杜也沾了万寡妇一大光,因赈粮到位,救灾有方,潞安城中出现的是"宁死没有盗窃者",这位潞城人氏李公杜因此从小小的知府荣调朝廷国子监,去当朝廷的"教育部长"了。

万寡妇之子郭思极,敬佩母亲万历十四年捐出千石粟粮的赈济之事,特意为这位巾帼营建"牌坊"旌表母亲善举。《长治县志》的主编也将此事写入其中,教育后人。

万寡妇的善举今天看来至少有两点为我们所称道,一是历史上的潞安妇女一向有心尚行善之美德;二是潞商赚到大量的财富哪怕是家里只剩寡妇一人,也不独享其乐。

潞安妇女一向有心尚行善之美德。此话不只应在了万历年的万寡妇身

山西繁峙岩山寺"赈灾"璧画

上，在潞安这处民风纯朴的地方，古代潞安妇女这样的例子比比皆是，汉朝有上党人冯奉世之女"冯媛当熊"，为保汉元帝之性命，只身女子当熊护驾，有胆有识；唐朝有潞州节度使薛嵩的侍女，为主解忧，保国疆土，往返七百里，入危邦，"红线女险境传信"，化干戈为玉帛；金代有潞州民女"崔法珍断臂乞款刻经书"，感召潞民行善举，传授百姓做善事。万历年，万寡妇济粮千石救灾民的行善之举一定程度上讲是汉唐潞州妇女美德遗风之再现。

万寡妇的丈夫生前何许人也？是贩潞绸者、是贩潞盐者、是贩铁货者、还是烧制陶土砂锅者、还是酿造潞酒者？万寡妇又是如何变寡妇？丈夫是否就是在此次的大祲中死去的？所有这些摆在我们面前的永远是个问号，今天已无从考证。但万寡妇的男人他一定是位"潞泽豪商甲天下，非数十万不称富"的潞商，不然咋会来得"仓廪百万"，不然连周知府都称其"斯富足称矣"。这观点看来是不成问题的。潞商能给自己的老婆留下"仓廪百万"的财富，自己的老婆又能在大灾面前有大义，慷慨解囊，这一"解"就是百万斤粟粒，让一位堂堂的潞安知府大人数十年后还一直为之称叹。在万历年间，这样富足的潞安商人不要说在晋商队伍里屈指可数，就是在当时偌大的中国也找不出几位。

潞商难能可贵，潞安婆姨难能可贵。

六　耄耋画商绘丹青

潞安府的历史上,没有出过几位著名画家,以买卖字画为生者也不见有记载。"画商"对潞安的百姓来讲就没有用过这个字眼。人们似乎感到中国之美术艺术就不曾光顾上党的臣民,手书丹青换些银两的"买卖"似乎也不是这里臣民的专营。

时光穿梭,就在社会安稳、商品经济相对文明的明朝万历年,潞州没有艺术家的神话被打破了。长治人万瑄,一位九十岁的耄耋老人手中的画笔划开了潞安画界的沉寂。这位万老先生虽年迈高龄,但精神矍铄。一生善于绘山水小景,其作品意境深远,笔法苍劲,用墨讲究,更有自成一家之绘画特色。"顶山日照"、"漳河晚霞"、"古城斜阳"、"钟鼓楼影"等等展示潞安的山色风光的绘画作品在万瑄笔下表现得淋漓尽致。按照一般常理,九十老翁,能料理自己的日常生活起居已是难能可贵,甭说拿得起画笔、审视世间风光物体、再进行绘画创作了。可万老先生确实与众不同,非同一般,而且,耄耋年龄手绘丹青还能换取些零用的银两。遗憾的是,其作品的价值,在明朝时是个什么概念,按幅取得酬金?还是按尺寸大小得到报酬?还是将作品送个人情就算了?相关的资料有待后人考究吧。值得一提的是,万老先生不仅绘画风格有其独特一面,

长治东山的"百谷寒泉"

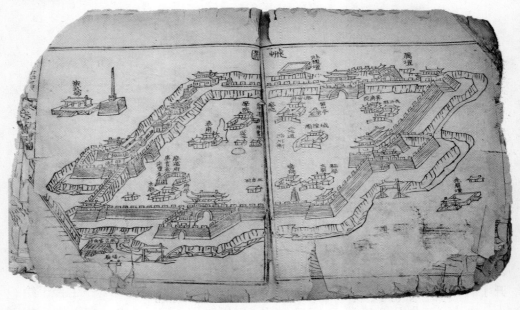

明末的潞州城池图

做人的品格同样值得书写一笔，万瑄家距潞州的沈王府第很近，日常生活中常常免不掉要与王府人们来来往往，打打交道，但万老先生见到他们只是"拱手行礼"，而不去"低三下四"地去行双膝跪拜之礼，这样的举动反而显现出老人的人格魅力，人们尊重他，敬佩他。

几经阅读上党的历史，多少朝代的更迭，多少人物的湮灭，潞安府城里能出现一位名副其实的画商，那只有明朝万历年间的九十老翁万瑄莫属了。

画商万瑄老人的绘画业绩，由此感动了"博学宏才、留心经济"，进士出身的知府周一梧，万历四十年（1612年）"引疾归家居八载"的周知府编纂《潞安府志》间，怎能忘记身边很有特长的画商万老先生，知府大人早已被万瑄超人的精神、健康的身体、过人的才思、高超的画技所折服。周大人激动的文笔将万瑄列入《潞安府志》"人物方伎"篇中，他写道："万瑄，潞州人，通玄理，亦善画，写意入神。年九十犹作小景，见王公长揖不拜，人皆重之。"据考，当年周知府主修的《潞安府志》前几篇的"潞州地形图"绘画白描作品就出自万瑄老人的手笔。

　　更有甚者是清乾隆初年的长治县令吴九龄，同样崇拜着潞安府历史上仅有的这位耄耋绘画神手，吴县令将万瑄称作为一名"艺术家"收录在他的《长治县志》"艺术"一篇中，当时的吴县令做了如此叙述："万瑄，潞州人，通玄理，善画写意，胥入神。年九十犹作小景，见王公长揖不拜，人皆重之。"几句话语，吴县令的文笔似乎是将《府志》内容重复写了一遍，其实不然，地方官吏吴县令不同的思维，是将画画的手艺人列入"艺术"的范畴，"艺术家"的定格终于出现在了上党地方史的字里行间。

　　九十耄耋万瑄的绘画作品今已难觅，只有通过万历《潞安府志》"地形图"来揣摩万老先生的绘画创作思想和风格了。再三阅读九十耄耋老人事迹，其对生活、对绘画艺术的不懈追求精神和超人的体魄、才思留给我们的却是无尽的遐思。

七　张家孟家皆花园

明朝时期,富裕后的潞商,在潞安城里,在自己的家乡故里修建了无数处的豪宅大院,耗资巨大,蔚为壮观,很是讲究。潞商无论是贩丝、贩盐、贩铁;还是酿酒、铸铜、织绸,做买卖、做生意,反正是赚到了不少的银子。在这座老城里因有当朝皇帝朱元璋第二十一子朱模的"沈王府邸"建筑作楷模,"斗靡之风相当盛兴"。所以讲,潞安城里的商人宅院,一处处用资巨大、用料奢侈,不惜占地面积,不惜耗去两三代人经商赚钱的积蓄去营建豪宅。潞安城中的张家花园、孟家花园的历史轨迹,活生生地浓缩了富裕后潞州商人营建豪宅的奢靡之举。

2002 年前,长治英雄南路 201 号,有一处保存完好的明代遗存"张家花园"。规模宏阔、建筑考究,历史悠久。遗存的绣楼,规模巍峨,雕梁画栋蔚为壮观,窗台石、柱础石、门墩石选料考究,做工精细,巧夺天工。遗存近百间房屋的"张家花园"有近五百年的历史,对研究明朝长治的历史沿革、城市布局、房屋建筑、商业发展以及社会经济文化均有极其重要文物保护价值、历史研究价值和旅游开发价值。

明代,潞州的商品经济异常繁荣。这里的百姓利用丰富的自然资源,长时期经营潞绸、铁货、铜器、煤炭、潞盐等行当,赢利丰厚,富裕者众多。潞商作为晋商中的佼佼者,声名大振,素有"潞、泽商人甲天下,非数十万不称富"之美誉,潞绸作为贡品,更享有"南有苏杭、北有潞安"之称,荫城销售的铁货,"日进斗金"。当时的潞州歌舞升平,一片繁荣。

明嘉靖初年,潞州城内有一位叫张同仁者,以收购古董、古旧铜器为业,往返于京师与潞州之间,因京师安定门外多居住有潞州铜匠,对张的生意也颇为照顾,一来二去,张同仁的收购资金日见殷实,也小有名声。潞州城内的百姓也多将废旧的古物、铜器送到他的门下,换些钱钞。一日,张同仁用一贯

224

钱收购到一尊脏兮兮的铜娃娃,张只注意到铜娃娃很重,并没有太在意铜娃娃的价值,和往常一样,就连其它废铜一起运到了京师。当京师的潞州铜匠整理运来的古旧铜料时,清除铜娃娃身上的泥垢后,惊奇地发现,铜娃娃不仅仅造型异常优美,身上的纹饰留有浓烈的先秦古韵,而且整个身体用黄金铸造而成。张同仁与京师的潞州铜匠惊喜之余,商量决定,将这尊稀世珍宝"金娃娃"献给了当朝皇帝。

当时,明嘉靖皇帝刚刚组织他的军队平灭了山西潞州青羊山里的"陈卿农民起义"。潞安地区人心惶惶,民心不定。嘉靖帝为安抚潞安百姓,显现皇恩浩荡。升潞州为"潞安府",增设"长治"、"平顺"两县。意在"平顺百世之泽、达长治之久安"。当嘉靖帝拿到这尊来自山西潞安商人奉献的"金娃娃"后,认为这又是一次"安民"的绝好时机,立即下御旨,封张同仁为新科状元。明朝时,朝廷有个惯例,三百六十行不论哪行,凡能出人头地者,朝廷封其为状元。"三百六十行、行行出状元"一语的典故就源于我国明朝。嘉靖帝在封张同仁状元的同时,又令户部拨白银三千两,在潞安城南建了一处规模宏大的"张家花园"。在当时背景下,皇帝此举目的有二,

长治孟家花园大门

225

长治明代民居"张家花园"后院

一是宣传潞安的臣民忠于朝廷；二是标榜皇帝爱民如子。从此，潞安城内有了一处唯一朝廷拨款建造的私家园林。

明朝潞州张氏同仁的事迹，不仅仅是一代代的口碑相传。我们在京城北京图书馆馆藏"潞安会馆"乾隆十一年（1746年）《重修炉神庵老君殿碑记》中也找到了一些蛛丝马迹的资料能作为佐证，碑中记到："都城崇文门外，有炉神庵，仅存前明朝张姓碑版，不详其创建所由。吾山右之贾于京者，多业铜、铁、锡、炭诸货。其伏魔殿、佛殿前后，修举于潞州商人。"碑中的记录告诉我们，京城的潞安会馆为明朝时潞商张姓筹建。这位明朝人氏张姓，是不是张同仁？我们暂不定论。分析一下资料，当时，既是潞州商人，又姓张，又常常往返于京师与潞州间经营铜、铁、炭生意，还能活动在天子脚下修建"潞安会馆"者有几个姓张的潞商符合这些条件？翻阅潞州明代的《潞州志》、清《潞郡旧闻》和一些地方史，进行姓名排列，结果没有查到符合上述条件的张姓潞商。种种迹象表明，这位明代潞州张姓商人，使我们不能不考虑到深受皇帝器重和奖赏的张同仁，有此方面的能力和可能性。

"张家花园"大门处照壁

张同仁家族几代均经营古董、收购旧铜料生意，加上朝廷赏赐的花园作"幌子"。张家代代富裕。花园规模也不断修葺和扩大。到清朝光绪末年，张家花园传到第十七代张亮佳之手时,规模为正楼上下十四间、南北厢楼上下二十间,供小姐、太太起居;过房十间、门房四间、南北配院六十间,为张家佣人居住。张家房屋高大巍峨、雕梁画栋、设计考究、做工精细。后花园占地五亩,园内亭、台、楼、榭建制考究,一应俱全,名贵树木郁郁葱葱,太湖石错落有致。上世纪三十年代末,张亮佳曾担任长治南街街长,在花园内接待过八路军的工作人员和高级军官。1945年长治解放后,张家花园被"土改",南街十多户贫农分到了"胜利果实"住进该院。

步入其中,深深地感触到那古朴的数十间绣楼、精雕细刻的照壁、巧夺天工的柱础、鬼斧神工的门墩,正用无声的语言告诉着长治明朝辉煌的商业历史。

长治城东南的花园街,同样有一处著名的明朝建筑遗存,现存花园大门、五间过庭残柱、二层楼的正庭、东西厢房、五孔储花窑堂,以其宏大的规模、独特的风格、精细的做工,仿佛在用无声的建筑语言告诉我们它特殊的身份,这些建筑它们分别坐落在花园街的15号院、17号院、19号院,占地面积约5500平方米,这里现在住有9户孟姓和10户外姓居民,当地人多习惯地称其方圆近3万平方米的范围为"孟家花园"。

孟家花园的历史悠久,它的由来还是隔不断与明朝时朱元璋第二十一子朱模住藩潞州的千丝万缕的联系。朱模明洪武二十四年封王,永乐六年来到潞州,并在潞州州府前建造有皇城,供其子子孙孙享有了十代。孟家花园是其皇城建筑中的一个"别园",但当时并不叫孟家花园,而称"馨澜"。"馨澜"二字源于皇子朱模赐给爱妾的名字而得名,这里是他们幽会、赏花、享乐的地方。书有"馨澜"的巨大木匾至今还保存在孟家后代老屋之中。

明朝时,出皇城大门向东行到"馨澜"处完全由石料铺道,故此有了"石头街",再继续向东行至2000米的地方建有"跪门关",也就是现在太行宾馆南墙处。因皇子驻潞,潞州每日均举行"报时"仪式,"晨钟暮鼓午响炮"。即以清晨鸣钟、夜晚击鼓、中午响炮的方式告知官员百姓作息时间。此俗一直沿袭到清末钟表引进我国方作罢。"跪门关"是午炮响过之后,文武官员护送皇子到此下跪止步的地方,至此皇子只身进入地道直通"馨澜",这时"跪门关"暗道大门紧闭,官兵把守,戒备森严。地道如今还能在孟家老宅院里见到残存遗迹。

不知多少个年头，多少个春秋，"馨澜"的建筑规模不断扩大，石雕、砖刻、门楣、雀替精雕细刻，梳妆楼、看花楼、寝室、书房、厨房、储花窖堂、花园、亭、台、楼、廓，步入其间，让来者流连忘返。一股清澈的泉水自东向西蜿蜒其间，从南方运来的各种名贵树木、花草栽满了整个"馨澜"，很有一凡"古道西风瘦马，小桥流水人家"的江南景致。

"馨澜"的花木园林由一位皇子信赖的孟姓管理，他来自山东曲阜的孟家庄。孟家几代人一直以种植、经营花木为业。北方的气候寒冷，从南方运来的花木娇贵，花木过冬的问题在孟家的六孔"储花窖堂"得到科学的解决。

长治城内的"孟家花园"后院

"储花窖堂"至今尚存，窖堂不仅门脸建筑设计讲究，各种吉祥宝图浮雕镶嵌在堂顶门楣和窗棂四周，足显孟家之富贵，而且，窖堂的建筑布局更为科学合理，整个"储花窖堂"的设计坐北向南、采光充分，同时利用了窖堂的保湿、保暖的特性，使得孟家供给王府的花木常年鲜艳绚丽。此处窖堂之上还建筑有一座"观花楼阁"，盛夏傍晚，阁中眺望，整个"馨澜"尽收眼底，赏心悦目，美不胜收。由于是专门伺奉王府的独家生意，一辈辈地为沈王朱家经营，关键是卖出的花木价格不菲，赚取的银两应该不在少数。赚到孟家的白银换回的是"前庭富丽堂皇、后院花木郁葱"的这番景致。

明末王府的衰落，此处"馨澜"之地随着明朝廷的灭亡而败落，多数养花匠人回乡另谋职业。1938年日军飞机轰炸长治城，"馨澜"院落里的"观花楼阁"及多处房屋和诸多名贵花木被炸毁，这之后，悠闲之地的"馨澜"也逐渐被"孟家花园"的名字所取代。

八　二十四院有传人

明末,由潞城西天贡村潞商申家演化出"二十四院"的历史,可谓潞商轨迹发展过程中特别的一支队伍。

申家民居布局质朴简洁、疏密相间、典雅明快、错落有致,与晋商的乔家、王家、常家高墙厚壁的大院有着不同的风格。"二十四院"说它是"院",倒不如称其潞商经营二十四个"行当"的演练场更确切。考察此处院落的作用,除了供家族商人的正常生活起居外,最主要的用途是在经营他们的"行当"。几次来到这里,又三番五次琢磨,脑际里的思绪聚焦在一起,会发现,这里的宅院内涵早已超出"建筑"的范畴,时时处处体现"生意买卖"是二十四院跳动的生命脉搏,从其主线摸索下去,一下便明白潞商"二十四院"商业经营的聪慧头脑。盐店院、粮店院、染坊院、花店院、布店院、当铺院、铁匠院、酒坊院、客栈院、丝绸院等等,串串院落哪里只是豪华奢侈的外表,间间楼房直接反映出的是潞商申家"二十四院"的商魂。所有的这些浓缩成一首商旅高歌,她的乐章需请出申家的老祖作序。

明朝靠开药铺、当铺、盐店就已发迹的潞城西天贡村申家。相传,祖宗是在元末由京师避难到此落脚的,一册保存数代的《明朝万历九年西天贡村造册》有记载,18个儿子,子孙满堂,家境富裕,天贡村原本就是一个户数不多的小村落,申姓家族就占了八九,以申家祠堂为中心的申家院落辐射四周、纵贯南北、鳞次栉比,进进出出的骡马商队红火了这个小小的村寨。

子孙满堂了,一个申家大院自然住不下了,不只是人数的暴增,18个儿子几个过门的儿媳、叽哑哑的孙子,所有这些最终导致的是 18 个思想的暴涨、异议。还能住在一起吗?这一年,申家最终出现了一幕"砸锅片",自家祠堂里,老祖宗举起铁锤重重地砸向一口铁锅,这一砸,粉碎了申家在潞城天贡村最原始的组合,也砸出了儿孙去向四面八方进行新生活的希望。"一个

儿子一锅片,祖根天贡记心上,各奔东西谋生路,长长短短由命去。"这一砸,"铁锅申"分出了三大支系,长子和老小留天贡当地,其余两支到了潞城南村、中村、北村,平顺的安乐村等地方。"不破不立"的社会进化规律诞生出新的和谐,申家子孙们从分家后,各自的原始积累又开始了。

一代代的传承、一辈辈的发展,申家祖根这支经商历程中有头脸的人物在明、清就出现了。当时间进入清道光初年,天贡村申家的申列垣,算是潞商中出色的一位。为禁私盐,各朝曾在潞州捐职多名督查贩私盐的"按察司",申列垣,这位嘉庆五年(1800年)出生,咸丰三年(1853年)故去的正三品"例授修职郎侯、按察司知事",仕途上二十年的光景,职责是查禁私贩和督查地方官员。他在"经营贩盐"的工作生涯中能说是"既是裁判员又是运动员",是一位利用手中权力带领家族人等经商、贩盐、开药铺、开当铺,赚取大把银子的高手。道光二十年(1840年)十二月十三日,41岁的申列垣用赚来的银钱为申家再次迎来朝廷的保护伞,申母被道光皇帝钦封孺人八品"敕命"。"龙匾"高挂申宅中堂,"龙章宠赐"的圣旨匣盒、进宫腰牌和两米长的"敕命"圣旨,书写出的是申家与皇家的又一次的"合作"。

"奉天承运,皇帝制曰,群工师济,既茂绩之克昭,母氏劬劳涣明,纶而必及而赵氏,乃捐职按察司知事申列垣之本生生母,妇职能襄母仪,并著助内协,无非之度课,子成有用之才,兹以而子遵例急公贻,封而为八品孺人,赐之敕命,于戏加壸内之殊荣,用酬顾复沐天家之旷典,弥劭荣光。道光贰拾年(1840年)拾贰月拾叁日。捐职按察司知事,申列垣之本生生母。"帝王的诏书,创造出申家久远、无上的光环。

贩盐生意,不只是在申列垣这一辈开始的。早在明正德年间,已到河北永年供职的进士申纶是西天贡村申家四子的后代,正德末年调到太原,后再升任潞州知州,早先申家是利用这层关系从事盐的贩运和买卖。祖祖辈辈,申家将煤炭、粮食、铁制品等用自己家族里的商队运至晋南的平阳府,卖出后再购进食盐贩回潞州囤积,在潞州的中村开设有盐店,转手牟取利润。时间到了申列垣这辈,其深知处理好权与钱的重要,他将祖辈积攒的白银用来换取"例授修职郎侯、按察司知事"的官衔,为的就是利用手中稽查各地私盐的这把尚方宝剑,更多地为地方和家族里的贩盐活动融通方便之门,用赚来的银钱壮大自家的商旅的实力,从而,获取更高的利益。

230

从西天贡村申家老祖根分出后的中村二十四院。目前尚存七院,是申十三和他后代的几辈人从卖醋起家,渐而开当铺、开客栈、贩盐、卖粮等等赚钱完成的潞商"作品",是申家从明至今,商绩代代传承的形象代表。盐店院、粮店院、染坊院、花店院、布店院、当铺院、铁匠院、酒坊院、客栈院、丝绸院,虽个别院落已残墙断壁,但大半仍保存尚好,它们形成的四合院、三合院、棋盘院、八卦院,层层院落"众星捧月"的造势下,更具特色的"珍珠倒卷"建筑形制,展现了晋东南富商豪贾"深深庭院深几许"的效果。宅院中透出了潞商申

申家二十四院中心建筑"戏楼"

家昔日的辉煌和富有。

据考,二十四院的发迹,原始的资本积累还是煤和铁,至于贩盐、贩粮、贩丝、开染房、开当铺均应该看成其后来的附属产业。申家老一辈讲,大院里"很大的炉灶,院院烟道相通,碗口粗的炉条三尺多长。寒冬腊月,申家已享受地暖过冬"。靠山吃山、靠水捕鱼,中村二十四院"地暖"的长年使用,足见"煤"的自足和富有。当地民谣:"煤行不动,百行无用。"煤是中村、南村、北村乃至整个上党在内从古到今的支柱产业,煤行不兴旺,其它行业均将萧条。明、清、民国时申家经营控制着当地煤窑、铁矿多处,产业雇工数百人。煤炭滚滚,财源滚滚,几代人的经营、几代人的积累,"一本万利"的煤铁资源才是申家二十四院最终形成规模和深远影响的根本所在。

如今，我们还能在这漫漫潞商足迹里领略到长治中村、潞城西天贡村"按察司知事"申氏家族用几代人营建的气势恢弘的"申家二十四院"和"申家祠堂"风貌。二十四院有传人，商界人才辈出。山西南耀集团董事长申跃文、晋源

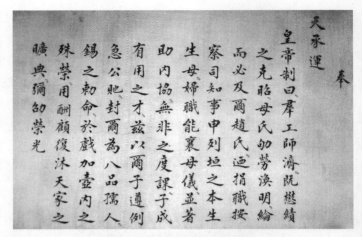

清道光皇帝御赐申家的圣旨

焦化董事长申国庆等等，在当代潞商队伍里，他们大力发挥地方煤、焦支柱和优势产业，年上缴税金上亿元，在新农村建设中，正阔步走向新征程、创造新业绩、谱写新篇章。

二十四院传人当代潞商申跃文创办的山西南耀集团

九　西方商人闯潞安

　　长时间地站在中国这处商业发展的历史舞台上,静观潞安商人的步履,一串串的经营故事里,猛然间发现,潞安商人留下的一行行足迹中,还有一块鲜为人知的商业历史需要我们去认真探究和诠释,这就是清朝时期闯入太行山天脊深处潞安府的西方商人。"先闯、再融、后发展"的西方人,能赚到古老东方商人的银子,还真的需要琢磨一下他们的来路和手段。

　　西方人进入潞安,起初根本就不能称其为商人。因为他们光顾中国的内陆省份最初的本意是在传教,虔诚地在传授着西方天主耶稣基督的思想。清朝康熙皇帝是最先首肯和支持传教的人,原因是他在一次出行征战中得疾,中医久治不好,后被军中请来的两名基督徒治愈,康熙感念耶稣,给予传教士诸多优惠条款,故康熙朝之后的西方传教士人数在中国达到极盛。此间的潞安府地界之上,林立的教堂如雨后春笋般拔地而起,以后的日子里,吸引上党百姓眼球的已不单单是传教这一件事情了。不知何时,只见潞安城内五六处高耸的教堂四周已是店铺密集。蓝眼睛、黄头发的传教士一手握着《圣经》,一手挥动着洋火、洋油、洋灯、洋锅、洋碗、洋糖、洋饼干,汉语中夹杂着英语、意大利语的叫卖声似洪水猛兽,冲击着上党土特产的市场经济。大约就在光绪三十四年(1908年)夏日的夜晚,西方商人促销"洋货"的手段再次出笼。电影这个极具现代文明的新玩意儿首次在潞安城南大教堂上演了,《耶稣生日》、《伦敦风光》三两分钟影像,轰动的是整座潞安城,当时的电影虽然无声,打破的却是潞安府寂静的夜市,洋人教堂里的洋火、洋油借着电影的光芒销售到人山人海的信徒和观众手里。数千年来一贯遵循着"日中为市"、"日落而息"老路子的潞安商人哪里能想到夜晚的赚钱门路,洋人放的是电影,口袋里赚下的却是白银。这下潞商尝到了西方商人的厉害和经营手段的高超。

潞安城里的电影夜市隔三差五，尚未让这座老城消停下来，由英国传教士史密斯作为出资东家的"光道成"照相馆又在潞安城西街路南应运而生了。十万银元的资本，两层小楼，"光道成"外表华丽中透着浓浓的西洋气息，楼下五间的百货商铺经营着洋绸缎、洋布匹、洋西服、洋钟表、洋器皿等生活用品，后院是照相馆和英国传教士史密斯的休闲住所。开始的照相经营，光道成采用"走出去"的方式，在老城的初一、十五各大庙会上由史密斯的掌柜张启轩肩扛设备，走乡串户，将史密斯传授给他的照相技术一展风采，一年中的数十个庙会，张启轩既为客户照了相，又为光道成做了广告。两三年的光景，照相行当风靡潞安。此时的张启轩再也用不着风里来、雨里去地跑进跑出了，反而，找上门来到光道成照相的大户富商摩肩接踵，捎带买些洋货者也日渐大增。数十年的经营，西方商人"光道成"的买卖先后又换过"光华兴"、"光裕成"等招牌，民国初年还在晋城设立分号，并购进了几辆汽车兼营货运、客运的生意，买卖很是兴隆。所有这些经营思想，都是西方传教士英国人史密斯利用当地潞商长治紫坊村人氏张启轩出头露面当掌柜，换取上党

基督教鸿恩医院外国医生和潞商王志杰在度假

百姓的信誉,史密斯的"光道成"买卖和经商之道,可算是西方商人交融到潞商队伍中的成功案例。

极具商业头脑的西方传教士,想着法子站稳脚跟后,要赚潞安人的钱财还有一绝招,那就是用"治病救人"做经商的铺路基石。清朝、民国时期的潞安医疗条件相对落后,看不起病、用不起药者不在少数。潞安教堂里的西方人恰好利用了这点。只要来到教堂看病的信徒和老百姓,相当长的时间里是不收看病钱的。目的大致有二,一是吸引更多的上党百姓信教、入教;二是传教士试图让西医潜移默化深入到百姓当中,认识西医的优势,然后,做赚大钱的前期准备工作。西方人用西医坐诊收费的专门医院在民国二十五年(1936年)时,还真的在潞安开诊了。尘封近百年的老照片和旧广告帮我们再次翻开了这家西医诊所的历史。

旧照里右一的中年汉人,是长治籍的中医王志杰先生,民国初年陪同鸿恩医院的荷兰籍医生夫妇及子女去中国烟台度假时,在轮船上的合影。

入乡随俗的西医诊所,整版广告不曾使用一个洋文字母,字里行间书写出的是汉字楷体墨香的文化:"长治北街,基督教,鸿恩医院,定于阳历八月二十日(阴历七月初四日)开诊。上帝爱世人,甚至将他的独生子赐给他们,叫一切信他的不至灭亡,反得永生。民国二十五年八月日,本院只设长治一处,概无分院。"由此开始,西医走出了教堂,坐落在了老城北街的路东(现在的长治市人民医院院址)。鸿恩医院由美、英、荷兰、瑞士等国的传教士创立,属教会医院,置有床位,设有化验室、手术室,能做阑尾切除、疝气修补和刮宫产等手

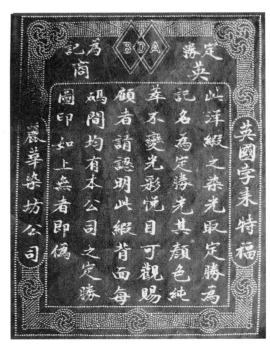

英国商人李来特福在长治经营的绸缎广告

术。这些西方医术,在当时的中医治疗中是很难办到的事情。教会医院的渗入,可以说是西方文明与东方文明的大交合,他们在收治病人的同时,也在出售着他们先进的医疗技术。

数百年的商业生活磨砺,让西方人带来了他们先贤的经商理念和聪明才智,同时更迫使他们首先"入乡随俗",适应潞安人经商的大气候、大环境、大背景。

一支是土生土长的东方坐商,一支是来自大洋彼岸的西方商旅,同在潞安府的屋檐下,同坐在一条街上做生意,是交流、是交融、是谁服从了谁?没有确定的答案。不过,西方商人将潞安府前所未有的洋货、照相、电影、西医诊所等作为"拓商"鼻祖,今天读起这段历史来,发现还是很具生命力的。由清朝至民国时期,在浩浩荡荡的优秀潞商队伍里有一部分西方商人交融其中,经营着他们的买卖,服务着上党的百姓,促进着潞安的商业进步,也赚取了白花花的银子,这是不争的历史事实。

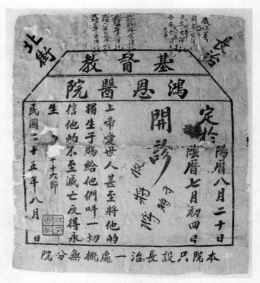

荷兰鸿恩医院在长治开诊时的广告

十　祥记公司孔祥熙

"GASOLINE MOTOR OIL 四周一圈英文、中央五星图案"。这就是孔祥熙的祥记公司在长治东大街路南该公司门前挂出的巨大"洋广告"。何意？gasoline 美国语汽油；motor oil 英国语汽车油、石油；五星图案是美国壳牌汽油的标志。上世纪三十年代初,在长治层层叠叠古老传统的建筑群中"洋广告"显得是那么扎眼,如同平静的音乐中突然跳出的不和谐"音符"。但就是这个圆圆的标识广告,在当时来讲,它可是代表祥记公司显赫地位的"身份证"。看见了它,就等于见到了孔祥熙的祥记公司,就等于见到了美国、英国的商业势力范围已渗透到古老闭塞的潞安老城。

祥记公司,是曾任民国政府工商部长、财政部长、行政院长、中央银行总裁、中国银行总裁,与蒋介石、宋子文、陈果夫合称四大家族的孔祥熙的买卖。那是民国初年,孔祥熙从美国留学返回山西太谷,任铭贤学校校长,不甘寂寞,利用其同美国基督教会、美国使馆商务参赞、美侨等关系,包销了美孚煤油,又交付英商亚西亚火油公司保险金 2.5 万元英镑,掌握了全山西销售美英石油的总销权后,并投资 5000 元,于 1918 年在山西太谷西街正式成立的,天津同时设立分公司。

长治城内的祥记公司,是孔祥熙任民国政府委员兼工商部长、成为山西进出口贸易巨商后,于 1930 年成立的。公司的地址当时选在潞安城最繁华的商业集中区东大街路南(即如今的东街工人俱乐部位置),它气势宏大、设计别致、门面考究,上下十间的楼房全都用汉白玉凿刻有精美的浮雕图案,楼顶镂空的女儿墙柱上四只雄狮,昂首挺胸,寓意四季生意雄盛;左右两只宝瓶,寓意"平平安安";楼下六层的台阶石,高出左右其它店铺一米,寓意"六六大顺、高人一等"。可见祥记公司为在商场取胜,在建楼设计时的用心良苦。细心的读者此时再细细品味这张"祥记公司"唯一留下的旧照又会发现,台阶上一左一右两口土造的大水缸,似乎与洋楼、洋广告很不协调。不过,这是因为公司销售的是易燃的油料商品,大水缸叫"吉祥缸",是用来防灾灭火的。当时,祥记公司的位置确定也是动了一番脑筋,公司的西面为信义银号、东升大药房和人马川流不息的十字街;东邻恒盛副食店及铜铁匠人聚集的铁匙巷;北面斜对着大北街马路,客商若从北门入长治城,远远即可望见"祥记公司"建筑宏伟的灰色大楼,给商家极强的视觉冲击力。这里四通八达,来来往往的车辆均从此通过,地理位置十分优越。

长治祥记公司的经理为郭凯,副经理王大宾。公司除门面十间楼房外,后院有经理室、员工宿舍、厨房、库房等房屋 60 间,共占地面积 2500 多平方米。内有员工、伙计 40 余人,原籍多为太谷,也有长治人,但没有任要职的。公司资本形式为独股,股东即赫赫有名的人物孔祥熙。股金巨大,究竟有多少?鲜为人知。不过,有段出土发现的小插曲,讲出来让人们对其钱财的富足惊叹。1948 年,人民政府拆除祥记公司建筑,在此修建"工人俱乐部"时,在公司后院西边仓库地下密室中挖出七斗缸三口,上面用石板封盖。当现场施工的工人们起封后发现缸内装满了民国时期流通的银元、银铤和少部分金条。之后,将其到银行兑现,政府修建俱乐部就用的是这些钱。1988 年 7 月,东街兴建街心花园的西马路,又在祥记公司原址后院东面的厨房位置,发现装满银元的三斗缸一口。之后,上交有关部门。以上两次窖藏银钱的发现,仅仅是祥记公司藏入地下极小的一部分资金,由此,我们可以想见当年祥记公司资本之雄厚。

民国初年祥记公司总经理孔祥熙及
夫人在其宅院

孔祥熙在潞安城东街路南开设的祥记公司

民国时期，长治祥记公司所经营的业务为：在潞安及所属各县包销美国、英国产的壳牌汽油、机油；亚细亚牌、德士古牌煤油；包销英国芬内门公司产的洋碱、洋糖、颜料、肥料；僧帽牌洋蜡烛、丽华牌洋胰子、杀虫剂以及各种化学用品；在长治、晋城、阳城等县低价套购铁货，运往天津口岸出口美国、英国，获取利润；兼销美国产的哈德门、老品海等高级香烟。

1933年，孔祥熙任中央银行总裁、行政院副院长、财政部长后，便让其女儿孔令俊代替他专管孔祥熙的私营商业，将他经营的祥记公司、广茂新、晋丰泰三个商行交给孔令俊，组织了祥广晋联合总公司管理处。孔令俊当时在商界是个翻云覆雨的投机家，她眼明、心狠、手辣，做生意、管部下很有一套。

手下人马，招之即来，挥之即去，绝对不敢违抗。她只需发号施令，一切即可办好。没有妇女的柔弱，但具男性的刚烈，管理严格，经营有术，生意很是兴隆。公司从成立到抗战爆发，六七年时间里，可以说天天都有四面八方的客商来洽谈、购货，买东西的客人熙熙攘攘、络绎不绝。

1937年抗战爆发后，长治祥记公司生意萧条，买卖很少。1938年2月，日军飞机多次轰炸长治城，市民们争相逃命，商行纷纷关门、停业，城里一片混乱。祥记公司里也是一片慌乱，上上下下收拾物品，将其能带走的贵重东西一一整理，来不及拿的钱财秘密埋入房屋地下。公司仅仅留下几人看守，其余人员各奔东西。以后，长治祥记公司的买卖勉强维持到1939年日军第二次占领长治城的前夕，公司留下的二三人为保全性命，也弃房而逃。长治的祥记公司从此结束其业务。

1945年10月8日长治解放后，祥记公司的房地产归政府所有。三年后，政府将其房屋拆除修建"工人俱乐部"。1951年4月22日俱乐部落成，从此，该地方成为长治百姓进行文化娱乐活动的重要场所。

十一　火车通途阎锡山

公元 1921 年 4 月 30 日这天的上党,春暖花开,杨柳青青。一对人马列队由长治城的西门开进了古老的潞安城。

西城墙内路北,由木板搭建的简易主席台前,彩旗飘飘,暖风拂面。长治各级政府部门、机关团体、商界、学校、军队两千余人列队道路两旁,兴高采烈,迎接一位特殊官员的到来。来者不是别人,正是山西的最高统治者阎锡山。原本就没有多少人口的老城,此时城里的人们多集结在这里,周围之百姓瞪着新奇的双眼迎接这位高官的驾到,雀跃呼喊,人声鼎沸。引人注目的是,阎锡山这位山西大都督身骑一匹俊马,装束简单,精神抖擞,六七名随从个个也骑大马,趾高气扬。

在隆重热烈的欢迎仪式上,阎锡山有这样的一个讲话,耐人寻味。"上党的东阳关,雁北的娘子关,亘古乃是我晋省的两大关隘,天然屏障,历来为兵家必争之地,一个位于晋东南,一个

民国元年山西都督阎锡山与
临时大总统孙中山先生

处在晋东北，形同我晋省的两只翅膀，山西的腾飞，两翅膀缺一不可，1905年正太铁路穿越娘子关，同蒲铁路如今又要考虑加盟连通古上党。铁路开通的目的，我们就是要让山西这只雄鹰的两翅膀带着我们飞速发展，经济腾飞。"阎锡山的这一发展山西地方经济的思想观点，在这以后的多种场合几次讲过，旨在鼓吹他的铁路经济战略。阎锡山的这番高谈阔论后来曾收录在了《伯川言论》、《山西文史资料》等书籍里。

说到阎锡山，人们立即想到的是他的"窄轨小火车"，这是人人皆知的民国典故。窄轨小火车是阎老西的独出心裁，多少年后，许多专家肯定了他在我国

民国初年山西制造的小火车

铁路建设事业史上的这一独创，省钱、省料、省时间，窄轨小火车很好地结合了当时山西的经济实力和地理特性，实践证明，阎锡山的举措使当时晋省的正太铁路、同蒲铁路等等铁路线上的运输业远远优胜于他省，此项铁路运输收入居于全国之首。

阎锡山一生就来过长治一次，就是这么惟一的一次上党之行，也是为长治至太原东观铁路干线的铺路通车而来的。这年他从太原出发，跋山涉水到长治，沿途测量、设计、勘察铁路线路，同样也不例外是企图实施开通这里的窄轨小火车。当时他设计的这条铁路干线全长 200 公里，需要穿越山洞 14个，架设大小桥梁 12 座。阎锡山迫切需要修建"太长铁路"的目的，一是展示

和检验自己在日本留学时学习到的铁路筑路能力，二是要将上党丰富的煤炭资源、铁货资源多快好省地运出太行山，换回大把大把的钞票。

阎锡山到达长治时，由省府秘书长贾景德、总参议梁上化和两名铁路专家等六七位幕僚陪同。他没有过多地留意长治的山山水水，更没有去顾及和关照街头巷尾的平民百姓，只是走马观花绕市区一周后，来到南街"同裕厚打蛋厂"，对他早年一同留日的好友和部下裴宝堂经营的事业奖赏一番，就草草离去。此时的阎锡山脑海中一门心事想着的是他的铁路铺设计划，设想着火车到达长治后能为他的口袋赚多少现大洋，打的是自己的"小九九"。上午到达，下午离开，只在长治老城呆了几小时，阎锡山就与上党说了声"再见"。来也匆匆，去也匆匆。之后，他再也没有来过上党。

阎锡山亲自设计、计划开通的长治窄轨小火车，虽然路线也勘测好了，图纸也绘出来了，山水间的铁路路基也一个个地冒出地平线，轰轰烈烈的民工队伍也开进了施工沿线，开山放炮声不绝于耳，但不知何缘由，这项铁路工程始终没有在阎锡山的手中完成。是资金问题？是战争的爆发？不得而知。只是到了1940年，日军占领长治的第二年底，日本人按照阎锡山当年的勘测线接通了长治到东关的火车，为其侵略统治服务。

八十多年前阎锡山来长治的事很久以来一直鲜为人知。不过，阎锡山为开通长治的火车，亲临上党考查、勘察铁路的历史人们倒是不该忘记，因为，这是山西文明进化史和上党家乡经济发展史的一页，它为长治铁路事业的发展作了基础性的事情，后人应该知晓。

民国初年正在施工中的长治至太原东观的铁路

十二　留日巨商陈慎德

　　陈慎德，字懋俭。这位毕业于日本商业专门学校的潞商后裔，从清朝光绪末年留学日本，五年后学成回国，来到了家乡潞安府长治县经坊村。虽然，陈氏家族石头街两边田间地头的父老乡亲依然还是生活艰难，十有六七还是在为陈家种田打工糊口，村里能弃田出去赚点银子的也还是李二、张三屈指可数的那么三五个人。但是，此时的经坊村陈家的家业却已非同一般，经过曾祖父辈三代人百余年的努力和资本积累，陈家置房产 1500 余间，置田地 300 余亩，经营铁货铺的买卖远至东北、近在河北、潞安府里、长治县内大大小小已达二十余处，外加客栈、货栈、杂货铺等大小店铺有近百处，雇聘掌柜伙计近千人，仅仅是在"大城市"京、津两地的铁货铺生意就有恒盛毓、丰裕成、东和丰、西和丰等四五处之多。

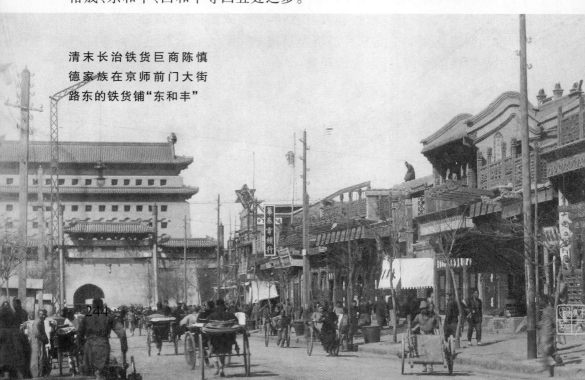

清末长治铁货巨商陈慎德家族在京师前门大街路东的铁货铺"东和丰"

陈家中堂里，头戴礼帽，二十刚出头陈慎德，出生于清光绪十七年（1891年）。由日本回国带来的大包小包行李中拿出的除了一摞摞的书籍，行李底层剩下的还是书籍。从小喜读圣贤之书的陈慎德，几年留洋镀金，没有丢掉潞商老祖宗在中堂前悬挂着的传统家训："读书乃人生头等大事，手艺乃一世首要本领。"从其曾祖父陈仲山那辈就开始靠买卖铁货赚了大钱的陈家，并没有指望靠陈慎德从日本刚一回来就能成为有本事的经商人才，而是在陈慎德还没从日本回来之前，早早就在其老宅门的西北角的一处空地上建起了陈家的懋俭山房"读醒藏书楼"。

楼院里杨柳依依，太湖石奇雅袖珍，碧水清池红鱼嬉戏，藏书楼大门外

潞商陈慎德加盖在《夏承碑》上的藏书印

一对青石柱础上更是别致雕刻上了"世人皆浊我独清，他人皆醉吾独醒"的古训。楼内珍藏有《春秋》、《论语》、《古今图书集成》、《天下商经》、《兰亭序》、《夏承碑》、《潞安府志》、《长治县志》等古籍善本数千册。闭门读书，用圣贤武装头脑，成了陈慎德回到老家经坊村后二三年里的主要"工作"。

一

陈家的祖辈很穷，明末从外地逃荒到潞州。长治县经坊村陈氏家族的发迹，让陈慎德的三姨太讲来很有些蹊跷。似乎与经营商业买卖无一点关系。发迹来自一次偶然，这之后，才有了经营铁货的资本。

清乾隆年间，盛夏的一日夜晚，大雨瓢泼，潞商陈慎德曾祖陈仲山正在村东土崖下破旧的"小洞沟"老屋闲坐，急促的拍打门声迎进来的是位推独轮车的中年壮汉，壮汉声称自己是卖"年糕"者，雨大路滑也很累，糕也没卖出去，暂时将糕与车寄存在此，明日雨停再取。可壮汉一去数日没有了踪影，

陈家一直也没敢动壮汉留下的东西。陈仲山几日里越想越蹊跷，酷热盛夏，车上的年糕难道就不腐烂，若腐烂为何一只苍蝇都不见？又过几日，仍不见壮汉出现。无奈和好奇，陈家打开了车上蒙糕的帆布绳索，此时，只见数十个金灿灿的元宝暴露在了陈仲山的眼前。意外之财，陈家始终没敢动心。直到年底，陈仲山再等壮汉没有结果时，实在是迫于灾荒和一家七八口人的生计，他便上香祭天发誓，用此金元宝作为资本和保证金到长治荫城镇的"恒盛毓"老铁货铺进货买卖，并让儿子陈毓祺在京师前门大街创立"东和丰"铁货铺。但陈家世世代代永立"年糕和车轮"股份，无论赚钱和赔钱，这一股永世存在，只要有一日来人能讲明壮汉"雨夜赐宝"故事的来龙去脉，陈家必须连本金带股利如数奉还。可多少年过去了，陈家始终未能等来上门赐宝的壮汉。

陈家一辈辈就这样在家族里传讲着他们的发迹过程，主要目的是什么？是在回避着什么？还是寓意着什么？其中的原委三姨太更是始终没能说清楚。

<h2 style="text-align:center">二</h2>

陈慎德回国后，真正进入商界从事经营活动已是民国八九年的事。陈家的铁货生意到了懋俭这一辈时不存在大的创业，有的只是守业和发展，经过百余年打拼的陈家，此时，在京、津两地已有多处规模像样的铁货铺。它们是"恒盛毓"，最早的东家为长治县荫城镇的元朝礼部尚书李执中后裔，从元朝末年开业，历经明朝二百余年，到清朝乾隆初年，由经坊村的陈仲山从小伙计熬到做该铁货铺的大掌柜，陈家经营又有百余年，地址在北京前门外大街路西，门面三间，以销售铁炉、铁锅、铁盆、铁灶具为主，年利润在6万元左

铁货巨商陈慎德在经坊的老宅门

246

右；"东和丰"清乾隆末年设立，地址北京前门外大街路东，门面五间上下二层楼房，外表装饰讲究，存有其清末旧照，灰布幌子上印就"东和丰铁货"字样，上世纪五十年代该铁货铺以经营铁钉、铁锤、铁绳、铁锁等系列铁货，年利润5万元左右，1956年业务结束时，公私合营成为"北京市五交化公司门市部"。"西和丰"清嘉庆年间设立，地址北京哈德门外大街路西，门脸

铁货巨商陈慎德捐建的潞安城"琅环福地"藏书楼

三间，经营铁壶、铁勺、铁盆、铁工具等铁货，年利润在2万元左右，1956年公私合营后业务结束。"丰裕成"清朝光绪年间设立，地址与西和丰铁货铺对马路，是经营西和丰剩余铁货和附件的。当时，因潞商脚夫们从潞州每次运输到京师西和丰的铁货很多，铁货存放和驮队食宿都很不便，陈家便在其对面马路另设店铺，起初，为的是存放铁货用作库房，久而久之来此取货的商人多了，陈家干脆就在此"重打炉灶另开张"，挂起了"丰裕成"铁货铺的招牌。结果，经营的利润每年也在万元以上。

京师的铁货生意一直红红火火，利润收入年年增加，陈慎德接受父业后，为施展自己的经商本领，也为了开拓出自己的一番新天地，在民国19年（1930年）他用父亲陈毓祺支持的约90万元现大洋，在天津南宫大街东门袜子胡同连置门面带进货，开设"绣生和"铁货铺，主要经营荫城窑窿庄的铁锅、铁蒸笼等日常生活铁品系列。相传，天津著名小吃"狗不理包子"就是使用荫城窑窿庄铁蒸笼出品的，不仅铁蒸笼耐用、不漏气，关键是蒸出的包子味道正宗好极了。就在"绣生和"铁货铺经营了十年，生意蒸蒸日上的民国

20 年(1931 年),懋俭的第二部经商作品又诞生了,这就是位于天津河北大街路北的"德生和"铁货铺,楼上是自己的别墅,楼下为锅碗瓢盆的潞安铁货,海河边的这处幽雅的宝地,人来人往,少不了购买几件潞商铁货。在一段时间内"德生和"就成了陈慎德长期生活在天津的住所,许多的天津卫的客商、朋友大都是在此结识的。

京、津两地六处铁货铺,陈家的铁货生意的实力和每年数万两白银的利润这些在当时是无人比拟的。但此时的懋俭并没有被利润冲昏头脑,他看到了一个致命的"运输成本"问题,六处铁货铺的铁货靠骡马驮运,一人一畜仅能驮运一二百斤,一吨铁货要二十人畜的驮运队伍,从潞州的铁货集散地荫城装货运往京津地区,运输的时间至少在十几、二十天,人疲马乏、道路坎坷、风霜雨雪,如何减少路上的风险与成本?"奇思妙想"后的陈懋俭,他做的这件事就是摒弃祖宗旧制,设计出了陈家的一条自己运输铁货"商道路线"。首先在潞安城的老十字开设"上义客货栈",然后,向北方直上河北,每隔三五十里开设自家的一处货栈或店铺,开设的地点分别是东阳关、涉县、武安、邯郸、邢台、石家庄、保定、丰台,直至京津。运输铁货的脚夫吃住在自家,大大地降低了运输铁货的成本,减少了路途上的许多风险隐患。沿路上的这些陈家货栈或店铺,在铁货价格特别好的情况下,还可以就地直接将铁货买卖变现。

<h2 style="text-align:center">三</h2>

老祖辈的积累,陈懋俭三五年的铁货经营,到民国 12 年(1923 年)时,陈慎德又用近三百万的资金与同乡中和村的李秉清合伙开办了"峙峪机器煤矿",在当时来讲这是上党的第一座机器矿。别的人力矿一天采煤二三吨,井口出煤靠的是人背和牲畜驮,而陈家的"峙峪机器煤矿"靠的是机器输出,生产力大大提高,源源不断的"乌金"煤炭产出后,除直接供应给当地数百处的冶铁炼炉之外,还大批销往山东、直隶、陕西等外省市。据不完全统计,陈家的煤矿当时日产煤炭十数吨,年利润近千万元。

民国 21 年(1932 年)陈慎德出巨资,阎锡山政府秘书长、上党联立乡村师范校长郭宝清具体操办,在潞安城西大街路北莲花池开设报馆,以孙中山"三民主义"为办报宗旨,出版发行《民生日报》,采编长治地区发生的大众社会生活新闻,几年后,编辑百余期,因宣传报道不符当局思想等原因,报馆被查封停办。

陈慎德虽日常忙于商务,多处店铺生意需要他去处理,但他热爱上党人文历史,从小养成的购书、藏书、读书习惯始终没有改变,清晨和睡觉前读书、看报是懋俭多年养就的,一生没有改变。民国 19 年(1930 年)陈慎德捐资数万元,在潞安城莲花池圣泉寺北院始建藏书楼一座。他亲自请早年一同在日本留学、后任山西省大都督的阎锡山题写"琅环福地"藏书楼的匾额,镶嵌于藏书楼中央。"琅环福地"取自于元朝伊世珍的《琅环记》,意为神仙的洞府,天帝藏书处。

当年建藏书楼的地方圣泉寺,可谓风水宝地,其历史可上溯到唐朝景龙年间,李隆基任潞州别驾时,这里就是其"启圣宫"的一处莲池花园。宋元明三朝几兴几废,到了清康熙三年(1664 年)潞安知府肖来鸾为兴办教育"捐廉奉建书院"。随即此地成为大清一朝长治文人墨客云集之处,因书院里亭台楼榭错落间有一池碧水,夏日莲花盛开,芳香四溢,别是一凡景致,故此地得名"莲池书院"。清末民初,由于科举制度的废除,加之战乱,风雨剥蚀,年久失修,书院建筑到民国初年时已是东倒西歪、破烂不堪,除残留几株古槐以外,其余楼阁基本毁坏殆尽,书院已变成了"楼台荒废难留客,林木飘零不禁樵"的凄凉景象。

历时二年,建好后的"琅环福地"藏书楼,坐北向南,上下十间,进深三间,考虑到图书资料的避光直射,楼房前脸修建为出檐的半月圆型,并距门窗 1.5 米,这样的造型设计,达到了楼内的书籍既能避光,又巧妙地留出一条走廊供阅读者进出。藏书楼整个建筑集东西方风格于一体,布局考究,设计合理,端庄大方。

藏书楼竣工后,这里成为长治唯一的图书馆,同时也受到社会各方人士的赞助和支持,民国 22 年(1933 年),山西省教育司科员、上党联立乡村师范名誉校长程玉璧将自己祖辈珍藏的宋、元、明各朝古籍善本数千册捐献于此,书籍中有《史记》、《尚书》、《春秋》、《水经注》、《唐会要》、《宋会要》、《资治通鉴》、《潞安府志》、《长治县志》等等。此时,铁货巨商陈懋俭那甘寂寞,从家乡经坊村"懋俭山房"家里将老祖宗集藏的书籍运到藏书楼,共捐赠各类图书千余册。一切就绪,藏书楼里除了日常供大众阅览之外,程玉璧、郭宝清、陈慎德等六七人一有时间即在藏书楼的二楼编纂《长治县志》，编写时间长达三四年。成书后的《长治县志（民国版）》流落台湾故宫博物院。到抗战爆发前夕，藏书楼内的藏书约28600册，其中宋元明清古籍善本近200种，2400册。

抗战爆发后，统一战线形势下，陈慎德曾在阎锡山第二战区做过少校副官，多次用巨资资助作战部队。民国31年（1942年）前后，晋东南根据地蝗灾肆虐，军民工作生活困难，这时期，懋俭曾积极组织和支持赈济工作，为八路军和民众捐粮、捐款，组织村民成立被服厂。民国35年（1946年）底，太行革命解放区进行土改运动，陈氏家族的房产、田地收归公有，分配给贫下中农。陈慎德离乡别土，长期居住在京、津两地继续经营着他的铁货生意。1956年，陈家在京城经营二百余年的铁货铺以十多万元的人民币资本转入公私合营，进行社会主义工商业改造。

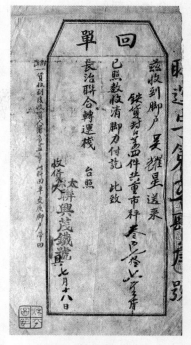

民国年间长治铁货商人运往太原"联兴茂铁号"的脚夫回单

陈慎德晚年曾著有《懋俭生意经》，据陈家的同乡说，该书记录有陈家经营铁货生意的坎坷历程；有对陈家的几代经商之源、经商之道、经商之理念系统的总结；更有一些商人做人、做事、赚钱的经验之谈。遗憾的是，时至今日《懋俭生意经》一书不见有实物传世。

天下潞商

第六编　红色商绩伟业弘扬

一　长治电影之历史

　　电影作为舶来艺术，首次出现在中国的文化市场是清朝末年的事。光绪二十二年（1896年）8月11日，上海的"徐园"内放映一部法国影片《西洋影戏》，这是电影在中国大陆的首次亮相。从那时候开始算起，电影进入到中国的历史也就百余年。

　　1925年的夏季，上海发生震惊中外的"五卅惨案"，长治各中等学校学生罢课，教师罢教，纷纷走上街头举行游行示威，声援上海工人的罢工运动。此时，上海方面也曾派出一位姓韩的电影放映工人代表到长治募捐求援，并用自带的手摇无声电影机在长治城里最繁华的地段卫前街"火神庙"即今天的英雄中路长治电影院的地方公演《五卅泸潮》纪录影片。

　　六月的夜晚，上党盆地气候凉爽。火神庙广场热闹异常，黄家凉粉、赵家驴肉甩饼、杨家的丸子汤、牛家的壶关羊汤，此时也比往日的吃客多了许多许多。潞安城里两三天的电影放映，震动了长治、晋城和四周几县的官员父老，百姓纷纭而至，观者上万，摩肩接踵，人山人海。离电影银幕较远者，根本无法看见电影演的何内容，但仍有不乏看"西洋景"者，因为陌生的电影文化让人太稀罕了。几天时间，这位姓韩的电影放映工人同时筹集到了一笔巨大的声援资金携回上海。这应该说是长治"大庭广众"公演电影的文化夜市之始。

　　此后，上世纪二十年代期间，上党的外国耶稣徒也不断地在其教堂内，小范围地放映从外国带来的无声电影，以吸引更多的信徒购置洋货和加入他们的教会组织，其实，当时能真正进入教堂看上电影的中国人极少。1936年10月，在沁县城里的一位叫卜林的美国籍传教士，携带一部16毫米美国产的手摇电影放映机，在县城里公演了无声黑白影片《斗牛》。短短几分钟，倒是让沁县城里的百姓大开眼界，第一次见到了什么是"电影"。

252

　　百姓在经历了多次的看电影惊喜之后，上党这块古老的地方又记录下了第一次拍摄电影的历史。那是 1939 年 12 月，坚持在晋东南根据地的我八路军将士，同日军不仅仅在军事上，而且在商业、经济、文化等方面进行着残酷的较量，我八路军将士英勇善战，表现异常出色，取得一个又一个胜利。根据地得以巩固、发展、壮大。这年冬，党中央决定拍摄一部反映前线八路军将士战斗和生活的纪录影片，从延安派出摄影家徐肖冰、吴本立穿过敌人的层层封锁，来到八路军总部所在地上党武乡县山区，日以继夜，跟随部队，吃住在军营，先后来到兵工厂、北方局、鲁艺工作团深入生活，拍摄了大型纪录片《延安与八路军》，影片 80% 的内容反映了晋东南根据地我八路军将士战斗、生产和生活的场景。

　　1945 年 10 月底，为庆祝长治解放，城里的一位田姓私人老板看中了前所未有的上党文化市场前景，自己投巨资在南街路东搭起一座简易的席棚子剧院，内有百十个座位，安装了坐式的电影放映机，每日夜晚，开始上演《一江春水向东流》、《万宝箱》、《杜十娘》等影片，场场观众爆满，甚至有来自周围县镇的人们前来观看，赚钱不少。之后，因票价高、许多百姓无力购买，自然观众慢慢减少，剧院开办不下去，一两年后即停业。此为"看电影要钱"在上党的商业行为之始。同年，潞城县靳村一位叫郭金裕者在天津购买回一部无声电影机，在县城和周围村镇的庙会上有偿放映喜剧、风景、旅游影片。这算是潞城乡村最早的电影文化活动。

　　1947 年 5 月，沁县故县镇的姜玉川，从上海购回一台英国生产的家庭电影机，在本县的故县、南泉、南仁、郭庄等村镇有偿放映有声电影《玉泉救主》等影片，获利不菲，用文化赚钱，这在上党的商业经济史上也称得上"开山之

上世纪八十年代初的"长治电影院"

作"。

新中国诞生后,中央慰问团先后来到革命老区的平顺、黎城、武乡、沁源、屯留等地方进行慰问,中央带给老区的礼物其中就有电影,当时,他们流动放映了电影《钢铁战士》数十场。电影,由此给这些县区的人民送去"影像"带给的欢乐。

上党开始兴建固定的电影放映场地是在 1949 年,这年长治市工商联与街道政府筹集资金,利用旧城垣拆下的墙砖,在长治城第一次放电影的地方卫前街火神庙修建一座简易的露天放映场。观众的座位由砖块架着木板搭成,可容纳观众 1000 余人,因为条件简陋,电影的放映往往受天气阴晴好坏的制约。全长治地区只有一个放映队,全年总共放映电影 18 场。1950 年此处

长春电影制片厂拍摄的电影上党梆子《三关排宴》

正式定名为"长治电影院"。两年后的 1952 年,由山西省电影公司投资在原"长治电影院"基础上修建起可容纳 820 人的封闭式观众厅,座位同时改为五人座式木椅,大大改善了电影放映、观看的环境。建起当时全省的第一流专业电影院,并派出省电影公司第一支电影放映队来到长治。这期间"长治电影院"上演的影片有《钢铁战士》、《解放了的中国》、《新中国》、《孙中山》等。1958 年 2 月,长治专区电影公司成立,负责长治及所属 16 县的电影发行放映工作。1959 年 5 月,长治举办"五一、五四电影展览周"活动,参演的影片有《红色种子》、《巨浪》、《东风》、《上甘岭》、《游击队》等。

上世纪六十年代中期,电影业在上党异常活跃。首先是电影的拍摄工作,由晋东南地区上党梆子剧团上演的传统剧目《三关排宴》,经过作家赵树理的加工、整理、改编,1961 年 5 月演职人员前往长春电影制片厂拍摄电影。郝聘芝扮演佘太君,吴婉芝扮演肖银宗,郭金顺扮演杨四郎。一年后,《三

关排宴》完成拍摄任务,并在全国发行上映。1961 年 12 月,中央新闻纪录电影制片厂来到上党,在壶关县拍摄了树掌村的"舞龙灯"、天池村的"扛妆"、树掌村的"竹马"等反映上党地区春节闹社火的风俗民情和民间歌舞活动。作为新闻片在全国发行上映,反响强烈。其次,是电影的放映工作突飞猛进,市区电影放映单位由解放初期的 1 个发展到 60 个, 各县电影放映单位从 3 个流动队发展到 41 个。逐步形成了城乡电影放映网络。

到上世纪七十年代,各县特别是村镇的电影放映条件仍然相对落后。电影常常是流动的露天放映,固定的电影放映场所几乎没有。1973 年 3 月 1 日晚,沁县师范学校体育场首映朝鲜宽银幕故事片《卖花姑娘》,因是露天放映,气候突变又降小雪,观者众多,造成拥挤,当场发生挤踏事故,致死二人、伤多人。由于放映条件和环境差,在公演电影时造成拥挤现象,这在当时来讲,屡见不鲜。

长治市出现唯一的专业电影院是 1975 年。这以前的剧院多为演戏放映兼营。这年政府投资 20 万元,又将"长治电影院"扩建为建筑面积 2050 平方米,观众席 1600 个。此处成为全市唯一的电影放映专业电影院。1989 年 1 月 18 日,"长治立体声电影院更新改造工程"在原"长治电影院"基础上改造完工,通过国家级验收鉴定。此项工程是由中国电影科研所所长、全国著名建筑声学专家、高级工程师陈子俊主持设计,由中影公司专家小组进行鉴定。2 月 8 日,上党第一座立体声电影院隆重开业。首次与观众见面的是立体声电影《摇滚青年》、《无敌鸳鸯腿》。同日,长治电影院宣布建成无烟影院。同年 11 月 14 日至 24 日,我国第一部立体声恐怖片《黑楼孤魂》在长治电影院上映,门票月收入突破 8 万元,电影文化市场空前繁荣,仅此一部影片就成为全市放映单位中门票月收入最高记录和单产效益最高的国产故事片。

如今,上党的电影业已非过去那样红火,但电影在上党留下的足迹是久远而耐人寻味的。正如我们见到的"长治电影院"旧照、旧电影招帖一样,电影在人们的脑海里留下的记忆是深刻的。我们不会忘记电影给上党人民带来的文明、进步和欢乐。

二　翰墨书店谱华章

　　文字记载和传播了人类活动的历史。书商又靠经营文字产品维持生计，这就使得书籍和书店应运而生。

　　在潞安城里，靠此行当经营的商人从古至今屈指可数。能在潞安历史的长河中见到他们足迹者，就算清末的"翰墨林"和后来的新华书店了。

　　清朝末年的翰墨林，地处老城繁华的十字街西南，居中的三间是书社，左一间为画像庄，右一间为刻字居。从旧照片上我们可看出，翰墨林书社的门面设计得很讲究，仅仅五间弓型门窗之上就雕凿出十多块的"砖刻匾额"，大门两边的"笔海文河成翰墨，竹烟梅月获松林"楹联书法隽秀。门楣及匾额四周，精雕细刻有"琴、棋、书、画"四艺，"宝剑、扇子、莲花、渔鼓、玉箫、葫芦、竹板、花篮"暗八仙。结构设计精巧、绘画布局合理，给人以古朴典雅之感。

　　翰墨林后房一进两院，前院有东西楼房上下二十

长治城翰墨林书店旧址

256

间、南楼上下十间，穿过南楼东山墙再往里进，入后院，可见后南楼上下六间。此时，站在院内天井中央，只见房屋错落有致、山墙粉白、屋脊青灰。每间楼房门窗上方用青砖砌罩，似一座挑出的飞檐，可遮挡门窗上方的雨水和光线，雕刻的青砖又构成一处处精妙绝伦的浮雕图案。建筑之考究、规模之宏大、蔚为壮观。整座书社占地面积约 2000 平方米。

建于清朝末年的翰墨林，开业于民国初年。翰墨林三字取意"翰林"文翰之林，"翰墨"笔墨。掌柜是河南沁阳人氏，资本形式为合股，股份由 200 多户豪商大贾筹集，每股约一千银元，共筹集资本 20 多万元。翰墨林开业三四年后，生意看好，经营额丰盈。约在 1916 年前后，书社在潞安城的卫前街开设"美兴堂书笔店"。上党的几个县也设立了分号，各分店雇佣伙计五六人、七八人不等。翰墨林书社总部和分店设有掌柜、会计、出纳、技术人员、印刷工、刻字工、店员、勤杂工总计人数 200 余名。书社后院南楼专设印刷机构，有石印机 20 余台，印刷工人三四十人。经营的业务是：销售全国各地发行的图书、安徽浙江产的笔墨纸张；照相放大；镌刻名章；承印长治城内各大商行的图书、账表、契约、票据；代写书信，执笔为潞安城里有名的书家马有恒，回族人。

翰墨林销售的图书，大都从全国各大城市购进，也有自己书社印刷发行的书籍。《女孝经》就是民国初年翰墨林的分店"美兴堂"印刷发行的。书社销售图书的种类，上自天文，下至地理，文史、理工、医药无所不包。绘画、书写用的笔墨、宣纸品种齐全。当时长治城里的文人墨客、有识之士常常光顾此地，几乎天天客满门庭，热闹若市。翰墨林不论规模、业务范围、人员数量，在当时来讲均为长治城里的书社之首。为繁荣清末、民国时期长治的文化市场和社会生活作出了一定的贡献。

1939 年 7 月日军占领长治后，翰墨林的工作人员大都逃难出走河南，书社成为一座空社。从此翰墨林结束其业务。1945 年 10 月长治解放后，该社为长治县公安局所占用。上世纪八十年代初，翰墨林的建筑遗存还在，且保存完好，它坐南向北，位于长治市西大街 60 号。长治市服装研究所、长治市服装技术学校在此办公。

二十世纪九十年代初，长治西大街"旧城改造"扩建街道时，翰墨林书社建筑被全部拆除。如今，此地已成为梅辉坡住宅小区，栋栋高楼林立，换了

257

上世纪五十年代初位于南街路东的长治新华书店外景

人间。

翰墨林书社虽翻过了她的一页历史，但长治经营书籍文化的历史却始终没有中断过，紧接着就是我党领导的"新华书店"翻开了历史文化的新篇章。"新华书店"是毛泽东同志 1939 年 9 月 1 日为延安党中央出版发行部的书店题写的。从那时起，毛体"新华书店"就在各根据地我党的书店门面及出版发行的书籍封面上出现。

晋东南根据地的"新华书店"最早诞生在黎城山区。1939 年元旦，《新华日报》华北分馆在沁县成立，我党的重要报纸《新华日报》华北版创刊发行。1940 年 9 月 1 日，《新华日报》华北分馆在黎城县南委泉开设"新华书店"门市部，由徐晨钟负责，这是晋东南根据地第一个以"新华书店"命名的专门从事图书报刊发行的机构。这年 10 月 20 日，由于日寇的扫荡，新华书店门市部随八路军部队撤离，前后仅存在不到 30 天，但从此以后报社出版发行的图书开始沿用新华书店的名义。同年 12 月，《新华日报》华北分馆在麻田镇东大街路北一家染房院的旧址上再次挂上了"新华书店"的店招。共有 4 名工作人员，赵国良为负责人，当时，他们

新华书店的职工与朝鲜人民访华团在书店后院合影

除坐店销售图书外，还深入群众、部队、机关、学校、村镇搞图书的发行，并兼营文具等。

随着业务的不断扩大，又根据北方局的有关要求规定，在 1941 年 5 月 5 日"新华书店"发行部成立，同时下设了漳北、晋东、晋中、冀西分店。1942 年元旦，

长治南街"新华书店"旧貌

"新华书店"华北总店在辽县岭南村挂牌成立，经理杜毓云，副经理王显周。下设经理部、编辑部、发行部、印刷厂等机构。这一时期，"新华书店"华北总店出版发行的图书有《毛泽东论文集》、《论持久战》、《唯物辩证法》、《小二黑结婚》以及多种学生课本等。1943 年 10 月在根据地内的华北书店合并到总店，人员、规模更进一步扩大。从 1940 年到 1944 年晋东南根据地的新华书店共出版发行各类读物 160 多万册。

庆祝长治解放的 1945 年 10 月 8 日这一天，也是潞安城内新华书店挂牌的同一天，这是中央北方局的精心计划和特意安排，书店当时经营的总方针是"一手枪杆子，一手笔杆子，两个杆子，哪个杆子也不能丢"。

在老城南街路东有一处占地面积 350 平方米的两层灰色楼房，上下共14 间，一层数十个书架上陈设各类图书 10 万册。楼房外山墙的顶端红色的"新华书店"四个浮雕大字异常醒目，南来北往的人们远远即可望到。这就是长治解放后我党"打进"城里的第一座"新华书店"，一开张经营，就是半个多世纪，一如既往、源源不断地将精神食粮提供给长治老区的人们。

三　四通八达老车站

　　1929 年 7 月 16 日,在长治城老十字西街口路南一处三层西式洋楼房的大门上"长安汽车行"挂牌了,开业的当天上午,洋楼门前鞭炮齐鸣、锣鼓喧天、人头攒动, 由天津租界区购回的两辆英国造大轿车扎着五颜六色的彩带,缓缓从后院开出,车内坐着经理、职员、嘉宾 40 余人,绕城一周,气派非凡,震动了这座老城里的父老。这是英国传教士司密德在潞安城的洋行"光华兴"下属的又一子公司诞生的场景。

　　从这时候起,长治告别了没有汽车的历史。古城开始有了汽车行,有了专门从事汽车的运输业。长治到太原、晋城两地之间的客运,从此一改以往仅有的马车往返运输的历史篇章。"长安汽车行"的高档、舒适、快捷,进口轿车加入其中,先进运输工具的引进,大大方便了老城里的外出者,特别是有钱的富商和资本家成为主乘对象。每日大轿车从潞安城门的出出进进则成了一道引人注目的风景线。追忆过去, 这已是 70 余年前的旧事,"长安汽车行"三层洋楼也早已成为尘土,如今唯一能让我们实实在在触摸到当时这段历史的是一枚民国二十四年（1935 年）"长安汽车行"里马银锁司机的驾驶执照和保留下来的驾照那耐人寻味的曲折

民国时期的潞商老驾照

经历。

马银锁（1911–1993），长治紫坊村人，1929年在"光华兴"掌柜张赖佑的介绍和担保下进入"长安汽车行"学习驾驶技术。张赖佑和马银锁同为紫坊村人，张是英国传教士司密德在长治的密友，也是耶稣徒，所以长治"光华兴"的业务全权由张赖佑掌管。

1935年，24岁的马银锁作为"长安汽车行"的第一批也是长治本地的首批驾驶员，跟随天津师傅经过四五月的实习、磨炼到省城太原考取了乙等司机，7月

解放初期的长治汽车站

拿到由山西省建设厅核发编号为丑字50号的灰蓝色布面硬皮"汽车司机证"，在马银锁的照片左侧印有姓名、年龄、籍贯、考取等级、注意事项；照片下贴有民国政府印花税票和加盖"建设厅核发"的钢印，驾驶履历一栏中毛笔正楷填写"长安汽车行司机"，核发时间是"中华民国二十四年七月"。拿到驾照的马银锁驾车奔波于长治、晋城、太原等地之间，时刻也没有放松驾驶技术的提高，在"长安汽车行"里是出了名的行家里手。1939年冬，日军已占领长治城三个月。这日，大雪纷飞，路滑似冰，"长安汽车行"里早已没有了生意，众职员多逃难出走，仅剩下一两个司机留守，看楼护院，这其中就有马银

锁。"长安汽车行"隔壁的日军十四师团一部，车辆出没无常，此时在师部冰滑的大门口一辆军车打滑，说什么也无法开入。在一旁讥笑日军无能的马银锁突然被跳下车的几个宪兵用枪逼入驾驶室内，要求其将车开进兵部。当无奈之下的马银锁毫不迟疑和费力地将车驶入指定位置后，又听到的是从此以后为皇军开车效力的命令。当天夜晚，回到紫坊家里的马银锁毅然决然不当汉奸，抛下妻儿带着驾照和几十元钱奔向延安。

据马银锁的儿子马佩云老先生回忆，马银锁到达延安后，主动出示了随身携带的"汽车司机证"，请求找一份力所能及的工作。因当时革命队伍中汽车数量有限，会开汽车者更少，有政府核发汽车驾照证更是寥寥，再加上马银锁较好的驾驶技术，在延安马银锁一干就是好多年。1946年马银锁在一次去兰州执行运输任务中，遇国民党军的袭击，同部队失去联系，从此落脚在兰州工作，一直到 1993 年去世。

马银锁的"长安汽车行汽车司机证"，原本按驾驶证上的第四条规定是两年一换，但因抗战爆发，时事变故，马又不在

去往各地的潞商

山西，故此"长安汽车行汽车司机证"一直没有机会更换，才有幸收藏了下来。

有了马老先生为代表的长治第一代驾车人，自然就需叙述一下人们日常工作生活必不可少的"衣食住行"，说到"行"，又不得不讲商旅们出出进进、四通八达的长治老汽车站。

长治的汽车站，建设于上世纪 50 年代初。地址即原潞安府府治大殿位

置。候车室坐北向南，当时可容纳旅客 1000 余人。从旧照上我们可看出，汽车站的建筑外形具有当时苏联的建筑风格，虽然汽车站只有一层，但占地的建筑面积较大，汽车站的候车室外表中央部分建筑结构突出，设计考究，简朴明快。"长治汽车站"五个大字浮雕于门庭墙壁之上，庄重醒目。

长治汽车站，它的前身是太行运输栈，创立于 1944 年 3 月。也就是襄垣县四营车马店。赵舒甫任栈长，五名工作人员，主要任务是组织民间驮骡运输，为八路军转运生活用品、军需用品。他们自己没有运输工具，八路军何时需要运输物质，太行运输栈就何时组织人马，没有固定的运输人员和运输车辆。

1945 年 10 月，长治解放后，太行运输公司西营栈，也就是太行运输栈迁到长治城内，改名为"晋冀鲁豫边区军政联合办事处运输处晋丰公司"。同时，购买了两头骡、两辆铁轮运输车，此乃公司最早的、最先进的运输工具。1946 年 5 月公司购来汽车 4 部，马车发展到 13 辆，骡子 15 头。

1950 年 2 月，太行运输栈又改称"长治汽车运输公司"，有了汽车 40 部，马车 727 辆。这期间，长治市区的一些公私运输业务，大都由该公司负责完成，而且只是货物运输。1952 年 8 月，长治运输公司从太原市接回解放牌客车两部，客车的客容 16 人，最大功率 95 马力，自重 4 吨，最大车速为每小时 60 公里。由于，那时我国刚刚处于解放初期，社会经济正在恢复，客车生产和许多技术指标还靠外援，并不先进，客车的外表也很笨重、粗糙。

从我们收藏到的上世纪 50 年代，长治汽车站乘客上车待发旧照中可见一斑。不过，从此公司第一次有了客车，同时，也是长治国营客车运输业的开始。两辆客车搞客运，可以想见当时的乘客是很少很少的，每天坐车者寥寥无几，就几十人。路线也就是长治到周围的几个县，最远也就是太原，而且，两三天只有一班车。由长治到太谷需两天，去太原三天才能到达。

为改善长治百姓出门难、旅行难，1958 年长治汽车站添置客车 25 部，大大方便了群众生活。经营的路线由原先的四五条增加到 11 条，总长 1223 余公里，比 1949 年增加 3 倍，每日运送乘客平均达 743 人，比 1949 年提高 9 倍。长治到太谷由过去的两天时间，缩短为一天甚至可以往返。

上世纪六十年代初，长治汽车站在站台、站务工作上也很注重，他们处处为旅客着想，从便利旅客出发，实行过流水售票、无人售票登记站、电话售

票、市内送票等办法。当时,汽车站还设有母子候车室、零售商店、邮电代办所、小件寄存处以及整容台、服务台、书报台等;还备有扑克、象棋、儿童玩具等娱乐工具。车站内整齐清洁,空气畅通,服务员、乘务员态度和蔼,服务周到热情。当时,有这样一句顺口溜来表扬长治汽车站的同志们:"旅客进站如到家,站长扶老行李拿,姐妹送过洗脸水,兄问寒暖弟到茶,车站赛过俱乐部,旅客到站乐哈哈。"

长治的老汽车站建筑早已不存,留下的只有珍贵的回忆。如今,长治人的出差、旅游,上有飞机、下有火车、大巴,随之而来的还有崭新、巍峨的"长治客运中心"。客运服务行业正以一流的建筑、一流的设备、一流的管理、一流的服务,给乘客带来舒心、愉快的商旅生活。

四 高朋满座长春园

十字西南长春园,饭菜鲜美香上党;

八路当年常聚此,运筹帷幄谋战略。

上世纪八十年代,当长春园饭庄还在经营着的时候,长春园的几位老厨师给笔者哼唱了当年的这首歌谣。它反映出抗日战争时期,长春园不仅饭菜美味可口,而且掌柜经理借用"饭庄"之便利,为掩护八路军地下党组织秘密联络、进行抗日救亡工作所做出的积极贡献。

长春园饭庄创建于民国二十四年(1935年),最早坐落在长治城的西大街,1940年迁至卫前街路东,1943年冬季又落脚老十字路口的西南角。东家为长子县人氏曹志宽。饭庄门面上下两层十间楼房,后院有作坊3间、库房2间和8间楼房可食宿。员工30余名。饭庄几迁门庭,长治解放后建筑重新修葺,营业厅和后院总共占地面积约600余平方米。餐厅分楼上雅座、楼下普通用餐两种,楼上的中央餐厅装饰典雅,巨幅"太行之春"字匾金光闪闪,使整个用餐环境显得富丽堂皇。后院二楼另设单间雅座,专办喜庆佳宴、祝寿酒席。

民国年间,以长春园饭庄为代表之一的长治饮食业非常发达,他们继承上党传统的饮食文化,以晋菜为特长,加上长治地区所特有的地方特色小吃,做出的菜肴,风靡上党。长春园饭庄当时由号称上党八大名厨的宋新朝、池二招、王明凯、郝大盼、李一亮等8人掌灶,他们工作作风严谨,手艺高超,精于钻研,继承传统又发扬光大,开辟出了长春园饭庄独特的饭菜佳肴。使这里门庭若市,食客盈门。

长春园饭庄擅长以炒、爆、烧、炸、溜、烩、扒、氽等方法烹制菜肴,突出表现了上党饮食风味的油少、味轻、色浅、香嫩、不腻的传统特色。饭庄里的八大名菜葱油烧海参、大葱烧鱿鱼、绣球干贝、虎皮豆腐、甘红烧肉、清蒸酥肉、黄焖丸子、方块肘子,香味浓郁,色泽光亮,肥而不腻,更是别具一格,风味独特,倍受青睐。主食除山西传统的刀削面、拉面、剔尖、饸饹等面食外,还有锅贴、馄饨、荷叶饼、葱花饼、甩肉饼;炒菜有腰花、酥肉、辣子鸡;其中最著名的是"上八八、中八八、下八八"全套24道不重样的上党地方特色菜肴。

抗日战争时期,八路军及长治地区的中共地下党组织依靠饭庄经理的忠实诚信,利用该处后院的安全隐蔽,所处位置繁华,出入饭庄人多,不会引

长治城著名的餐饮地——长春园饭店

266

起注意等等有利条件,常常在长春园秘密接头、开会、传递情报、观察敌情,了解日军在城中的据点,绘制军事图纸等等,这里长期成为我党的地下秘密联络站。几年当中,八路军高级将领朱德、彭德怀、邓小平、刘伯承、左权、陈赓,十八集团军驻长治的民运部长黄镇,决死纵队的薄一波、五专署专员戎子和及其他地方领导等等常聚此用餐、安排部署救亡工作。

1945年夏秋之季,上党战役即将打响的前夜,我军陈赓将军的太岳纵队,陈锡联将军的太行纵队,陈再道将军的冀南纵队在刘伯承、邓小平指挥下,三万余大军兵临国民党史泽波占领的长治城下。敌我相持阶段,我军又一次秘密派特工人员来到城里,食宿长春园饭庄,利用饭庄掌柜特殊身份,了解掌握长治城内国民党军的军事设施、军事力量、军事部署、兵力的设置等情报,为攻打长治及周围县城进行充分的战前准备和情报收集工作。上党战役9月10日打响,历经30天激战,10月8日,长治城解放,12日战役胜利结束。前线的准确情报来源,不能撇下长春园的特殊贡献。

上党战役结束后的第二年,八路军129师的徐向前首长来解放区上党视察工作,进行战后经济建设的恢复安排部署。逗留长治期间,去农村、进工厂、到学校,也几次来到长春园饭庄,肯定长春园地下党在上党战役中的突出贡献和功劳,要他们继续努力工作,在迎接新中国建设中做出新贡献,并品尝美味可口的上党名吃,对长春园的工作和美味佳肴均赞不绝口,"继承传统文化、发扬地方特色、饭菜美味生活",首长的话,语重心长。陪同首长的长治和军队的领导同志们至今对徐向前首长的话记忆犹新,他留给长治、留给长春园的影响是深刻的。

1948年前后,长春园饭庄改称"新华饭店";1955年新华饭店转属国营饮食服务公司,改名"国营第二饭店";"文革"期间饭店又改为"人民饭店"。1984年长治市人民政府为纪念长春园古老的饮食文化,纪念她在上党战役中所做出的特殊贡献,让历史记住,让人民记住,决定重新恢复"长春园饭庄"老字号。1985年5月1日,长治市城区人民政府挂牌确定长春园饭庄为文物保护单位。这年的夏季,笔者拍摄了长春园饭庄外景照片,读者可一睹其风貌。

1988年秋,老一辈无产阶级革命家秦基伟、陈锡联、黄镇等再度来到上党革命老区时,几度春秋、几多感慨,时任文化部长的黄镇同志情不自禁,欣

然挥毫为长春园饭庄写下"欣欣向荣"四个大字。倾注和反映了一位革命者对长治老区的情怀和对长春园饭庄今后的发展充满无限之希望。

二十世纪九十年代初,长春园饭庄在旧城改造中被拆除,经营了半个多世纪的饭庄从此结束其饮食服务业务。但长春园饭庄在新中国诞生前和社会主义建设时期,为上党的革命斗争事业、为发展和弘扬老区百姓的饮食文化生活所作出的贡献不会磨灭。

五　天脊机场翱飞翔

半个多世纪前,在晋东南抗日根据地的黎城县长宁村,一处我八路军修建的飞机场诞生了。飞机场虽只是一条极为普通不过的黄土跑道,没有指挥塔,没有导航灯,没有地勤人员。一切的一切白手起家。但就是这处简陋不为人关注的机场,在战火纷飞的年代,她是受到毛泽东极为关注的我八路军在根据地唯一空战基地,是我军与党中央的空中桥梁,多少次飞机的起落都是中央军委的运筹帷幄,倾注着在延安的毛泽东主席的心血。长宁的飞机场为我军的战略部署、为新中国的解放作出了巨大的贡献,在她短暂的航空历史中写下的却是多少年来鲜为人知的辉煌和惊心动魄的故事。

一

1944年夏季的一个晚上,黎城县长宁村东北山角之下一马平川的地带,一夜之间突然间出现了个飞机场,随后便是飞机的起起落落。那时,党中央在延安,八路军的总部长期驻扎在晋东南抗日根据地。长宁机场建成后,接受过多次中央军委和毛泽东安排部署的重大飞机起降任务,它的存在是太行与延安、八路军与党中央之间架起的一座空中桥梁。

为避免日伪的破坏,长宁机场对外绝对保密,周围是一片庄稼作掩护,机场没有导航系统及建筑物,仅一条黄土修筑的飞机跑道。飞机的起落都以将士们临时点燃的火堆导航。每次飞机起落结束,人员全部撤离机场,不留任何痕迹。八路军385旅369团部的将士不仅担负着修建维护机场的任务,而且长期驻守长宁村负责机场的安全。日军始终不曾想到和发现在这深邃的太行山间竟然隐藏着八路军时常使用着的一座飞机场。

根据毛泽东主席的指示,我八路军太行军区司令部设立了以李棣华为主任的情报联络部,同延安一直保持联系。1944年7月美国派遣美军观察组到达延安,了解八路军的抗日情况,1945年1月7日,党中央安排美军观察组到八路军抗日的中心晋东南,飞机安全飞抵的首选目标即长宁。经过七八年抗日战争的洗礼,血与火的考验,毛泽东深知老区的人民最放心,抗日的摇篮最安全。美军观察组到达后,太行军区司令员李达向美军观察组介绍根据地军民抗日斗争的情况,带领他们到各区参观视察。美军戴维斯将军曾在其观察报告中这样写道:"蒋介石封建的中国是不能同中国北部的充满生机的人民政府共存的,共产党一定会在中国扎根。中国的命运不决定于蒋介石而决定于八路军。"从1945年1月一直到1946年,美军观察组往返太行与延安都在长宁起落。驻扎在长宁村的八路军负责接待通过空中航线从延安来往于太行的美军观察员及我军将领。

在长宁机场的历史上,美军飞机在执行对日军事目标的轰炸任务当中,共在此起落近20余架次,一次次写下了它的飞行起降记录。1944年8月11日美军20架飞机从我国西南起飞,轰炸日军的太原飞机场、兵工厂,炸毁敌机13架。其中一架美B29轰炸机被日军击中失事坠落平顺县中五井留村山区,机组人员21名美军跳伞,当地军民接到情报全力组织搜寻、救助,并在八路军的掩护下护送至长宁机场,乘机飞往延安。

还有一次,一架美军B26战斗机在黎城岩井附近山头失事撞毁,一名美军飞行员牺牲,我方军民翻山越岭找到尸体后洗净,用白布裹好,送到长宁,连同其他生还的美军飞行员一起送上飞机,飞赴延安。1945年3月,在太行山脉的济源县境内美军一架侦察飞机被日军击落,美飞行员跳伞后被八路军救护到晋东南抗日根据地的沁水县朗壁村,我太岳区的高级将领亲自到朗壁村迎接美国朋友,并与其合影留念。3月4日,日本人解放联盟太岳支部和朝鲜独立同盟太岳分盟召开欢迎大会,

太行军区司令员李达与被营救的美军飞行员在长宁机场

慰问美军飞行员，与其共同进餐，畅谈未来，在欢迎大会会场门前合影，并派出代表与八路军一同护送美军飞行员到长宁机场，安全飞往延安。

二

抗战的炮火尚未停息，解放战争的序幕又将拉开。1945 年 8 月 25 日的长宁机场已没有往

八路军官兵将美军飞行员由太行山上的长宁机场送往去延安的飞机

日的寂静，我八路军一排排的战士高度戒备，守卫着机场，凝视着天空。因为此次他们将迎来的是我军由延安飞来太行的一批高级将领。机上人员的安全，牵动着我根据地军民的心。

中午时分，一架大型美制绿色军用运输飞机从西南天空隆隆而至，空中两圈的盘旋之后，徐徐下降，落入长宁机场，飞机停稳，舱门缓缓开启，我八路军战士将一铁梯挂上舱门，20 余位身穿八路军制服的将军和 4 名美国空军士兵依此走下飞机，将军们尚未脱去身上为预防不测应急用的降落伞，就情不自禁地同先期到达已在机场迎接他们到来的李富春、蔡树藩、李达等相互拥抱、共同欢呼，并在长宁机场的美军飞机旁合影留念，记录下了哪难忘的时刻。

此时，长宁村的军民一派欢欣鼓舞，将机场上风尘仆仆的将军们迎接到农家院落，根据地的老百姓用最好的饭菜热情款待自己的亲人。

这次从延安到长宁空运的将军是刘伯承、邓小平、陈毅、聂荣臻、林彪、薄一波、陈赓、陈锡联、陈再道、张际春、滕代远、杨得志、萧劲光、邓华、邓克明、宋时轮、李天佑、王近山、付秋涛、江华、聂鹤亭。他们是 8 月 20 日在延安开完中共中央高级军事会议，各自肩负着"保卫抗战胜利果实"的重任，飞来太行的。一看这份名单大家即知道它的厚重，他们是我党最骁勇善战的高级

1945 年由延安飞抵长治的共和国开国元勋们在长宁机场

将领，囊括了晋冀鲁豫、东北、华中三大战略区的主帅，之后他们都成为打败蒋家王朝、解放全中国的开国元勋。此次的飞行，从起飞到安全降落可以想见其使命重大。

将帅们是毛主席从延安将他们送上飞机，又悬着心通过电波得知他们安全着陆长宁机场的。因为他们是毛泽东麾下的名将，他们的生命太重要了，中国之革命、中国之解放正需要他们去进行。战争状态下飞行环境异常险恶，随时要准备躲开敌人打向空中的炮火，飞行必须保证百分之百的安全和保密。

在延安起飞前，毛泽东非常关心此次特殊的飞行，关于飞机的着陆点，毛泽东再三考虑，最终他在机密军事地图上还是用笔深深地指向长宁机场。一切就绪，毛泽东仍然放心不下，派中央军委秘书长杨尚昆和叶剑英在机场进行安全检查，朱德司令员的英文秘书黄华担当了此次飞行的翻译，万一飞行中有什么情况，黄华将起到同美军飞行驾驶员联络的作用。为更进一步做到万无一失，乘坐飞机的每位将军身上全都装备着为预防不测应急用的降落伞，配带着武器。延安机场的气氛严肃紧张，毛泽东要走他的一步"险棋"。一阵轰鸣之后，飞机从延安机场飞向太行。

将军们经过 4 小时的紧张飞行到达根据地的长宁小村庄并不是目的地。他们要遵照中央军委和毛泽东主席指示精神，从太行山出发，分别奔赴战争前线。林彪等前往东北战区；陈毅等前往华东战区；刘伯承、邓小平、薄一波、陈赓、陈锡联、陈再道等留驻晋冀鲁豫根据地，准备上党战役的前期工作。他们要领导广大人民去实现毛泽东在延安提出的"针锋相对，寸土必争"的战略决策。

午饭之后，美军飞机升空向延安飞去。我八路军 20 余名将帅跃马扬鞭向各自的战场疾驶，很快消失在崇山峻岭之中。

刘伯承、邓小平指挥的著名的上党战役 1945 年 10 月胜利结束，8 日长治解放。毛泽东就上党战役的伟大意义和对全国战局的影响，在《关于重庆谈判》中深刻阐明指出："太行山、太岳山、中条山中间有一个脚盆，就是上党区。在那个脚盆里，有鱼有肉，阎锡山派了十三个师去抢。我们的方针也是老早定了的，就是针锋相对，寸土必争。"上党战役的胜利果实，充分体现出毛泽东的长宁机场空运将军们的那步"险棋"是同国民党在争时间，在同国民党"争"、在同国民党"抢"。

战争的硝烟不再弥漫，人民迎来的是安定幸福的新生活。一年后，长宁机场飞机跑道由长宁村的百姓恢复耕田，这里变成一片麦浪，长宁完成了其历史赋予的神圣使命。悠悠岁月，沧海桑田。长宁机场虽已不存，但惊心动魄的长宁空运留驻的是老区人民对其辉煌历史的永远铭记。毛泽东一次次对长宁的重大战略部署永久地嵌入了中国革命历史的光辉史册。

三

这之后的 1958 年 7 月 1 日，碧蓝的天空上，一架银色飞机，从天上飞过，盘旋一圈之后，徐徐降落在长治机场时，山西首条地方航线又在天脊高台的上党诞生了。

地上的人们锣鼓喧天、雀跃欢呼。这一时刻，意味着山西从此有了民用飞机，对晋省人民空中服务之开始，人们企盼已久的坐飞机翱翔蓝天之梦，成为现实。

新中国诞生后，长治的航空事业飞速发展，不仅在市北郊新建了民用长治机场，而且上世纪五十年代末，筹组山西第一条民用地方空中航线"长治至太原"首航的一切工作也已就绪。那时，山西的民用航空运输还不是十分发达，在山西省范围内唯一具备空中开航条件的仅有太原和长治两地区。所以，晋省的首条空中航线即选择在了长治和太原两地区之间。1958 年 6 月，当山西首条民用航线"长治至太原"的通航的计划一确定，长治市的上下级各部门很快行动起来，经过长治人民九天九夜的紧张筹备、施工，市领导和群众齐上阵，一条长 960 米、宽 150 米的飞机跑道赶在了 7 月 1 日之前胜利竣工。我们有幸寻觅收藏到了首航当天的飞机场和雀跃的人们旧影，可与大

273

1958 年长治机场开通山西首条空中航线的场景

家共享和回味那美好的时刻。

　　为给中国共产党诞生 37 周年献礼,"长治至太原"首航剪彩仪式定在了
1958 年 7 月 1 日。这天,在长治、太原两地的飞机场周围人山人海,红旗迎
风飘扬。两地同时举行航线的开通仪式。此时,在飞机场跑道中央的一架"安
尔"双翅客机前方高悬一幅毛泽东巨幅画像,两幅中华人民共和国国旗插在
飞机前方,客机翅膀下方一左一右分别书写"庆祝中国共产党 37 周年纪
念"、"山西省太原长治地方航线开通"两条巨幅横标。隆重的开通仪式之后,
一架银机隆隆作响,机舱内载着首批 16 名乘客和大量报刊及邮品,由太原
机场起飞,直上蓝天,飞向古老的上党大地。

　　太原到长治的空中直线距离 190 公里,这条航线从开通到 1958 年年底
共飞行 80 架次,空运乘客 2947 人,货物运输量 72156 吨;到 1959 年,这条航
线飞行 320 架次,空运乘客 5251 人,货物运输量 119905 吨。航线的开通大大
方便了老区人民外出之旅行和同省城之间的快捷联络。

　　在这条航线上,多少年来,执行过几次重要意义的飞行任务,让我们翻
阅一下它的飞行记录:

1960 年 3 月 10 日,英雄母亲戎冠秀、罗盛教烈士的父亲罗达开,志愿军一等功臣、革命残疾军人、无脚拖拉机手李来财,小说《林海雪原》中的侦察英雄原型孙大德,刘胡兰烈士母亲胡文秀,在省民政厅张子麟等人的陪同下,上午在太原乘飞机来到长治参观访问。

1961 年 7 月 4 日至 7 日,长治市首次使用长治机场飞机,喷洒农药三天,起飞十余架次。对苏店、韩店、高河的 20 余个生产队 12500 亩农田进行杀虫除害,同时成立了由副市长文棋为总指挥的飞机治虫指挥部。

1965 年 6 月 20 日,国务院副总理薄一波由太原飞抵长治,对晋东南进行视察。

1969 年 9 月 23 日,曾一度停飞的长治至太原航线正式复航。航班每星期二、五当日航返一次。客运价 17.1 元,货运价每公斤 0.14 元。

1984 年 12 月 4 日上午九时,长治民航"空中旅游"开航典礼在长治机场客机坪举行,这标志着长治的航空事业向着多方面服务发展。

如今,天脊高台之上的长治机场,开通了长治至北京、成都、上海、广州、西安、大同等多条空中航线。宽阔的机场跑道、宏大典雅的候机楼、科学先进的现代化指挥系统、优质高效快捷的服务,笑迎四方来客。

六　钱庄老店晋蚨祥

清末民初，老城长治城卫前街路东有处名震上党的钱庄老店，它叫晋蚨祥银号，坐东向西，二层上下八间的营业场所，装饰豪华，古朴典雅，简捷明快。后院有员工宿舍、账房、厨房、库房十余间，银号建筑今已不存，仅有旧照还可一睹昔日旧貌。晋蚨祥银号是长治最早的私人金融机构之一。它创立于清朝末年，同时发行有自己的银号货币流通于长治地区十几县，面额为壹角、贰角、伍角。业务范围包括：承揽公款、吸收存款、发放贷款、异地汇兑，兼营烟酒副食。

掌柜岳晋斋，清末民初，百余万的资本，使晋蚨祥成为潞安城规模较大的私人金融机构。长治县、壶关县和潞安城内的岳晋斋、张克宽、康正廷、李志明等六位富商组成财东家，类似于股东会，张克宽出资最多二千大洋，成为首席财东家。开张后的第一年年底分红受益，寒冷的严冬，天气虽然很冷，但财东们个个身穿厚厚的绫罗、手持股本、心花怒放，和掌柜各分左右，在自家银号的门前合影留念，为我们留下了清末潞安城里雕梁画栋、装饰考究的"大银号"的风貌和气派。当时有民谣相传"京师有座瑞蚨祥，潞安城里晋蚨祥；京师蚨祥卖绸缎，长治蚨祥发钱票"。

"晋蚨祥银号"民国初年已有了董事会、监事会，并首先在晋东南开始发行能兑换银元的兑换券，它的兑换券票面风格设计考究，套色石版印刷，由天津石印馆设计印刷。票面上两枚印章，一枚董事会；一枚监事会。主图多为风景，有水印暗记，水印内容或面额数字或钱庄堂号，晋蚨祥银号发行的兑换券既是晋东南地区钱庄、银号的代表，也能反映出当时上党各县钱庄、银号兑换券的时代特征，兑换券的面额多为辅币伍角、贰角、壹角、贰拾枚、拾枚等，票面上印有集成拾角即兑换"银元"一块。从清末到民国年间，长治城内曾经能自主发行"兑换券"的银号和钱庄还有：东街路南的"信义银号"掌柜王师传，东街的"德义长"；南街的"德和成钱铺"掌柜陈拴，还有"德裕成"、"万顺源"；西街光华兴商铺后院的"兴义银号"掌柜彭德山；西大街的"集昌祥银号"掌柜崔某；南大街路西的"宏昌利银号"，该号是长治县"宏利银号"的分号，掌柜是长治县西火村的韩某。另外，泽州的"隆泰东"、"荣泰源"、"兴隆昶"、"泰兴成"等钱庄铺；高平县的"义丰永"、"晋盛恒"、"恒泰瑞"、"成德永"等钱庄铺；长子县的"大源泳钱铺"；潞城微子镇的"新亨钱铺"；长治县荫城的"聚顺钱店"、韩店镇的"庆兴银楼"；平顺县的"德顺钱铺"、"义和公"等等都有"兑换券"发行流通。

潞安城里诞生第一张抗币与晋蚨祥银号的轶事，发生在1938年。当时，

民国初年晋蚨祥银号潞商财东在门前合影

277

长治城内及附近村镇是山西第五专署机关和长治县政权机关所在地，还有八路军的工作团。军政人员数量庞大，急需货币补充，但流通的国民政府法币和晋钞数量却很少，特别是军政人员购买物品，没有足够的辅币用于商品交换时的找零。一时间，晋东南根据地范围内货币数量不能满足军需民用。为补充辅币不足，解决战时急需，在时间紧、又没有好的印刷钞票设备的特殊战争状态下，在潞安城内的长治县县长聂士庆找到晋蚨祥银号的掌柜岳敬斋，决定使用晋蚨祥的钱票应急。因为当时抗战一爆发，人心惶惶，各自逃难，没有人将钱存入银号，晋蚨祥银号的经营几乎处于停滞状态。

潞商晋蚨祥银号发行的钞票

晋蚨祥银号抗战前就一直发行自己的钱票，而且在天津的华东石印局印刷，质量一流，设计精美，钱票主图是银号的后花园，中间上方印刷"晋蚨祥银号"，两边分别是"潞安城内"、"民国17年"。将银号的钱票作为抗战时期的特殊货币这一方案确定后，长治县县长立即组织财政部门的相关人员，取用"晋蚨祥银号"壹角、贰角、伍角面额的钱票十万元，之后，在票面上加盖上"长治县银号"、"上党"、"二十七年"等字样，作为第一批的长治县银号抗日货币发行。此批长治县银号票准备发行前，县政府在其所在地潞安城内南街77号召开村长以上干部会议，宣布战争状态下的长治县银号票的票面特征和流通区域，并让各部门的负责人告知父老乡亲。

战争年代，晋蚨祥银号票加盖上"长治县银号"后是如何发挥其作用？又是如何发行流通的？当时，长治县银号的办事机构在荫城镇的"祥泰铁货铺"，1938年4月日军从荫城撤走后，县政权在祥泰铁货铺基础上成立"铁货铁业合作社",收购陵川、高平、阳城、晋城、长治等县的铁货,随后运出根据地,到太原、天津、北平等地换取根据地需要的和可能使用的军民生活必需品、药品、机具等。长治县银号收购铁货时,付给百姓的钱即是县银号票。据《晋冀鲁豫边区货币史》记载:长治县银号票的发行专管人是县财粮科的李新山,长治人,职务是县政权的会计。百姓用铁货换取县银号票后,可用此票到五专署所辖各县购买米面、布匹、食油、食盐等等,它的购买力是 7 元县票可购买 100 斤白面。县政府当时下派的"合理负担"每人每年 1.60 元,也可用长治县银号票交捐。

就是在这样的战争环境下, 首批长治县银号票在潞安城里发挥了其抗币作用,为战争年代的军需民用作出了积极的贡献。

七　五区抗币彭德怀

　　抗战初期的晋东南,应该说是山西乃至华北地区抗战的中心区域。这里四周高山环抱、关隘纵横、"易守难攻",自古就是"兵家必争"之地,素有"得上党者得天下"之称。这里是朱德、彭德怀领导的八路军总部、一二九师师部及我党北方局等重要机构所在地,也是我党同阎锡山达成共同抗日协议后薄一波、戎子和领导的山西第三、第五两个行政专署机关和山西青年抗敌决死第一、三纵队所在地,还是三专署 16 个县和五专署 12 个县,总共 38 个抗日县政府所在地。是在"统一战线、国共合作、共同抗战、生死存亡"基础上建立起来的抗日根据地。从抗战爆发到 1939 年底,"晋东南就成为共产党、八路军领导下的抗日根据地民主政权和抗日民族统一战线的先进地区"。

　　晋东南根据地建立后,巩固根据地的经济建设,发展生产,保障庞大的军、政、民抗战力量的供给是重中之重。起初,根据地大搞生产建设,还能解决一部分问题,但是时间到了 1938 年春,日军第一次大规模九路围攻晋东南后,根据地的商业经济遭到重创,生产秩序严重破坏,货币经济混乱,加之,国民党政府配发根据地的"法币"供给严重短缺,非常残酷的战争状态下,军、政、民供给紧缩,货币供应来源萎缩,市场货币缺少,特别是找零用的辅币更缺,商品贸易货币找零矛盾尤其突出。为解决战争状态下产生的这一货币矛盾,同年 4 月,在五专署的几个县首先设立了"县银号",以解燃眉之急,并请准五专署专员同意,开始在五专署的"上党印刷厂"统一印制小额辅币。这些县银号有:"长治县银号"、"长子县银号"、"沁水县银号"、"潞城县银号"、"平顺县银号"、"壶关县银号"、"陵川县银号"、"高平县银号"、"晋城县银号"、"阳城县银号"、"浮山县银号"等,十一个县银号发行的辅币面额为"壹角、贰角、贰角五分、叁角、伍角",票面色彩多为橘黄、棕红、墨绿、深蓝单色石印,票幅的大小基本统一,这些抗日辅币上的图案均为长治城内莲

280

花池的"湖边长廊"主景。战争状态，交通阻隔，有的县银号也有自行设计、印制县票的情况，如长子县银号的蓝色壹角、贰角、叁角，晋城县银号的棕色壹角、贰角伍分等就是极简单的油印版，长治县银号则是在旧版的商号纸币上临时"加盖"名称而发行的。据我们多年来收藏到的各县票实物和档案资料研究分析，当时，十一县（多集中在根据地的第五专署）共发行抗币辅币券不同版别 34 种之多，发行数量近 300 万元。

抗战初期长治县银号票

晋东南根据地各县银号没有专门的机构，属于县里的财粮科管理。财粮科和县银号是两个牌子一套人马。各县票从 1938 年初陆续发行后，原则上是在各自的县域流通使用，解决军政民及商界的找零问题。但随着形式的复杂化，各县票在三、五专署以至周边的河北涉县、武安，河南济源、焦作也可流通使用，不单单仅限在县区。

晋东南根据地的各县银号抗战初期虽然仅仅发行了辅币券，发行的金额也不大，但其在战争年代的根据地货币对敌斗争中历史意义重大。首先，它是晋东南根据地自行解决货币严重不足、发行抗日货币的"先声"，是晋东南发行抗日货币的"先锋队"，率先走出了根据地自救的路子；二是各县票代替了国民党的"法币"流通，避免了"法币"被日伪的利用和破坏，并将日伪的"联合票"驱除县境；三是对各县货币经济的恢复和建设、缓解抗日县政府的财政困难，都起到了积极的作用。

晋东南根据地各县抗币流通后，百废待举的根据地货币市场有了转机，百姓购物找零得以初步解决。经济、生产开始恢复。1938 年 7 月 1 日，山西决死三纵队政委戎子和到达长治就任第五专署专员。这位积极抗战的专员走马上任即调整了抗战不积极的几位县长,整顿商业秩序、社会环境,同时,在整顿市场货币和对敌货币斗争的问题上,他发现虽然各县发行了县票,但完全靠几个县的银号票去驱逐日伪的"联合票"力量还远远不够,而且各县票都为辅币,名称又不统一,更不能在指定时间内形成强大的合力一致对外。各县票在商业市场交易找零使用时还能彰显其力量,但要想作为根据地统一完整的货币去抗敌,还显得太薄弱。可以肯定和借鉴的是,各县票的发行流通,为我根据地的对敌货币斗争积累、提供了很好的经验。

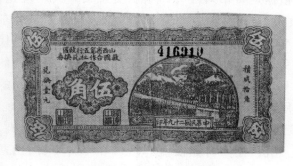

五专署合作社兑换券

为解决五专署在对敌货币斗争中的这一突出问题,五专署和牺盟会长治中心区的主要负责人召开了专门会议,研究决定在晋东南根据地内的五专署发行更大区域性抗币"山西省第五行政区救国合作社临时找零兑换券"。由于名称内容太长,百姓习惯简称其"五区票"。会后,由牺盟会长治中心区的秘书王兴让具体承办,1938 年秋季,王兴让到达潞城北村的八路军总部,找到了彭德怀副司令员反映了根据地五专署在货币经济中出现的以上情况后,请彭副司令员批准。当即彭副司令员表示同意,并要求"必须准备一定数量的发行基金,货币发行的数目不得超过全区人口每人三元"。

282

　　"五区票"的发行机构当时设立在长治城莲花池内的牺盟会长治中心区,经理王兴让,副经理由五专署财政科科长曹裴然担任。发行"五区票"的事宜虽然议定较早,但由于根据地五专署为避日伪军袭击,进行战略转移,导致印制和发行滞后。1939年初发行的"五区票"面额有壹角、贰角、贰角伍分、伍角四种版别,票面名称上还特别印制有"临时找零"字样,1940年又发行壹角、贰角、伍角三种版别,并将"临时找零"撤去。抗币"五区票"最大的特点就是在设计印制上始终突出了"抗战救国"的货币发行主题,如在壹角、贰角、贰角伍分、伍角票面"亭台"的主图中可看到明显的"救国"字样,作为抗日货币充分反映了晋东南根据地军民同仇敌忾战胜侵略者的决心。

　　"五区票"到结束流通时,共发行七种版别30余万元。由于战争状态下,作为区域性货币,没有专门机构,没有主币,发行量又很少。加之对敌环境急剧恶劣,货币斗争极端复杂,当时"五区票"没有能够完成最初设想的对敌货币斗争计划和目标,没有能够形成一种完整的根据地统一币制。随着上党银号和冀南银行在根据地的相继问世,"五区票"就退出了流通领域。

八　上党银号薄一波

　　1938年4月中旬,我八路军一二九师团结根据地各方面的抗日力量,一举粉碎日军对晋东南的第一次九路围攻后,中共冀豫晋省委随同总部也返回了晋东南根据地薄一波领导的三专署所在地沁县,开始恢复根据地的商业经济和工农业生产。

　　由于根据地所处的位置在各县的交界区、游击区等偏僻落后的山区,又加之日军扫荡后留下的创伤,根据地"曾经弄到几乎没有衣穿,没有油吃,没有纸,没有菜,战士没有鞋袜,工作人员在冬天没有被盖"(见《毛泽东选集》第二卷第892页)。民生凋弊,社会经济困难,市场上金属铸币被百姓储藏,原有的货币失去购买力,货币交易出现了以"小米"为计价单位的物物贸易,金融市场死滞。面对如此恶劣的战时根据地环境,1938年8月中旬,晋冀豫省委在沁县召开会议,讨论建设根据地经济问题,会上提出了建立根据地自己的银行,掌握自己的财政命脉。

　　这处根据地自己的银行当时就被命名为"上党银号",由晋东南第三、五两行政专署统筹,第三专署

抗战时期在根据地发行的上党银号辅币票

的秘书处、财粮科负责具体的筹办工作。
当时，创办银号的基金近百万元。一部分
是阎锡山给抗日部队经费；一部分是三专
署财政拨款 20 万，各县士绅富商捐助 30
万，百姓捐助抗日政府 10 余万。正如薄一
波在《沁县人民革命斗争史》回忆录中讲
的："上党银号开始的资金，阎锡山不是给
咱们点钱嘛，八路军不是也有点钱嘛，开
始就是这个资金，资金也不大。"经过抗战
各方面机构的共同努力，到 1938 年 8 月

八路军在晋东南根据地佩带的证章

底，上党银号即在沁县的南沟村成立，不久迁往沁县郭村。因战时的特殊环
境所致，在根据地的上党银号从成立到结束对外始终没有挂过银号的牌匾。
任三专署专员、决死一纵队政委的薄一波担任了"上党银号"的经理。这样，
晋东南根据地三专署的财政大权就直接掌握在了我党手中。

抗币"上党银号票"是在银号一成立就在晋东南根据地流通使用了，最
先是发给三、五两专署职员和决死队员的津贴。在商品市场交易后，百姓都
简称其"上党票"。1938 年发行的面额有拾元、伍元（两种版面一是主图孙中
山像、另是主图风景）、贰元、壹元、伍角、贰角伍分、贰角（两种版面一是沁县

上党银号壹圆、伍圆票

的伏牛山风景、另是办公大楼主图）、壹
角等八种（1938 年版）票面十种版别的主
币。在拾元、伍元的票面设计上为突出统
一战线形式下国共两党合作抗日的主
题，抗币主图特别使用了国民党领袖"孙
中山"像，背面是经理"薄一波"的英文签
名。在壹元票的主图设计上为体现我党
领导下的根据地货币经济，红色天坛主
图的下面印有一"党"字。在贰角票的设
计上为纪念上党银号的成立时间特别在
蓝色"森林主图"的中心印"38"的暗记。
1939 年 6 月前后，上党银号又在沁县桃

卜沟的大山里增印了壹分、贰分、伍分三种(1939年版)辅币。据抗战时的档案资料显示,上党票所有版别票面上的"上党银号"四篆字均为印制上党票的印刷厂厂长高道杰书写。1940年初,上党银号结束,其财产并入冀南银行时,上党票共发行近400万元。

抗币上党票的发行,其最大的特点是发行数额大,有了自己的主币,在根据地流通使用的范围广,占领了68%的日伪"联合票"货币市场。上党银号在统一战线形式下,财政权完全掌握在我党和八路军手中,是完全独立的我党金融货币机构。资金的使用直接服务于我党的抗日组织和抗日军队,直接服务于从延安到根据地或根据地到延安的我党抗日工作者。

九　抗日银行邓小平

　　晋东南根据地的抗日货币流通使用到 1939 年下半年时，各县票、五区票、上党票投入到对敌货币斗争的市场，根据地的经济得到了稳定，百姓的购买力增强，生产建设和秋季农产品收购较根据地建立初期前进了一大步。但随之而来的是根据地的军政民深感市场上货币的品种过多、过杂、过乱，缺乏一处正规的银行机构管理。商品流通领域有县票、五区票、上党票，还有

1945 年冀南银行太行区行在长治城设立

国民党的法币、阎锡山的山西省票、日伪的联合票，参差不齐，购买力不等，比价不一，百姓计算非常困难，苦不堪言。"统一货币、保证供给、支持抗战"，就成为晋东南根据地货币经济的当务之急。

1939年10月15日，晋东南根据地的黎城县小寨村，一处专门服务根据地军政民的金融机构"冀南银行"诞生了。抗币"冀南票"同时在根据地的多个冀南银行办事机构发行流通。诞生后的冀南银行主要业务是刺激根据地商业经济发展，解决八路军的军需经费，支持根据地兵工产品的生产，统一根据地的货币，特别是抗击日本侵略者长期对根据地的货币侵略和掠夺发挥其作用。她被根据地的军民亲切地称之为"抗日银行"。

冀南银行，这处总行设在小寨山沟沟里的特殊金融机构，从筹建到设立历尽艰辛，并非一帆风顺，受到了时任八路军一二九师政委邓小平的关怀和支持。

早在1938年初，我八路军一二九师从晋东南根据地进入冀南平原，与杨秀峰部队会合，在地方党委的配合下建立了抗日县政府及救亡团体。2月，军政委员会成立，筹办冀南区的行政机关。8月，冀南行政机关经济委员会出台"抗日游击区经济建设大纲"，其中规定："成立冀南银行并设立县区的兑换所和分所，发行冀南本位币。"邢台县的抗日县长、中共党员胡震担当起此任务，并就准备组建银行的有关方面工作来到了晋东南根据地的辽县（左权县）一二九师师部，向邓小平作了汇报。小平同志听完汇报后作出口头指示："你们先尽可能地召集技术人员，筹购印刷设备、纸张、油墨和印版，八路军正想发行自己的票子，就

冀南银行总部所在地黎城小寨

是缺乏这些条件,不过,目前的筹备银行的工作还要保密。"

冀南银行刚一开始筹建,即遭到国民党蒋介石、鹿钟麟、石友三等顽固派的阻挠和破坏,蒋介石电令"停止银行的筹办和冀南票的发行"。鹿钟麟、石友三贴出布告:"凡使用冀南票者枪决。"国民党的层层阻挠,日军的不断扫荡,在冀南区筹备银行的环境十分恶劣。鉴于困难重重,在晋东南根据地的八路军一二九师邓小平等首长直接作出指示:"筹建银行工作由一二九师供给部徐林领导,银行由冀南地区向晋东南根据地战略转移。"1938 年冬季,银行筹建组的八九位同志接到命令后,突破敌人封锁,兵分三路,由河北南宫县出发,分别经过馆陶、冠县、辛县、南乐、汤阴、林县等地,跨 3 省 10 余县穿过敌人占领的平汉铁路,向晋东南根据地迁回。为保

冀南银行拾枚、贰拾枚票

障印刷器材的安全,他们夜晚行军,白天隐蔽。同年年底,银行筹建组的同志们肩扛器材,手拎行李,克服重重艰难困苦,陆续到达了晋东南,驻扎在黎城县西井镇周围的十多个村落里。

银行筹建组的同志们到达晋东南不几天,小平同志就带领大家跋山涉水,察看地形,直接研究指导银行总行、办事处、发行处、印刷厂等地址的选定工作。既考虑银行的隐蔽保密,还要想到"抗币"的运输方便。小平同志在用人、资金等方面更是大力支持。八路军在黎城西井专门成立了冀南财经学校,培养金融、银行等方面的人才,由杨秀峰兼任校长。学校的办学经费大都由一二九师支付。他还从抗日军政大学等部门调来一批做过学过金融工作的骨干到黎城来积极筹组银行,骨干之一的胡景沄后来曾任冀南银行行长。这期间,一二九师的官兵还想方设法从敌占区的太原、邯郸等地购回大量的

纸张、油墨、器材、石版材料等。所有这些为冀南银行的成立、抗币"冀南票"的发行提供了极为重要的条件。

银行成立后，虽然总行及印刷厂都在晋东南根据地，但"冀南银行"的名称和发行的抗币"冀南票"冠名都没有改变，给人们造成的错觉是"冀南"应属河北的南部，其实不然。这在对敌货币斗争的战略战术上叫"声东击西"。最终目的是"遮人耳目"，避免和减少日伪对银行的袭击、破坏。

冀南票在根据地发行的面额有拾枚、贰拾枚、壹角、贰角、贰角伍分、伍角、壹元、贰元、叁元、伍元、拾元、贰拾元、贰拾伍元、伍拾元、壹百元、贰百元、伍百元、壹千元，贰千元等等；这其中又分 1939 年版、1940 年版、1941 年版、1942 年版、1944 年版、1945 年版、1946 年版、1948 年版，另有加盖"太行"、"太岳"、"鲁西"等地名票；还有冀南票"本票"壹百元、贰百元、伍百元、壹千元版 10 种。据档案资料统计，冀南票共计 82 种版别之多。

冀南银行叁圆、贰拾圆、壹百圆票

抗战后期的 1943 年 7 月 16 日，小平同志在《太行区的经济建设》一文中曾就冀南银行所作出的贡献和发行的抗币"冀南票"的作用这样论述道："我们的货币政策是发展生产与对敌斗争的重要武器。货币政策的原则，是打击伪钞保护法币。我们鉴于敌人大发伪钞，掌握法币大量掠夺人民物质的危险，所以发行了冀南票，作为本战略区的地方本币。实行的结果，打击了敌人利用法币的阴谋，缩小了伪钞的市场，强化了对敌经济斗争的阵容，给了根据地经济建设以有利的保障。为了保障本币的信用，我们限制了发行额，大批地贷给人民和投入生产事业，取得了人民热烈的拥护，本币的信用是很巩固的。我们不断地对敌占区进行政治攻势以及适时的利用物质,给了伪钞以相当的打击。"

1945 年冀南银行在解放了的长治城里增设"冀南银行太行区行",专门办理城市金融业务,扩大业务范围,以便促进战后长治的城市恢复、商业繁荣、工农业生产的快速发展。1948 年底,冀南银行结束业务,筹建"华北银行",之后不久,又在此基础上成立中国人民银行,南汉宸任中国人民银行的第一任行长。在晋东南根据地黎城山区里的原冀南银行印刷厂也更名"中国人民银行二局一、三厂",开始印制壹元、伍元、贰拾元(1948 年版)的人民币。

冀南银行在其九年当中的货币发行和货币对敌斗争中, 共在晋东南根据地以至后来的晋冀鲁豫边区发行冀南票 2012 亿元。

抗日银行和抗币"冀南票"在整顿根据地金融、调剂根据地经济、排挤打击和肃清日伪货币、扶植军队生产建设、繁荣货币市场、发展贸易、增强抗日力量等诸多方面都作出了巨大贡献。她历经血与火的较量,谱写了一页页根据地的经济金融史,写下了一部晋东南根据地抗击日伪货币的斗争史,最终迎来了人民币诞生的曙光。

十　解放区的人民币

60 年前,人民币在长治解放区孕育诞生,是不为人知的秘密。

60 年前,人民币作为一种有力的经济武器。为解放战争的胜利,为恢复解放区的经济,为新中国的建设,创造了丰功伟绩。

蓦然回首 60 年,中国人民银行从 1948 年成立到 2008 年已经走过她半个多世纪的峥嵘岁月,人民币也从战火纷飞中诞生的第一套飞速发展到如今的第五套,为支持解放战争、新中国的经济建设及我国的现代化建设,发挥了其不可替代的作用。第一套中有一枚被收藏界列为珍品之一的"打麦场"主题的贰拾元人民币,她就诞生在太行山里的长治老解放区。

一

2008 年 9 月间,长治古玩市场先后有平顺、黎城村民在不同时间出示 3 张大小不等、四周残损的印有"中国人民银行"、"贰拾圆"、"1949"等字样的整版钞票,请上党钱币研究会专家进行鉴定。据平顺村民称,春节过后,黎城县西村村民修葺祖辈在村外后山自家房屋,此房战争年代曾作为八路军的印钞厂使用多年,清理院落杂草和墙垣时,发现裹成一团看似废纸旧物的东西。之后,此物其中一张几经辗转到长治的收藏者手中,其余残损严重的两小张碎片被外地的收藏者购得后,秘而不露,不明去向;黎城村民声称此整版钞票发现于黎城县的后背底、茅岭底村落的农户旧宅中。

综合两次发现

中国人民银行二局三厂章

的实物研究，该批印有"中国人民银行"、"贰拾圆"、"1949"等字样的整版钞票，应是印钞厂当时印刷钞票报废的尚未裁割的试机钞票，为解放战争时期的产物。规格均为八开本，纵55厘米、宽39厘米，整个版面或绉叠或重复印刷、或半版油墨，四周糜烂破损，还有鸟粪污迹。该

1949年底中国人民银行二局各印钞厂干部在黎城

试机钞票纸质为上世纪40年代印钞票常用的"道林纸"。分析掌握的两张实物，一张正面为深蓝色，由横3枚、纵8枚组成24枚票面形成一整版。每个单票面的主题内容从上自下为"中国人民银行"、"打麦场"主图、"中华民国三十八年"，左右精致的纹饰线条里印制"贰拾圆"面额，四角四个"贰拾"字样，一样的图案重复印制3次，形成重叠现象，版尾边缘印有蓝色"郝笛生对版，王箭做版，刘同顺"字样。经有关专家反复比较，此版贰拾圆票正是1949年正式发行流通于各解放区市场的"打麦场"第一套人民币。再看另一张，同样是深蓝色，由横3枚、纵8枚组成24枚票面，而每个单票面的主题内容从上至下为"中国人民银行"、"1949"，中央精致的纹饰里印制"贰拾圆"面额，四角四个"20"阿拉伯数字，版顶边沿墨书"温富林订，张置清做版，张六锁印"等字迹。这组图案正是"打麦场"人民币的背面。此两版试机钞票的共

解放战争时期中国人民银行二局一厂旧址

293

同特点是,它们的背面均为棕色和浅黄色组成的横 4 枚、纵 6 枚共 24 个小版面构成面额为"壹佰圆"的"中国人民解放军华东野战军军用流通券",版别年份 1948 年,其主图左为"军用火炮",右为"军民收获",只是大量试机蓝油墨将其图案有所覆盖。根据我们掌握的冀南银行钞票实物资料进行对比发现,试机钞票上被蓝色油墨部分覆盖的"军用流通券"上的"军民收获"图是"借用"自解放战争时期我晋东南根据地在黎城冀南银行印制的一枚 1948 年版"伍佰圆"面额的"军民收获"主题图案,这就初步确定了试机钞票应该出自于根据地的冀南银行印钞厂。总体分析此次发现的两版试机人民币钞票,它们是在已印好的"中国人民解放军华东野战军军用流通券"上又进行试印人民币的。

据党史资料记载,"中国人民解放军华东野战军军用流通券",解放战争时期我党并未发行。原因是 1948 年底在已经是解放区的晋东南根据地冀南银行印好一部分后,没有来得及发行,即接到停印的命令。此时,中国人民银行也于该年的 12 月 1 日在冀南银行改组先期设立的华北银行基础上成立,冀南银行的原行长胡景沄任中国人民银行副行长。由于全国解放战争的形势比预计发展要快得多,好得多,一个个大的战役"迅雷不

长治解放区印刷的 1949 年版人民币的整版试机票

及掩耳"，捷报频传，华东的解放区，没有来得及使用"军用流通券"过渡，新版的第一套人民币就直接投入到了全国已连成一大片的解放区流通市场。这种情况下，设在后方太行山里的黎城冀南银行印钞厂在印钞纸严重紧缺的条件下，只好用停印的"军用流通券"试机了。

该整版人民币试机钞票的发现地在黎城，钞票主图也是直接借用冀南银行印制的一枚"1948 版"的"军民收获"冀钞上的图案。冀南银行早在抗战初期的 1939 年 10 月即在晋东南根据地的黎城印刷抗币冀南票，到 1948 年改称中国人民银行二局一、二、三厂，1949 年底才陆续撤出长治黎城的根据地。据当时任三厂秘书、负责全面工作的高文明在《第三印钞厂成立前后》中回忆说："冀南银行第三厂是 1947 年 7 月成立的，地址在东西辽城和茅岭底。试机时，先试印一些烟盒皮。正在试印期间，上级领导决定，为支持刘邓大军南下，将永兴印刷公司划归冀南银行领导，以便更快地印刷大军南下用的钞票。"又据任冀南银行印钞三厂鉴定科封包员梁志敏在《回忆冀南银行九年》中讲："第三印刷厂印刷所设在黎城茅岭底。为对外保密，厂部称华北军区工读学校。在接受为我军挺进中原、大别山新区货币中国人民解放军华东野战军军用流通券印刷任务和秋季战役评比总结后，发扬连续作战的作风，开展了春季为民立功的攻势。流通券以它特有的设计，钞票正面印有刘伯承、陈毅、邓小平、粟裕、谭震林将军之名。三厂建立在解放战争之初，结束于全国解放之时，为解放战争印刷了大量冀南银行币、中州币和解放军军用流通券。"

从此段史料中，同样证明了冀南银行 1947 年 7 月以后，在太行山解放区印刷"军用流通券"的事实。

二

我们驱车从长治出发，一路颠簸，向东北方向行程 98 公里，近两小时后，来到了抗日战争和解放战争时期冀南银行的总行所在地黎城小寨村及其周边印钞厂进行实地调查。

在接近小寨村时，远远望去，山崖间秋意已浓。我们看到红棕色的石板山层层叠叠、高耸入云，形成了一道天然屏障，山峦下一排排错落有致的民居村落出现在面前。秋高气爽，道路两旁景色如画，农户家院里金黄色的玉

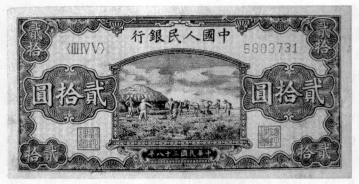

1949年版"打麦场"贰拾圆成品票

米、红彤彤的辣椒处处显现着一派收获景象。这就是我们要到的抗日战争和解放战争时期八路军一二九师供给部、冀南银行总行、财经学校等我党许多重要机构所在地的黎城县小寨村。

村前十多公里的山峦沟壑里是八路军的军械生产要地"黄崖洞"兵工厂,战争年代我军众多的兵器就出产于此地。

步入小寨,我们来到了位于村中大庙北面的"冀南银行"旧址展览馆,展馆大门中央上方悬挂着薄一波书写的"冀南银行新中国金融的摇篮"匾额,该馆工作人员老杨接待了我们。通过对展览室内容的了解和村里老乡的走访发现,冀南银行总行最初并不在此,是从与小寨仅有三五里之遥的西村、东坡、庄上的大山里迁来的,印钞厂却一直在西村后山未动。翻阅《回忆冀南银行九年》资料显示:"印钞厂的成立,正处于抗日战争初期,印钞厂最初是在山西黎城县小寨沟、庄上、东坡、西村等地,这些地方在山西来说是比较贫困的地区,山高谷狭,人烟稀少。"据当时的冀南银行印钞技师张裕民回忆资料:"1939年夏天,梁绍彭任发行处主任。秋天,在(黎城)东坡成立了印刷三所,郭惠亭、刘宪章、孙书田三人负责,我为技师。"

西村是黎城县最北面的一个自然村,由东坡十多户和庄上三四户人家组成。这里地理位置十分险要,三面环山,交通闭塞,北面高山绵延,其后是晋中的左权;西南面高山耸立,攀登历险后可进入武乡,村东是惟一的出入口。

来到西村已近晌午,没有来得及休息,径直找到了西村后山现在的承包人、今年58岁的蔚张有师傅。身体健壮、言语朴实的老蔚,成为我们此次登山考察八路军印钞厂旧址的向导。出西村向西南一里许,徒步来到后山山脚下。久居城市的我们颇感新奇,舒爽的山风好似刚打开的罐头,飘来一股股

296

山果的幽香,沁人心脾,虽已走了很长一段距离,但身心很是轻松。"这是当年八路军战士守在印钞厂山口的岗哨,天然的三个洞穴,可避风挡雨。一有敌情可立马进山报信。"走在前头的老蔚介绍说。

山下的羊群和放羊人越来越小,慢慢地模糊成了一片白色,山路突然变陡,好似脚下的石头也在松动,心跳加快,汗流浃背。其实此时的脚下根本就没有"路",心里想象不出当年八路军是如何肩扛数百斤的印刷设备,无路而进山的?一锭锭的钞纸又是如何变成精美的抗币的?

艰辛过后是彩虹。一小时后,一片沟壑坡地使我们从艰难中迎来了轻松的喜悦,道路虽蜿蜒曲折,但好走了许多。眼前,核桃树、柿子树、山梨树,还有叫不来名字的山花野草仿佛将我们带入仙境一般,树丛间隐隐地有了房屋的影子。"那就是我们要找的八路军冀南银行西村印钞厂",老蔚用手一指。坐北向南的一排排残墙断垣20余间,紧贴山壁,顺势而建,数十年的风雨剥蚀,印钞厂厂房早已没有了屋顶。屋角草根间有几只油墨残留物,一口能供数百人饮水的大山井,至今老蔚仍然在饮用和使用它浇灌山涧树木。向北约200米又有一院,内有石屋六七间,保存较好,但也是久无人居,荒草丛生,一座石碾静静地躺在院门口。据老蔚讲,此处应该就是大伙常说起的当年八路军借用过的村里老百姓的老石屋,听老一辈传说也是印票子的地方。隐藏在这里的印钞厂应当是冀南银行印钞一厂,也称一所。我们在《山沟里的印钞厂》查到了当时在厂部总务科和会计科任出纳的乔容章的回忆文字:"1945年,日本投降,整风结束,我被分配到冀南银行第一印钞厂,直到1949年底解散时为止。这个厂当时大约有1200名职工,设在黎城和左权交界地区。下设一、二、三、四印钞所和鉴定科。"

从西村后山回来,已过晌午,我们便就近在村民王海龙家吃午饭。在王海龙家,十几位邻里见我们手中的人民币试机钞票照片,纷纷向我们说,头几年大伙都见到过这样的旧票子,王海龙的二哥家里保存的最多,只是觉得没用了,开始时是用它上坟烧纸,后来就一张张糊了房子的顶棚和睡觉的炕沿。可惜,如今的王海龙二哥家已旧房换新屋,一切荡然无存了。

三

告别西村热情的村民,出西村我们向东再向南约行驶30多公里,过"茶棚滩"一段路程,沿岔路口向茅岭底村方向行进,寻访中国人民银行二局三厂。道路两旁一座座大山紧紧相依,路是在河床上走出来的,坑坑洼洼很是艰难。又走了 20 余公里后,路边一处很陈旧高耸的烟筒,吸引了我们的视线,如此偏僻的深山脚下怎会有近代工业革命的遗迹?"这里叫源泉村,烟筒和厂房是抗战时期八路军的太行造纸厂,战争结束后厂子就搬迁走了。"路边的村民说道。此处的造纸厂与印钞厂是否有着必然的联系?生产出的纸张是否直接供给印钞厂?我们没有访问到直接的证据。继续沿着干河滩前进,边走边打听,源庄、寺底、北河南、五十亩、石背底,五六个村落说话间就到了我们的身后。又是约 15 公里的行程,脚下的乱石滩此时已不再干枯,红红的柿叶一片片随风坠落在清澈宽阔的漳河上,好似小舟从脚下流过,这就是深秋送给来访者的生机。终于,北山脚下茅岭底进入我们的眼帘。

匆匆地翻阅我们随身携带的《回忆冀南银行九年》,找到当时冀南银行收入股职工齐登五的回忆:"1948 年 4 月,冀南银行与晋察冀边区银行合署,之后合并成立华北银行,晋察冀印刷局叫第一局,冀南银行发行处改叫第二印刷局,局长张子重,政委李树仁。1949 年 10 月结束了手工印钞的时代,二局全体职工陆续下山调往各处,大部分南下到中州银行或北上到天津、北京印钞及总行工作。我于当年 10 月调总行会计处。"

二局三厂的原工会文教委员李文回忆写道:"冀南银行第二印刷局第三印刷厂,厂址在太行山区的一道山坳里,原在西辽城,后移到了茅岭底。岭下是水流湍急的漳河,我们在漳河畔度过了第三次国内革命战争的大部分岁月,直到全国胜利,工厂才由太行山迁来京、津,二局三厂是太行山机械化程度比较高的厂子,拥有号称太行天字第一号的胶版印刷机和多台电动大石印机,并且引漳河水为动力,担负着印刷钞票和军

中国人民银行二局三厂旧址茅岭底

用地图的重要任务。"

根据冀南银行老一辈的回忆资料确定,太行山里的茅岭底印钞厂,就是我们要寻找的"中国人民银行二局三厂"。

茅岭山下的村落,有五六十户人家,清粼粼的漳河水由西向东川流不息。在村里我们见到了曾在二局三厂做过伙夫的范美庭、王占元、刘顺兴几位80多岁高龄的老者,手中的"中国人民银行二局三厂模范奖章",记录下了印钞厂职工在太行山下、漳河岸边的战斗岁月。

印钞厂并不在村里,漳河对岸的"七佛脑"山崖边,密密麻麻的杨树林里数十间土胚瓦房早已没有了往日印刷机的轰鸣。如今,厂区前面的五六十间印刷工房早已夷为平地,种着玉米。东边30余间房屋的主人、52岁的张义庭在此靠喂牛维持生计;西边的16间厂房,现居住着76岁的孙大寨夫妇,院子里圈着的20余只山羊是孙大爷老两口生活的经济来源。"这样的票子见过,1966年在拆除印钞厂中间二层小楼时,墙壁上贴的报表背后印的都是这样的票子,听说是印坏和作废的票子,才用背面书写报表的,也就没当回事。另外,听撤离时的老职工讲,票子不只是在一个地方一次就能印好,要好几处地方分散着印,全部几版印完后,秘密运送到总行再发行,说是为了安全。太行山上黎城的后背底、东崖底、西村和涉县的东西辽城都有八路军的印钞厂。"手持试机钞票照片的孙大爷和老张你一言他一语地讲。

太阳西斜,晚霞映红了"七佛脑"山脚下的这片神奇的土地。离开这片曾经的金融圣地时,我们仿佛又听到了印钞机的轰鸣,仿佛又见到了漳河岸边的水利发电车在不停地旋转,仿佛又看到了一沓沓印好的人民币从茅岭底运往解放区。

我们不能忘记,是巍峨绵延的太行山铸就了人民币的历史,是滔滔不绝的漳河水谱写了人民币辉煌的开始。

十一 太行兵工刘伯承

旧照上别具建筑风格的"刘伯承工厂",它是解放战争时期的长治南石槽兵工二厂。很有特色的工厂大门、独具匠心的厂名书法、高高低低简陋的临时厂房,早已成为历史,但太行兵工们"狠抓生产、支援前线"的工作精神永在。

1947年初,解放战争不断向深发展,我军已成战略反攻形势。为把战争推向国民党统治区,彻底粉碎国民党在军事、经济、政治等方面向解放区的进攻,刘、邓大军挺进中原。在此情况下,就必需要求后方的兵工厂"多、快、好、省"地生产优质产品供应前方军队。这年2月,我晋冀鲁豫军区军工处的赖际发政委,利用刘伯承将军在我军的崇高威望,激励军工战士多出武器、出好武器,支援前方。提出了在晋冀鲁豫解放区19个兵工厂开展争创"刘伯承工厂"生产竞赛倡议。

这次争创"刘伯承工厂"活动从1947年2月开始,到1948年4月结束,历时一年零两个月。长治南石槽兵工二厂于1948年4月获得"刘伯承工厂"殊荣。为此,晋冀鲁豫军区副司令员滕代远5月1日亲自视察长治兵工二厂,题写"刘伯承工厂"厂名,并授予刘伯承司令员为太行兵工厂亲笔题写的"提高兵工质量,增大歼灭战的实效"锦旗一面及一百万冀南币奖金。

1948年的长治"刘伯承工厂",总面积4万多平方米,建筑面积6034平方米,1700余名职工,主要产品是50炮弹和82迫击弹。

在争创"刘伯承工厂"一年零两月的活动中,长治兵工二厂共生产82迫击弹33656

刘伯承工厂证章

1947 年的刘伯承工厂外景

发,子弹月产量 13000 发,成为各兵工厂中的佼佼者。

　　长治的"刘伯承工厂"命名后,厂长贾晓东即组织职工,精心策划,修建了兵工厂的大门,并将滕代远副司令员写给工厂的厂名设计在了大门的上方。今日我们可借助"刘伯承工厂"旧照片,一睹其昔日风貌。从我们收藏到的一些资料显示,当时长治的"刘伯承工厂"还制作了一批"刘伯承工厂运动一等奖章、刘伯承工厂运动二等奖章、刘伯承工厂证章"三种类别,奖给了兵工厂职工,以鼓舞兵工厂员工的生产积极性。一等奖章主题是"五星衬托奔驰的骏马",二等奖章的主题是"地球衬托下的党旗",证章的主题是"长治刘伯承工厂新建大门的主图"。这些奖章现在都已是珍贵的革命文物。

　　长治兵工二厂荣获"刘伯承工厂"光荣称号后,中央和战争前方的首长陈毅、邓子恢、滕代远、王世英等先后来到长治兵工厂视察、题词鼓励。1948年 7 月,徐向前来到长治,曾两次到"刘伯承工厂"考察炮弹的生产试验,鼓

刘伯承工厂运动劳动竞赛奖章

励职工"自力更生、艰苦创业"。

1949年3月，解放战争的形势已大大有利于我军，胜利在望。国民党军队节节败退，不堪一击。此时刘伯承司令员恳切地告诉晋冀鲁豫军区兵工局："不要再以他的名字开展运动和命名工厂。"因此，长治的"刘伯承工厂"生产产品逐步转为民用生活品。名字未能继续沿用下去，不久，长治"刘伯承工厂"的大门在改建中也被拆除。几年之后，长治兵工二厂几易厂名，最终以"淮海战役"的胜利为纪念而命名。

十二　恢复经济徐向前

　　1947 年夏，长治城已解放近两年。虽然，古城的天空时不时地还有国民党飞机的盘旋轰炸。但解放区的人们群情振奋，医治战争创伤，恢复商业经济，振兴工业生产，根据地建设搞得却是热火朝天，红红火火，日新月异。就在这一时期，我军高级将领徐向前及家人来到了长治，与解放区的人民同吃、同住、同工作，生活在老区，战斗在上党，写下了一段长期以来鲜为人知的故事。

　　7 月 13 日，炎热的上党天空，晴空万里，没有一丝凉风。

　　这天上午由长治老城北门走来了一群人马，个个穿着整齐的军服，雄纠纠、气昂昂，他们不是别人，这其中走在最前面的正是当时任华北军区副司令员、十八兵团司令员的徐向前及夫人黄杰、女儿鲁溪。徐向前骑一匹高头大马，他虽身体轻瘦，但雄风威武，精神焕发。边行进、边同夫人讲述着抗战时期八路军 129 师当年战斗过的地方——古上党的历史。徐向前左侧并排走在一起的是太岳纵队司令员陈赓同志和几名警卫人员，他们也在聆听着徐向前对两年前上党战役取得的伟大胜利的赞美，提到这场拉开解放战争序幕的伟大战役，首长口若悬河，慷慨激昂。

　　徐向前一行十多人风尘仆仆，他们是从延安先期撤离后，从陕北到河北，再由河北冶陶镇直奔晋东南根据地的。这之前，蒋介石改全面进攻为重点击破，以胡宗南指挥的 25 万兵力，大举进攻陕北，并占领了共产党中央首脑的所在地延安。党中央、毛泽东决定战略转移、暂时放弃延安，并且决定住在延安的非战斗人员及家属马上向各解放区疏散转移，徐向前及家人即是在这样的情况下来到解放区长治的。首长的到来，受到市政府杨绍曾市长和各部门同志的热情接待，午饭安排在城里老十字路西的"长春园饭庄"，为部

303

徐向前与夫人黄杰、儿子岩岩

队的同志们洗尘。当日晚,徐司令员一家就下榻在城内南街炉坊巷14号市政府后院的北屋。

从延安到河北,又到长治,多日的劳顿颠簸,加之休息不好,到达晋东南的第三天,已到预产期的徐司令员夫人黄杰同志就在其居住的市政府后院,生了一个胖乎乎的男孩,在女军医的精心照料和护理下,徐夫人生产顺利,大人、小孩也都很健康。

徐向前和黄杰同志是1946年春在延安结的婚。来到长治老区这年,徐司令员46岁,戎马生涯二十多年,夫妻恩爱,在太行之脊的上党解放区喜得贵子,又是个老儿子,可谓他们的命根子,徐向前非常高兴和欣慰。抗战时期,作为八路军129师的副师长,徐向前就在太行打日寇,一晃八九年,对这里的一草一木都有着特殊的情感。解放战争爆发,徐向前又一次来到上党,不仅见到了昔日的父老兄弟,而且自己的宝贝儿子又降生在这天下之脊的古长治,是太行的山山水水见证了宝宝的降生,他们给孩子取名"小岩","岩"中的山山石石记住了这难忘的地方。徐司令员和夫人在撩逗孩子当中,有时也非常亲昵地叫儿子为"岩儿"。

当时,国共全面内战,形势正处于战略进攻阶段,敌人非常猖狂,解放区长治的上空不分白天黑夜,时不时有敌军飞机的突然袭击和狂轰滥炸。8月初的一天,又是一次新一轮的空袭,敌机投下的一枚炸弹在市政府隔壁爆炸,伴着震耳欲聋的爆炸声,顿时,火光冲天,烟雾弥漫,强大冲击波将徐司令员住的房屋屋顶震塌,徐夫人和岩儿还未来得及反映,母子俩便被塌下的房顶压在屋里,刚刚出生不久的婴儿就挨了国民党军的炸弹。十万火急,千钧一发,惊险时刻,就听到:"快救人啦,黄杰同志压在了房子里面。"此时的徐向前和部队的同志们听到院中警卫人员急促的呼救声，一起冲出正在开会的会议室，奋力奔向出事地的市政府后院北屋，干部军人 20 余名不约而同集结到出事地点，大家一边手刨、一边喊着黄杰同志的名字，现场的气氛异常紧张。十多分钟的奋战，战士们把母子俩从炸弹的烟尘中抢救了出来。此时，只见黄杰和孩子全身裹满了厚厚的灰尘，是血？是灰？已经看不出母子俩原先的模样，泥人一般。剧烈的震荡和惊吓，黄杰和孩子被战士们发现时，一动不动，生死未卜。娘俩被战士们就近抬到了市政府的医疗室，医生护士进进出出开始了紧急救治。

时间一分一秒地过去，徐向前此时的心都悬到了嗓子眼。他最最担心的是娘俩的生命。宝贝儿子，千万不要有什么三长两短，儿子是他的命根子。在市政府的医疗室里，经过军医们的紧张救治处理，发现黄杰同志的头部和手臂受到了创伤，而岩儿被妈妈紧紧地搂在怀里，除了惊吓，一切安然无恙。所幸的是，此次爆炸有惊无险。原来就在房顶塌下的哪一瞬间，徐夫人和小岩儿正好依偎在土坑上的墙角处，屋顶塌陷下的砖瓦、木棒由于墙角的支撑保护，对他们娘俩没有造成大的伤害，躲过了一场大的劫难。这时候，一直站在医疗室门口焦急等待着结果的徐向前和其他同志们见此状况，方才长长地松了一口气。

惊险的爆炸事件发生之后，为了徐司令员和部队同志们的安全，避免类似的情况再次发生，市长杨绍曾立即安排徐向前他们搬到了城内南街路西17 号的冀南银行太行三分行的地下室，这里原先是荷兰传教士安东尼的小学校，有一个可容纳百余人的石结构防空洞，首长一家和部队的同志们就住在这里。

后来，每遇敌机轰炸，徐司令员总是坚持让大家躲进防空洞中，他自己却蹲在洞口观察情况，记录着敌机的数量和轰炸的时间，将他统计的情况下达给长治的驻军防空指挥部，并和同志们一起运筹阻截敌机的作战方案，时刻准备着下令击落来犯的敌机，在后来的一星期内他们共击落敌机三架，表现出徐向前将军的睿智、英勇和果敢。

在长治居住期间，徐司令员根本没有将敌机的轰炸放在眼里，却把每一分钟时间都抓得很紧，夜以继日地工作，白天除和同志们运筹帷幄阻截敌机的作战方案、批阅文件外，还要听取市长及其他同志有关恢复解放区商业、

305

经济等方面的工作情况汇报，并提出自己的指导思想和意见。晚上总是读书、看报、做笔记，关心着全国的战局。

很长一段时间，徐司令员多由杨绍曾、宋侃夫等市政府同志们陪同，骑自行车到市区的十多家商店了解市场信息，鼓足商铺掌柜经商信心，几次组织部队和市里的同志把山区的土特产运输进城里，鼓励商界人士说，越是敌机轰炸，商品紧俏，越是要千方百计组织货源，保证市民的生活需求，保证商品供应，保障商品市场繁荣，满足市民购货要求。

这日，徐司令员由宋侃夫陪同来到距市区八九里远的长治电厂视察，首长鼓励工人们保护好电厂的设备，多发电、多生产，保证市内兵工厂的用电需求，多造武器、多产炮弹，打击敌人，保护我们的胜利果实，巩固壮大解放区经济。徐司令员在电厂视察工作期间受到全厂84名职工的热烈欢迎。下午，不顾疲倦的徐司令员又来到东关水厂看望工人同志们，看着甘甜清澈的自来水源源不断地供入市区，非常高兴。离开时，首长要工人们提高警惕，严防敌特的捣乱、破坏。

1947年9月中旬的十多天里，无论白天黑夜，敌机的轰炸更加频繁、猛烈，在长治城里居住已很不安全，在市长和市政府同志们的再三要求下，徐司令员及家属一行十多人才决定撤出城区，搬到了长治城南郊的宋家庄，住在了该村一片密林中央的三间窑洞里。

这年10月初，徐向前为运筹攻打山西运城的作战计划，离开了长治，奔赴晋冀鲁豫中央局所在地河北冶陶镇，电致前线第八纵队指挥官王新亭"运城战役"的具体实施方案，之后，再次来到山西，完全投入到解放战争的伟大事业当中。

1947年年底，晋冀鲁豫军区派来一辆军车，又将徐向前夫人、女儿和小儿子从长治解放区接到了河北，一直到全国解放。

十三　　店铺林立英雄路

　　从八一广场到开元广场,一条纵贯长治城南北的笔直道路,很久以来老城里的人们都亲切地称她"英雄路"。如今的英雄路已分为南中北三段,绵延数十公里,道路两旁的市政府机关、新华书店、长治商行、各金融机构、潞安影剧院、金威名店、金伯利珠宝、百佳超市、肯德基、加州牛肉店等数千家商铺,林林总总耸立于街道两旁的广厦之中。绿荫下、花丛中,南来北往的人群,川流不息的车辆构成了英雄路热闹繁华的主旋律。多少年来,她一直是长治人民心目中的"长安大街"。

　　半个多世纪前,长治城里并没有"英雄路"这个街名。从老十字街往南称南大街,往北仅有约不足一里的一条土马路叫"卫前街"。路的尽北头并没有开通道路,而是一个古老的集贸市场,高低不一,错落有致的一排排房屋里,饭店、粮油、副食、蔬菜、山货、特产、小百货一应俱全,五日一小集,十日一大集,是城里城外百姓购物的必去之处。"卫前街"的历史倒是很久远,明朝时因此街的路东是朝廷军队"潞州卫"的所在地,卫里驻军5600人,由都司率领,隶属于五军都督府,故此这条土马路得名"卫前街"。卫前街改名演变为英雄路,那是长治解放后的1946年的事。

　　这年下半年,长治城已解放整整一年,老解放区的商业经济、百姓生活蒸蒸日上,一派繁荣。但是华北地区的其他许多城镇还是炮声隆隆,进行着解放战争的洗礼。为安全起见,晋冀鲁豫边区政府决定,太行区第二届群英会在长治召开。会前,长治市区首先召开了全市群英大会,选出了翻身英雄7人、生产英雄4人、工人英雄17人,作为出席太行区第二届群英会的英雄代表。同时,政府决定在卫前街与集贸广场的交界处建造"英雄门"一座,以作为此次"群英会"的献礼。

　　建成后的英雄门,在《长治城区志》里有图片史料记载。四座红色大方柱,中央两柱高 9 米,柱与柱之间距离 10 米,其上分别书写"世界人民大团结万岁"、"全国人民大团结万岁",旁边两配柱高 7 米,柱上分别书写"镇压一切反革命分子、掀起革命新高潮",四柱顶端均雕刻塑造有寓意"祖国和平"、"腾飞发展"的四只浮雕白色和平鸽。

1946 年 12 月 2 日,晋冀鲁豫边区太行区第二届群英会在长治隆重开幕。从全区农村、工厂、商店和民兵中选出的英雄、模范、能手等代表 430 人参加了大会。边区政府主席杨秀峰、太行行署主任李一清、太行军区副政委王维刚、太行区党委李学峰、赖若愚、冷楚等出席了会议。太岳、冀南两区还派出了参观团参加了大会。这天大会隆重热烈,参会人员连同本市及长治县的群众达 5 万余人,长治城里和来自各县四面八方的英雄代表摩肩接踵,人山人海,热闹非凡。

会后,学习英雄模范,广泛开展革命和生产竞赛活动轰轰烈烈在上党兴

上世纪四十年代末的长治英雄路

308

起。"突出英雄、学习英雄、争当英雄"蔚然成风。从此，以英雄门往南到老十字的此段道路就被正式命名为"英雄路"，成为这一历史时期的标志性纪念。二十世纪六十年代末，为纪念国庆20周年，八一广场起用，英雄路向北继续开通和道路扩建，英雄门及集贸市场被一起拆除，但"英雄路"的街名却一直沿用至今没变。

上世纪四十年代的长治英雄台广场

我们收藏到了英雄台广场召开太行区第二届群英会的旧照存影。从照片上见到了数十年前的广场旧貌。据考，英雄广场主席台占地面积600平方米，建筑总高12米，坐东向西。前为钢筋混凝土结构，主席台后楼为红砖砌盖建造。整个英雄台是半圆顶造型，圆顶中央设计装饰着突出的铁质铸件图形"后羿射日"，展示了上党古老的人文神话传说；再下方为浮雕"五星飞翔"设计图案。远远望去，英雄台凝重典雅，庄严肃穆。

英雄台，同样因太行区第二届群英会的召开而得名，因英雄路的兴起而繁盛。在她的风风雨雨几十年历史当中，目睹了许许多多上党的重大事件，也记载了长治政治、经济、文化的几多春秋。不妨翻阅几页她的日记，看看那难忘的辉煌岁月。

1949年10月6日，长治市各界人士两万余人聚集英雄台广场，举行盛大集会，热烈庆祝中华人民共和国诞生和中央人民政府成立，大会通过致毛主席、致世界和平大会的两个通电。同时举行了拥护世界和平示威游行。

1955年2月8日，英雄台广场召开驻市部队、烈军属、荣退军人、转业军人及家属万余人参加的地、市、县元宵节拥军优属、拥政爱民联欢大会。

1958年10月1日,全市五万余人在英雄台广场举行盛会,欢度国庆节。

1960年10月1日,长治各界两万余人集会英雄台广场,欢呼《毛泽东选集》第四卷出版发行。

1962年1月12日,全市青年在英雄台广场隆重纪念刘胡兰就义十五周年。

1966年7月24日,长治各界人士四万余人在英雄台广场举行"援越抗美"大集会、大示威。

1967年6月17日,我国第一颗氢弹爆炸成功。上党地区几万群众在英雄台广场集会,热烈庆祝。

1974年4月6日,英雄台广场召开长治市首批知识青年上山下乡大会,共有1500余名知识青年到农村插队落户。

二十世纪八十年代初,英雄台广场再次开辟成为市民进行"商品交易的市场",此地已不再是人民集会的地方。长治的一些重大活动已转向以"八一广场"为中心。

上世纪九十年代中期,市政府依据新型园林化城市的设计需要,取消了英雄路上的"英雄台集市贸易市场",开始对其大规模地拆除扩建。经过大量投资、精心策划、严密组织的施工改建,一座现代化的集购物、娱乐、休闲于一体的新型园林化广场以崭新的风貌展现在了广大的长治市民面前。

双休闲暇,无论上街购物,还是专程游玩,来到长治市中心的英雄台广场,望着造型独特的不锈钢"雄鹰"雕塑、时高时低的音乐喷泉、错落有致散发着浓郁芳香的花坛,身临其境,此时,您的心情就会豁然开朗,身心得到的是一次完美的享受。

图书在版编目（CIP）数据

天下潞商 / 田秋平著. —太原：三晋出版社，2009.9

ISBN 978 - 7 - 5457 - 0135 - 7

Ⅰ.天…　Ⅱ.田…　Ⅲ.商业史—研究—晋东南地区
Ⅳ.F729

中国版本图书馆 CIP 数据核字（2009）第 169036 号

天下潞商

著　　者：	田秋平	
责任编辑：	宁志荣	

出 版 者：山西出版集团·三晋出版社
地　　址：太原市建设南路 21 号
邮　　编：030012
电　　话：0351 - 4922268（发行中心）
　　　　　0351-4956036（综合办）
　　　　　0351-4922203（印制部）
E - mail：sj@sxpmg.com
网　　址：http://sjs.sxpmg.com

经 销 者：新华书店
承 印 者：山西科林印刷有限公司

开　　本：787mm×960mm　1/16
印　　张：19.75
字　　数：280 千字
印　　数：1—3500 册
版　　次：2009 年 9 月　第 1 版
印　　次：2009 年 9 月　第 1 次印刷
书　　号：ISBN 978 - 7 - 5457 - 0135 - 7
定　　价：48.00 元